新课改背景下语文教学刍议

杭州师范大学中文系 编

课改前沿
自读课文旁批的有效利用　微专题教学

教学争鸣
对余映潮板块式教学的辩证思考

名师研究
吴丹青提问艺术　王君、赵群筠、王崧舟教学艺术

文本解读　教学设计　课例研究
小说阅读教学　散文教学探究
听李春波老师讲《阿长与〈山海经〉》

浙江工商大學出版社
ZHEJIANG GONGSHANG UNIVERSITY PRESS
杭州

图书在版编目(CIP)数据

新课改背景下语文教学刍议 / 杭州师范大学中文系编. —杭州：浙江工商大学出版社，2019.11

ISBN 978-7-5178-3551-6

Ⅰ.①新… Ⅱ.①杭… Ⅲ.①中学语文课—教学研究—高中 Ⅳ.①G633.302

中国版本图书馆 CIP 数据核字(2019)第 233229 号

新课改背景下语文教学刍议

XINKEGAI BEIJINGXIA YUWEN JIAOXUE CHUYI

杭州师范大学中文系 编

责任编辑 张晶晶
封面设计 林朦朦
责任印制 包建辉
出版发行 浙江工商大学出版社
(杭州市教工路 198 号 邮政编码 310012)
(E-mail:zjgsupress@163.com)
(网址:http://www.zjgsupress.com)
电话:0571-88904980,88831806(传真)
排　　版 杭州朝曦图文设计有限公司
印　　刷 杭州高腾印务有限公司
开　　本 710mm×1000mm 1/16
印　　张 18.5
字　　数 310 千
版 印 次 2019 年 11 月第 1 版 2019 年 11 月第 1 次印刷
书　　号 ISBN 978-7-5178-3551-6
定　　价 78.00 元

编 委 会

主　编

叶黎明（学科教学法教研室　副教授）

副主编

王光龙（学科教学法教研室　教授）

申宣成（学科教学法教研室　教授）

杨兆君（学科教学法教研室　副教授）

编　委

姚　圆（中文 122 班）

何楚斌（中文 142 班）

邹辰睿（中文 142 班）

金欣怡（中文 142 班）

李晓燕（中文 161 班）

郑　欢（中文 161 班）

俞嘉丽（中文 161 班）

杨　扬（中文 162 班）

戴嘉禾（中文 162 班）

序

这是一本由中文系师范生自编自创的学术论文集，里面收集了人文学院近五届中文系师范生在校学习语文学科教学类专业核心课程时撰写的教学论文、教学设计、研究报告、实践反思等各种形式的课程作业。当这么多篇稿子最终连缀成书的时候，我的心里涌起对年轻学子们由衷的赞叹和敬意。

这种赞叹和敬意，其实在过去十余年经常发生，在学科教学类的专业必修或选修的课堂上，在学生提交的课堂作业里，在期末考查论文中，在专题研究的报告中，在课前朗读和演讲活动中，在教学设计与模拟上课中……我经常折服于学生在研究中迸发出来的那种灵气和初生牛犊不怕虎的质疑精神，那是青春独特的标志。

最近几年，我忽然意识到，在激发本科生的创造热情、培养本科生的科研能力上，作为学科教学论的教师，应该可以做得更好，做得更多。于是，从2017年开始，我鼓励本科生撰写语文学科教学研究论文并向专业期刊投稿。两年多的时间，中文2014级、2015级、2016级的本科生向语文学科教学领域最有影响力的核心期刊《语文建设》《语文教学通讯》《教学月刊》和《中学语文》等投稿，一共发表了7篇有质量的论文。

而如今，是一本书的诞生！

从7篇论文的发表到39篇论文的结集出版，从少数几位作者的出现到几十位作者的亮相，从个别教师的行为到学院层面的行动，一本学生论著的诞生，是学院、教师和学生三方共同努力的结果。

一本书的诞生，首先是内容的创造。这是最为重要的，内容为王。当系主任刘小刚老师问我可否编一本本科生论著时，我毫不犹豫就答应了。因为我心里清楚，我们中文系的师范生能写、在写，且已经完成了数量和质量都相当可观的论文，我们拥有了一本书最为坚实的作者群。

其次是教师的努力。学科素养和学科教学素养并重，是我们在教授学科教学类专业核心课程时所坚持的方向。在上述两类素养教育中，我们认为，起着引擎作用的，是学生的学习能力、研究能力和创造能力。对于师范教育来说，掌握系统的学科教学知识，具备娴熟的教学实践能力，把握课程与教学改革的前沿动态固然重要，但是学会学习、学会反思、学会合作更为关键，因为今天的师范生，就是明日的教师。教学的本质，不是传道授业解惑，而是教学生学，以立德树人为目标。有道是“育人者先育己，是为智；正人者先正己，是为德；智德兼备者，方为师”。教师自己不会学习，如何教学生学？教师自己不会探究，如何教学生探究？教师自己不会创造，如何教学生创造？因此，在学科教学类核心课程中，我们非常重视契合师范生能力、具有鲜明的学科教研特质的阅读报告、教材文本研读、课例研究、名师研究等活动的开展与指导，以研促读、以研促思、以研促教。

一本学生论著的诞生，更离不开学院的重视和支持。为培养教育情怀深厚、专业基础扎实、勇于创新教学、善于综合育人和具有终身学习发展能力的高素质应用型的中学语文教师，人文学院推出以实践为导向的教师教育课程内容改革和以反思研究能力为导向的师范生学习方式的变革，积极鼓励本科生在教师的指导下发表学术论文。青青小苗，各方呵护，终有所长。

在今年四月份为本书撰写的征稿信中，我对同学们说：“人生匆遽，文章千古。无论是在读的还是刚毕业的，能在这本论文集中留下大学时代学习与探究的痕迹，是一件非常幸运和美好的事情。”现在，当所有的文字即将付梓的时候，我想对每一位作者说，我希望你们收获的，不只是学习痕迹的一次珍藏，也不只是文字变成铅字的快乐。我希望你们能把这一朵朵快乐的小浪花，变成一股具有生长力的涓涓细流……

我希望你们把第一次发表文章的愉快变成坚持不懈的笔耕。

我希望你们在写作与发表的过程中明白写作分享与交流的本质。我们通过语言文字，和无数陌生的读者分享彼此的思想情感，影响他人或被他人影响，这种影响使我们突破了时空的局限而获得更为强烈的存在感。是的，我们存在于与无数他者的沟通、对话、共鸣甚至交锋和争鸣之中。

我希望你们能明白，要想进行有效的阅读与写作教学，语文教师必须是自信而热情的读者和作者。这是成为合格的语文教师的基本要求。

我还希望你们能明白，在信息通过互联网唾手可得的时代，思想是多么珍贵。而写作，是把知识变成能力、把信息变成思想的一条捷径。

最后，我要特别感谢中文2016级的郑欢、李晓燕、俞嘉丽、戴嘉禾、杨扬和中文2014级的何楚斌、邹辰睿、金欣怡及2012级的姚圆这9位同学，他们在约稿、组稿、初审、编辑和校对方面做了大量耐心而细致的工作，在此深表谢意。

尽管每一篇文章都经过了反复修改，终归还透着稚气。本书定会有许多不足和不当之处，欢迎读者的批评指正，并致以谢意。

学科教学法教研室　叶黎明

2019年6月

目录

第一编 课改前沿

部编版自读课文旁批的有效利用研究
——以七年级为例…………………………………… 中文121 陈梦媛 / 003
美国高中课堂里的专题教学策略
——以《美国特级教师的历史课》为例………… 中文122 姚 圆 / 011
专题学习:让批判性思维之花绽放
——《美国特级教师的历史课》的启示………… 中文142 何楚斌 / 021
蒋军晶群文阅读教学策略研究……………………… 中文142 金欣怡 / 030
说明文教学:从低阶阅读到高阶阅读
——以《中国石拱桥》为例……………………… 中文142 邹辰睿 / 039
初中语文统编教材说明文单元编制及教学探讨…… 中文142 金欣怡 / 046
在语文课堂中训练批判性思维
——《美国特级教师的历史课》的启示………… 中文142 胡安婵 / 054
高中“跨媒介阅读与交流”微专题教学设计研究…… 中文161 金超颖 / 060

第二编 教学争鸣

对板块式教学的辩证思考………………………… 中文161 俞嘉丽 / 069

争议即价值
——为余映潮板块式教学模式辩护…………… 中文161 李晓燕 / 078
不必上神坛的板块式教学
——兼评余映潮《假如生活欺骗了你》一课…… 中文162 戴嘉禾 / 082
上着上着就散了
——从《散步》一课看余映潮板块式教学 …… 中文162 杨 扬 / 089

第三编 名师研究

他把反复变成了艺术
——王崧舟诗意朗读教学艺术探究…………… 中文141 韩雨晌 / 095
看似无常却有“常”
——王君“青春语文”课堂教学艺术探究……… 中文141 韩雨晌 / 103
整合、辩论、拓展
——王君语文教学艺术探究………………… 中文141 包康馨 / 108
吴丹青提问艺术探究………………………… 中文151 郑双双 / 112
“吴丹青语文教学艺术探究”精彩片段
………………………… 中文151 李梦迪 胡娴静 陈蓓菁 等 / 116
从情感教学角度看赵群筠叙事类文本教学………… 中文152 陈筱筱 / 126
浅谈王君语文教学中审美教育的实践………………… 中文152 周歆楠 / 132

第四编 文本解读

《桃花源记》主题探析 …………… 中文2013级 黄永其 张小青 等 / 141
苏轼的承天寺“同乐”与张岱雪夜独行之比较……… 中文141 韩雨晌 / 151
一人的雪，二人的月，不一样的精神对话…………… 中文152 黄芹芹 / 157
张岱“独往”与苏轼“携游”原因初探……………… 中文152 姚庆华 / 160
张岱独游湖心亭与苏轼携友同游承天寺心理探秘
…………………… 中文2015级 陈书悦 苏智玲 杜林云 等 / 163
《使至塞上》主旨教学问题探析………………… 中文152 陈珂珂 / 168
散文之重，重在思想
——《一滴水经过丽江》教学思考……………… 中文152 章佳萍 / 175

第五编 教学设计

运用矛盾法让故事变得曲折生动

——记叙文写作教学设计及解析…………………… 中文121 狄家吏 / 183

《回忆我的母亲》教学设计………………………………… 中文151 林浣楠 / 191

《再别康桥》教学设计…………………………………………… 中文161 应少艾 / 198

名著导读：经验、策略与反思…………………………… 中文162 林铭涵 / 205

《归园田居（其二）》群文阅读教学设计

…………………………………………… 2018级 姚姝兰 姚小丹 等 / 215

《西游记》名著导读教学设计…………………………… 中文161 谢宇婕 / 225

微格教学反思 ………………… 中文2015级 张潇涵 李坤荣 等 / 235

第六编 课例研究

给教学活动做“减法”

——以《紫藤萝瀑布》的教学设计为例………… 中文141 吴舒倩 / 243

小说阅读教学之“取舍”………………………………………… 中文142 邬雪婷 / 250

课堂观察：小说阅读教学精彩片段

………………………… 中文2014级 黄颖颖 雷亚男 缪小静 等 / 253

听李春波老师《阿长与〈山海经〉》公开课有感……… 中文142 陈敏慧 / 259

课堂观察：评李春波《阿长与〈山海经〉》教学

………………………… 中文2014级 缪佳颖 冯 玥 汤若旭 等 / 263

“六问六读”中的散文教学探究

——赵群筠《春酒》课例评述…………………… 中文142 高旻燕 / 275

第　一　编

课改前沿

部编版自读课文旁批的有效利用研究

——以七年级为例

中文121　陈梦媛

摘　要：部编版初中语文教材的自读课文助读系统增设了旁批。旁批或提问激疑，或点评陈述，或提示阅读方法，可被当作重要的教学资源。巧用旁批教自读课文，对培养学生自主阅读能力和阅读习惯均有重要作用。七年级上册自读课文的旁批可分为问题式和评点式两大类，注重文本间的联系和迁移，并能体现文体特征。教师在教学中可比较、分析、归纳旁批内容，以此拓宽自读课文的教学思路。

关键词：部编教材；自读课文；助读系统；旁批

部编版初中语文教材构建了“教读—自读—课外阅读”的三位一体阅读体系，将人教版中的精读课文和略读课文改为教读课文和自读课文，并通过助学系统加大了“教读”与“自读”课文的区分度。助读系统中增设旁批是新教材的一大亮点。巧借旁批指导学生自读，是实现自读课由教师引导向学生自主阅读转变的有效教学路径。

一、自读课文中旁批的性质与意义

(一)自读课文的助读系统与旁批

教材助读系统常起着“提示教法，指点学法；历练语文能力，发展结构智慧；拓展语文知识，沟通课堂内外；彰明编辑意图，凸显教科书的整体性”[①]的作用。

---

① 黄少文.部编初语教材自读课文有效利用助学系统教学初探[J].语文教学之友，2017(8)：18—19.

在部编版初中语文教材中,由阅读提示和旁批构成的助读系统取代了课后习题和思考题。随文设置的旁批是“学生实现半独立阅读的一个重要支架”①,为学生提供了陈述性知识、程序性知识、策略性知识等,使学生能够在开放的学习环境下批判性地阅读文本,最终学会独立阅读。

(二)旁批的教学意义

旁批既是“教材”,也是“学材”,是教师和学生共同的“抓手”,既便于教师组织教学,又利于学生进行自主阅读。

在教学实践中,一线教师往往对自读课文充满疑惑:要不要教?教什么?怎么教才能突出其与教读课文的区别,发挥其沟通课内外阅读的作用?助读系统中的随文旁批是部编版教材为自读课文开发的教学资源,能为教师在确定教学目标、选择教学内容、构思教学设计时提供借鉴。对学生而言,旁批相当于一种学习支架,能提供阅读角度、传授阅读知识、指导阅读方法,或示范或引导,提高阅读质量。同时,旁批还能帮助学生形成整本书阅读的意识,激发与维持学生的阅读兴趣。

二、自读课文旁批的类型与特点

(一)旁批的类型

部编版初中语文七年级上册自读课文中的旁批可分为问题式和评点式两大类。问题式的旁批,有的指向文本内容,有的指向写作手法或语言特色,有的对文章重难点设疑进而指向深度思考,还有的则带有拓展性质。评点式的旁批多指向课文内容的关键之处、写作技法、文笔精华之处(以语言为主)等,有助于加深学生对文章的理解。

七年级上册的自读课文中共有旁批 37 条,以问题式呈现的旁批共有 22 条,占旁批总量的 59.5%。单项数量最多的是指向“文本深度思考”的旁批,

---

① 刘文会.旁批特点浅析及其使用策略[J].文学教育(上),2017(9):158—159.

共有 13 条，占总数的 35%；其次是指向“内容关键处”的评点式旁批，有 15 处，还有指向写作技法、文笔精华的旁批 8 条。可见随文旁批是紧紧围绕着文本的重难点设置的。具体旁批内容如表 1 所示。

表 1　部编本七年级上册自读课文旁批内容分类

呈现方式	具体类别	课文	旁批内容
问题式	文本内容	《再塑生命的人》	“海港已经临近”，“爱的光明照到了我的身上”，到底这一天有什么不寻常的事要发生？
		《走一步，再走一步》	爸爸出现了，他会怎样帮助“我”脱险呢？
		《动物笑谈》	“逗笑”“怪诞不经”“疯子”，这位动物观察者会有怎样奇怪的行为？
			可可被“我”收养后有什么变化呢？你从这些变化中读出了什么？
	写法或语言特色	《雨的四季》	作者没有直接描绘春雨，而是写万物经雨洗淋后的情态。这样写有什么好处？
			上文写雨，多用“她”或“它”指称，为何到这一段改称“你”？
		《荷叶·母亲》	这里为什么要插叙与故乡园院里的“莲花”有关的往事？
		《女娲造人》	“说也奇怪”是神话、童话等作品中常用的话。作者为什么要这么说？
	文本深度思考	《雨的四季》	凄冷的秋雨为什么能“纯净”人们的灵魂呢？
			这种“特殊的温暖”，是一种怎样的感觉？
		《荷叶·母亲》	“心中的雨点”指的是什么？
		《金色花》	“我”变成一朵金色花，跟妈妈玩起“躲猫猫”，只是为了好玩吗？
		《再塑生命的人》	“水”本身真的有这么大的魔力吗？
			为什么“我”此时会“悔恨莫及”？
		《走一步，再走一步》	如何理解“这是严禁和不可能的化身”这句话？
			爸爸为什么让我先“迈一小步”？
			为什么爸爸不让我有机会停下来思考“下面的路还很长”？
			这里的“一小步”与脱险时的“一小步”有什么不同？

续 表

呈现方式	具体类别	课文	旁批内容
	文本深度思考	《动物笑谈》	这句调侃的话，流露出作者怎样的情感？
			一个感叹，两个反问，反映了此时“我”怎样的心理活动？
		《女娲造人》	女娲用黄泥造人，而我们常把土地比作母亲，你能从这个“巧合”中读出什么？
	拓展延伸	《走一步，再走一步》	嘲笑“我”已是不对，更不该弃“我”而去。如果你是五个男孩之一，会怎么做？
评点式	内容关键处	《再塑生命的人》	启示真理，给“我”以爱——莎莉文老师再塑“我”生命的两个支点。
		《动物笑谈》	问题的提出来自于细致的观察。
			猜想和假设往往是科学发现的“桥梁”。
			假设需要实验去证实。
			揣摩“我”此时的感受。
			写鹦鹉的调皮，仿佛是在写一个孩子，分明带有感情。
		《女娲造人》	女娲是一个女神，却处处显示出人的特性。边读边画出文中的有关语句。
	写作技法处	《雨的四季》	开篇点题，领起下文。
		《再塑生命的人》	叙事之中穿插“我”的感受与认识。画出这样的句子，感受“我”学习中的苦与乐。
		《走一步，再走一步》	交代自己身体状况不佳，埋下伏笔。
			写外在行为表现，实际在写心理状态。
	文笔精华处（语言）	《雨的四季》	春雨“洗淋”万物，夏雨却“浇灌”大地，准确写出雨的不同特点。
		《荷叶·母亲》	注意品味文章语言的清新典雅。
		《走一步，再走一步》	进退两难，孤立无援，心理描写细腻、真实。
		《动物笑谈》	“我”“暗自得意”，人们“脸色煞白”，多么强烈的对比。

(二)旁批的特点

1. 重视阅读习惯培养

《女娲造人》有一处旁批是“女娲是一个女神，却处处显示出人的特性。边读边画出文中的有关语句”，此处旁批既引导学生把握“神”和“人”两个关键词，又强调“边读边画”，意在培养学生的阅读习惯。

2. 注重从教读到自读的迁移

七年级上册第一单元的自读课文《雨的四季》的旁批注重引导学生复习在《春》《济南的冬天》这些教读课文中所学习的“比喻”和“拟人”两种修辞手法，提示学生可从分析修辞手法的角度来阅读《雨的四季》，强调了知识与方法的迁移与运用。

3. 以提问形式启发思维

《金色花》中的“‘我’变成一朵金色花，跟妈妈玩起‘躲猫猫’，只是为了好玩吗?”一个简单的提问，引导学生从“好玩”这一浅层的理解深入到对“金色花”意象的分析，并体会其中蕴含的情感。这样的旁批对学生的阅读有导向作用，有助于提升学生的思维能力。

4. 体现不同文体特征

《女娲造人》中有这样一处旁批：“‘说也奇怪’是神话、童话等作品中常用的话。作者为什么要这么说?”这个问题，从小处着眼，引导学生思考神话、童话体裁的独特性，问得非常巧妙。“女娲用黄泥造人，而我们常把土地比作母亲，你能从这个‘巧合’中读出什么?”这处旁批则引导学生通过相似比较，思考古代神话中的文化意蕴。

三、借助旁批教学自读课文的建议

(一)合理选取旁批内容，形成整体教学意识

教师在借助旁批教学自读课文时需形成整体意识，要清楚所教课文在本单元中的地位、作用和学习要点，必要时还需考虑该单元在整本教材中的

地位。

此外，部编版初中语文教材采取“内容主题”和“语文素养”并行的“双线组织单元结构”，“语文素养”往往被分成若干个知识或能力训练点，按一定顺序分布在各个单元中。在教学过程中，教师应准确判断旁批与单元知识以及教材内容的关系。在纵观整体的基础上，教师再从中选取合适的旁批内容。

（二）归纳同篇课文的旁批类别，引导学生迁移学习方法

《雨的四季》一文的六处旁批从结构安排、语言表达、表现手法等方面入手，指导学生更好地自主学习课文。黄少文老师在执教《雨的四季》时，首先引导学生阅读旁批并进行归纳。接着，他引导学生根据旁批内容思考并仿写旁批。有的学生从文章开头的旁批“开篇点题，领起下文”中得到启示，从文章的结构着手，为结尾段落写上“总结全文，抒写对雨的赞美之情”的批语；有的学生根据旁批“凄冷的秋雨为什么能‘纯净’人们的灵魂呢”，从不同季节的雨会给人带来不同感受这个角度入手仿写了旁批。

通过教师的引导，学生对课文的旁批有了更加清晰的认识，也体验并学会了批注式阅读法。同时，旁批还能起到示范作用，帮助学生将学习方法迁移至课外阅读上，获得举一反三的效果。

（三）比较不同文体的旁批内容，帮助学生提高阅读效率

《走一步，再走一步》是一篇小说，其旁批大多涉及故事情节、人物描写等，如“交代自己身体状况不佳，埋下伏笔”“进退两难，孤立无援，心理描写细腻、真实”“爸爸出现了，他会怎样帮助‘我’脱险呢”“爸爸为什么让我先‘迈一小步’”等。而《雨的四季》则是一篇散文，其随文旁批更注重语言品味和情感体会。阅读小说要着重关注小说的情节、人物和主题，而阅读散文则要了解作者的所见所闻，感受作者的所想所思。包括这些文体知识在内的语文知识与能力会在不同单元、不同课文的旁批中反复出现，教师应引导学生进行归纳、总结，从而增强学生阅读的文体意识。

(四)寻找旁批的教学生长点,拓宽教学思路

《女娲造人》是一篇神话,使学生理解女娲的形象是重要的教学内容。文中的一处旁批“女娲是一个女神,却处处显示出人的特性。边读边画出文中的有关语句”为教师提供了新的教学视角:从神、人两个角度分析女娲形象。黄少文老师据此设计了如下教学环节:“圈画出文章中体现神性、人性的句子,并思考这些语句表现出了神和人的哪些特征。”①

还有教师从旁批“女娲用黄泥造人,而我们常把土地比作母亲,你能从这个‘巧合’中读出什么”中获得启发,引导学生明白“先民们的生活离不开土地,我国古代的神话常把土地视为生命之源,而文中女娲用泥土造人后的场面描写则更显人味。这篇神话体现了中华民族的先民对生命的体察,对智慧和创造力的赞美,对母爱的崇敬,对生命力的欢欣雀跃……凡此种种,都是中华文化的重要组成部分”。该教师从“黄泥造人”中读出神话蕴含的文化密码,这就是“文化传承”的素养教育。《女娲造人》教学板书设计如图1所示。

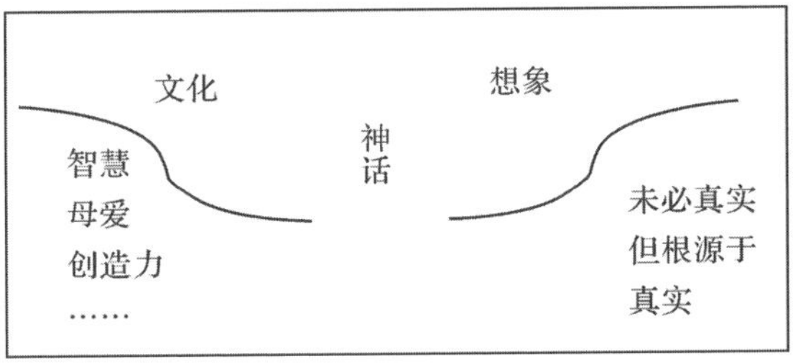

图1　《女娲造人》板书

再如特级教师肖培东在执教《一棵小桃树》时,直接将旁批作为课堂教学的支架,巧妙地将文中的五处旁批(如表2所示)进行整合、提炼,引导学生走进课文深处,思考作者倾注在小桃树上的复杂的人生感悟。

---

① 黄少文.部编初语教材自读课文有效利用助学系统教学初探[J].语文教学之友,2017(8):18—19.

表 2 《一棵小桃树》旁批内容汇总

课文	旁批内容
《一棵小桃树》	寻常的情景，不寻常的情感。
	课文中一些描写反复出现，比如多次描写小桃树“没出息”。散文中这类地方，往往寄托着深意，要仔细体会。
	是什么使“我”遗忘了小桃树？
	“蓄着我的梦”的桃核长成了树，而且真的开了花。作者仅仅在写花吗？
	“我”的情感在这里来了一个转折，你读出来了吗？

这五处旁批分别从内容、情感、阅读方法以及写作手法等方面提示了本课的重点和难点。肖老师先用旁批中层层递进的三个问题检测学生的自读情况，提问“哪一处旁批在提醒我们阅读文本的方法”①，然后借助第二处旁批引导学生研读重点段落，再利用在“情感”上互相呼应的第一、五处旁批来设计课堂教学的中心环节，由此引导学生走入散文的深处。

不过，教材中自读课文的旁批并不是完美无缺的，也存在一定的不足。教师应充分发挥主观能动性，专业地对待随文旁批。同时，学生也应学会判断旁批的价值，选择其中真正有价值的内容辅助阅读，从而提升阅读能力。

（作者现为温州大学人文学院语文学科教学硕士生）

① 肖培东．桃树蓄梦想，旁批巧助读——我教《一棵小桃树》[J]．语文建设，2018(10)：26—29，44.

美国高中课堂里的专题教学策略

——以《美国特级教师的历史课》为例

中文122 姚 圆

摘 要：自《普通高中语文课程标准(2017年版)》提出新的语文课程内容——18个学习任务群以来，教师的专题教学能力显得尤为重要。为了更好地开展专题教学，本文试从《美国特级教师的历史课——批判性思维的养成》中提炼了9条可供我国高中语文专题教学借鉴的策略，分别指向课前、课中及课后三个课堂教学阶段。

关键词：专题学习；专题教学；美国历史教材

《普通高中语文课程标准(2017年版)》(以下简称"新课标")的突出特征之一是以"语言建构与运用""思维发展与提升""审美鉴赏与创造"及"文化传承与理解"这四个方面构成的学科核心素养为纲，以学生的语文实践为主线，重组了语文课程内容，并据此设计了18个学习任务群。诚如褚树荣所言："单篇教学在很长一段时间内是教师的主要教学形态，但当'学习任务群'成为语文课程内容后，专题学习的理念和内容必将渗透到教材编写和教学评价领域。"[①]这就要求教师要具备能将专题学习的理念和内容落实到课堂教学中的专业能力，即专题教学能力。

《美国特级教师的历史课——批判性思维的养成》的作者程修凡曾跟随父母访学，就读于洛杉矶一所公立学校，在那里他遇到了一位擅长专题教学的历史老师布切里(Buccieri)。回国后，他悉心整理了学习笔记，为我们生动再现了美国高中历史课堂中的专题教学。

如果说美国历史课堂中的专题教学策略适用于我国历史课堂的专题教

① 褚树荣.从实验室到田野：学习任务群视域中的专题学习[J].语文学习，2018(2)：40—48.

学，这可以理解，但为什么也适用于语文学科呢？其原因有二：第一，语文学科和历史学科的教材都是以文本形式呈现的，学习过程中常要求学生基于文本读出自己的理解，学习内容之间也或多或少有所关联；第二，学习策略通常有普适性策略和学科专业性策略之分，而笔者从中总结的 9 条策略属于普适性策略，不仅适用于历史、语文学科，其他学科开展专题教学时也可参考借鉴。

一、专题教学的内涵

含有“专题”字样的词语在《普通高中语文课程标准（2017 年版）》中出现的频率甚高，具体表述为“专题”“专题研讨”“专题讨论”“专题研习”等，估计达 80 余次，仅在 18 个“学习任务群”的相关表述中就至少出现 62 次。

新课标“实施建议”部分明确提到要“积极倡导基于学习任务群的专题学习，围绕语言和文化、经典作家作品、科学论著等，组织学生开展合作探究、研讨交流活动，鼓励学生以各种形式相互协作，展示与交流学习成果”[①]。

那么，什么是“专题”与“专题教学”呢？

常年从事高中语文专题教学研究的深圳吴泓老师认为，专题教学“以‘专题’为材料组织形式，以‘研究’或‘讨论’为手段方法，以‘网络’为主要学习平台，以‘课段’为主要学习单位，以‘培育思维’‘生成思想’为核心目标”[②]。褚树荣认为“语文专题学习是在一定的问题情境下，根据专题的学习任务，整合课内外相关课程资源，通过研究性的学习活动，训练语文关键能力，形成基本品格和价值观的学习模式”[③]。郑国民和李煜晖认为“专题教学更类似于以解决问题为目标的语文学习项目，具有项目式学习的某些特征”[④]。

综合上述对专题教学的各种定义，我们可以概括出专题教学的一些基本特征：1. 以解决复杂问题为目标；2. 以研究为学习方式；3. 通常以小组合作与讨论为基本组织形式；4. 需要跨学科整合、课内外整合、听说读写的整合；5. 有助于提升语文关键能力。

---

① 中华人民共和国教育部. 普通高中语文课程标准（2017 年版）[S]. 北京：人民教育出版社，2017：42—43.

② 吴泓.“温暖和百感交集的旅程”——高中语文实施专题研究性学习的两个问题[J]. 广西教育，2014(48)：36—38.

③ 褚树荣. 从实验室到田野：学习任务群视域中的专题学习[J]. 语文学习，2018(2)：40—48.

④ 郑国民，李煜晖. 高中语文专题教学实践研究探析[J]. 教育学报，2017(5)：46—51.

二、美国历史课堂中的专题教学

本文把从《美国特级教师的历史课——批判性思维的养成》中总结的9条专题教学策略做了整理和分类，教学策略分别指向“课前”“课中”和“课后”3个教学阶段。

（一）课前

课前准备环节主要围绕“课前预习”和“课前预热”两部分进行论述。

一般认为，课堂学习效率和效果主要受学生的主观能动性、个体差异、认知能力等影响，如果学生在进入课堂学习前未对将要学习的内容有一个大致了解，在班级授课制的前提下，个体可能会因跟不上班集体学习进度而丧失课堂参与积极性。而专题教学因其挑战性，需要全体学生的积极参与，为了最大限度保证学生们能在专题学习中全情投入，教学准备环节如何设计就显得尤为关键。

1.课前预习重在梳理

布切里老师每开始一个专题前，都会提前一星期发放一张“家庭作业纸”引导学生预习。预习的主要目的在于帮助学生聚焦重难点，使他们在进入课堂学习前就把注意力集中到了文本中最具价值的材料上，以此作为后续课堂讨论的基础。

例如，在学习“革命与启蒙”专题前，他设置了如下预习题：

> 阅读教科书176—197页，使用课本的证据来回答以下问题：
> 周一：阅读课本176—180页
> （1）“君权神授”到底是什么意思？
> （2）英国内战中的两个派别是什么？
> 周二：阅读课本181—182页
> （3）约翰·洛克的一些关键理念是什么？
> 周三：阅读课本184—189页
> （4）解释“分权”思想。

(5)卢梭的“社会契约论”是什么?

周四:阅读课本 194—197 页

(6)约翰·洛克在何种程度上影响了美国的《独立宣言》?

观察上述问题可以发现:(1)预习的任务不是空泛的,而是具体的。空泛的预习任务会产生很多操作上无法落实的问题,而目标明确、指令清晰的预习任务是学生能自主进行有效预习的保证。(2)对预习做了分阶段的规划设计。阅读任务与问题的分解,降低了预习的难度,提高了预习效率,防止学生在预习之初就产生畏难情绪。(3)预习内容以核心概念理解为重点,直指学习要点,为教学目标的达成做了铺垫。诚如叶圣陶所言,学生有了课前预习,“当讨论的时候,见到自己的理解与讨论结果正相吻合,便有独创成功的快感;或者见到自己的理解与讨论结果不甚相合,就作比量短长的思索;并且预习的时候绝不会没有困惑,困惑而没法解决,到讨论的时候就集中了追求解决的注意力”①。

2. 课前预热重在激趣

不只是布切里老师的历史课,在这所高中里,几乎每门课程都会设置课前 10 分钟的预热环节,如文学课的课前预热是让同学们阅读自己喜欢的书籍。但文学课的课前预热常常呈现出低效的结果——不爱看书的同学会在座位上假装看书实则趁机聊天。而布切里老师的课前预热环节却十分欢乐、有效,其秘诀在于把课前 10 分钟的预热充分留给了课堂小组讨论。布切里老师曾说:“每天我的课堂都是从开放式的讨论开始的,这能够帮助学生预备当天的课程,讨论时我不做讲解,只提出问题,并激发课堂有更多的声音加入讨论。”②具体步骤如下:

他会提出一两个问题让小组讨论,而后随机抽三位学生来回答。我们的桌子每张都有编号,随机抽号前,Mr. Buccieri 将一套他自己做的编号牌先洗一洗,打乱顺序,而后随机抽出一张。Mr. Buccieri 会像公布抽奖结果似的举着抽到的号牌,开心地喊出某某号,

① 中央教育科学研究所编. 叶圣陶语文教育论集[M]. 北京:教育科学出版社,1980:67.

② 程修凡. 美国特级教师的历史课——批判性思维的养成[M]. 厦门:鹭江出版社,2017.

> 被叫到号的同学也会快乐地起来回答问题，这个时候几乎所有的同学都期待自己是“中奖”的那一位。好的开始是成功的一半，这样的预热瞬间调动起了学生的积极性与参与性，在接下来的课堂时间，大家变得十分活跃，没有人开小差。①

与历史课相比，文学课的课前预热之所以低效，是因为只做到了给学生布置任务，但任务是无组织的漫谈，无论是内容还是形式都容易因活动随意凌乱而导致低效。而布切里老师用具体问题的驱动、有组织的小组讨论和随机抽签式问答三招，成功激发了学生学习的兴趣，集中了学生的注意力，达成了预热的效果。

(二)课中

1.借助视觉资料进行跨媒介阅读

课前10分钟的预热活动过后一般是“图片侦破”环节，即师生一起阅读跟学习内容有关的视觉资料。这些供“侦破”的图片有地图、卡通漫画、照片、油画……

虽然高中生的抽象思维能力已有所发展，但基于感性认识的形象思维能力在学习新知识初期发挥着重要作用。因此，教学伊始利用生动形象的图片帮助学生更好地掌握知识点繁多的专题学习内容，不失为一条可供借鉴的策略。

跨媒介阅读与交流是高中语文18个学习任务群之一。我们在布切里老师的专题教学中发现，跨媒介阅读与交流，也可以成为通向专题学习的一种学习方法。

2.挖掘核心问题找准教学切入点

专题学习的关键，在于找到提纲挈领、一以贯之的核心问题，通常我们称这样的核心问题为切入点或教学点，通过这个切入点可以将庞杂的专题内容有序组织起来加以学习。

在教学第十四章“拉丁美洲与美国的历史纠纷”这一知识量庞大的专题

---

① 程修凡.美国特级教师的历史课——批判性思维的养成[M].厦门：鹭江出版社，2017：4—5.

时，布切里老师在教学伊始就提醒学生关注："美国在拉美的活动是主动干涉还是被迫卷入？"然后，每次讲授完拉美某国与美国的历史纠纷之后，布切里老师都会问："美国在这个国家的行动是主动干涉还是被迫卷入？"这个中心问题贯穿第十四章的专题学习全过程，使整章内容的学习目标清晰，主线分明，更为关键的是，它全程都需要学生主动思考、积极辨析、纵横比较。一个好的问题，就好像庖丁解牛时找到牛的骨骼经络的"间隙"一样，"以无厚入有间，恢恢乎其于游刃必有余地矣"！

3. 利用问题清单组织课堂教学

布切里老师的课堂很少讲解，大多是用问题以及讨论串起整个专题的教学。例如在学习某一专题时涉及《勒尚邦的勇气》一文的解读，布切里老师直接给学生开具了一张问题清单：

(1)阅读的篇名。

(2)这个故事发生在哪里？

(3)辨识出这个故事中最重要的决定。

(4)这些个人、群体或国家做出了怎样的决定？对此你是怎么想的？如果你问他们为何要做出这个决定，他们会如何回答你？

(5)他们行动的内在影响和实际后果是什么？独特的环境(事情发生在何时何地)会对事情后果产生何种影响？

(6)……

细细研读新课标中18个学习任务群的18个"教学提示"，我们会发现其中对教师如何进行专题学习过程指导的阐述极少。布切里老师的问题单设计，无疑给了我们很好的启发：第一，在专题教学中设计多少问题，设计哪些问题，教师应该有通盘考虑；第二，教师可以把专题学习要解决的问题以清单的形式直接告知学生，既有助于学习内容的明确，也有助于教学过程的有条不紊；第三，问题清单交给学生，实际上是把学习的主动权交给学生，使学生真正成为课堂的主体。教师的主导地位，其实主要体现在问题设计上。导，体现为学习方向的引领、学习任务的布置；学，体现为教师引导下有方向的学习，任务驱动下有挑战性的学习。

4. 引入典型材料设计有层次性的学习任务

复杂性是专题学习的突出特征之一。复杂性不仅体现为问题本身的高难度挑战性,还体现为学习资源的庞杂性与丰富性。因此,专题学习非常考验学习者对复杂资源的检索、整合与概括能力。布切里老师就深谙此道,所以,他总是能拓展一些关键资料来推动专题探究,他的学生们常常会惊呼:“历史课的阅读资料竟比文学课的多出太多!”

在学习犹太大屠杀历史时,布切里老师提炼出了旁观者和介入者两个关键词,并围绕这两个关键词补充了至少 9 份课外阅读材料,学生需要根据材料中的人物行动来判断他们是旁观者还是介入者。这些阅读资料中既有单纯讲述旁观者故事的,也有单纯讲述介入者故事的,还有二者兼而有之的,甚至还有从旁观者变为介入者的故事。图 1 和图 2 分别代表了布切里老师拓展资料的类型以及运用材料时所期望训练的学生思维能力。

从图 1、2 我们可以获得这样的启发:第一,专题学习所要提供的材料,必须经过教师的精选;第二,精选材料,必须要考虑材料类型的多样性,避免同类材料的简单叠加;第三,材料组合应该呈现一定的梯度,由简单到复杂,层层递进;第四,不同的材料,要从多个角度帮助学生深化对专题的理解;第五,不同的材料,要有助于训练学生思维的不同层级或品质。

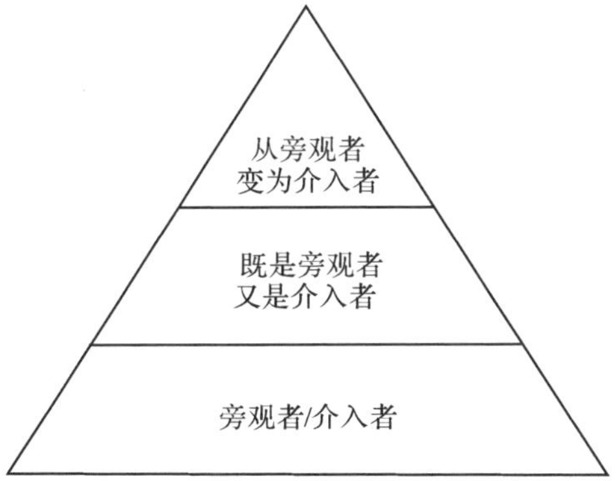

图 1 拓展资料类型

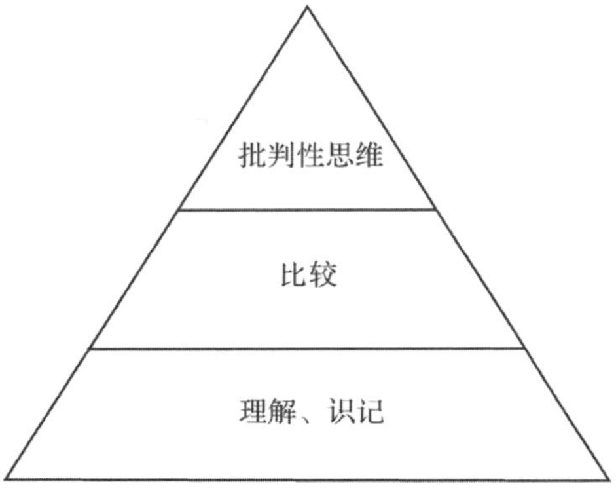

图 2 学生思维能力

(三)课后

1.基于网络平台,延续师生/生生互动

专题学习承载的学习内容的丰富性与课堂教学时间的有限性,是专题教学的主要矛盾之一。要解决这个问题,必然要打通课内和课外的学习通道。布切里老师有一个专属的社交账号,他时常会在上面张贴作业或上传资料加深学生对专题的学习和理解。学生也可以通过这个平台自由发问,教师会在线解答。

在互联网技术发达的今天,语文教学也要积极利用现代教育技术,充分利用网络平台,突破课堂的时空限制,将语文学习活动从课堂延伸到课外。目前可供语文专题教学利用的社交平台如图3所示:

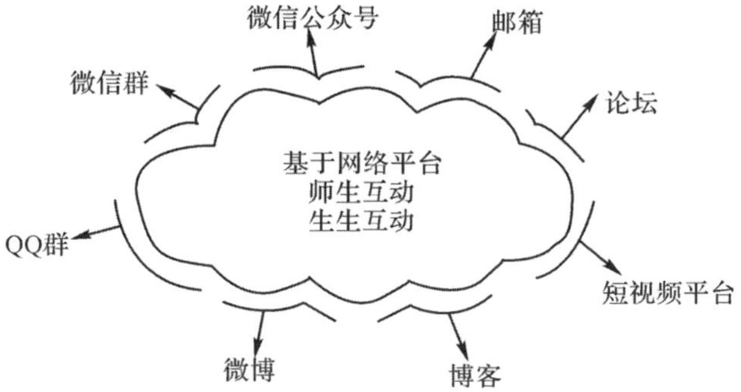

图3　语文教学可利用平台

教师可根据自己以及学生的社交喜好,基于便利性原则,选择某个或某些平台,定期发布学生的专题学习成果。如此一来,欣赏专题学习“劳动果实”的不再局限于教师与学生,还有家长,甚至是陌生的网友……这种跨界交流的过程本身又是一次学习和成长的过程。另外,大部分网络平台都有评论功能,学生如果对某一专题学习内容仍有疑惑,可以在线留言,老师和其他同学可以自由回复,这一过程又加强了师生互动和生生互动。

2.设计典型而具体的项目式实践活动

前文提到,有学者认为专题学习本身就带有项目式学习的某些特征,所以在课后开展小组成员间的项目式合作活动是十分合宜的。

在布切里老师的历史课后,小组成员一般要合作产出一份项目研究成果并做展示，展出形式多样，短文写作、画漫画、做 PPT 等均可。针对每一种展出形式，教师都会给出具体的作业要求，并注明小组需要哪些角色，每个角色的具体任务是什么。以下展示的是一次课后项目的任务设计：

> 项目概述：
>
> 在这个项目中你们小组需要创建一个简要的 PPT，内容是“欧洲的变化”。你们要在课堂展示 PPT。
>
> 小组角色如下：
>
> PPT 的设计者们：负责制作 PPT。
>
> PPT 的发言人：向全班讲解 PPT。
>
> PPT 的内容研究者们：负责确定 PPT 要展示的内容。需要研究教材内容、我们自己的内容，以及其他内容，其他内容可以通过互联网查找。
>
> PPT 项目总监：负责小组协同工作。项目总监需要设立时间进度表并根据时间进程表核查小组 PPT 进展。
>
> PPT 要求：至少要用 3—5 页 PPT 向班级同学展示这一主题的重要特征，必须注重视觉资料，每页 PPT 都要用视觉资料配合文字。
>
> PPT 的可选主题：
>
> 新教改革与天主教改革
>
> 捕杀女巫与宗教战争
>
> 君主专制政体
>
> ……

专题教学结束后，普通教师通常会要求学生围绕专题内容进行课后写作练习或者拓展阅读等，但这样的作业设置过于常态化，无法体现专题学习独特的项目式学习特点，也无法将课堂的学习兴趣有效延续到课后，并以此驱动学生保留持久的专题探究热情。而学生通过布切里老师布置的各种课后历史项目作业，和小组成员在合作中不仅学会了自主探索相关历史议题，还能够自己提出历史问题，并对这些问题加以评估论证。这样的作业设计，就使学习不只是停留在了课堂里，还延伸到了课后。学生在专题学习中不仅学到了知识，更重要的是，在课后持续锻炼高阶思维的同时，还通过项目成员间的合作培育了团队精神。

这都给我们的语文专题教学提供了启发，我们的语文课也需要高品质思维的培育和团队合作探究精神的培养，而如何通过项目作业的精心设计，切实达到培育这些能力的目标呢？上面的任务设计单是不错的借鉴对象。任务阐释越具体、角色分配越明晰，学生在实践中才越能“心中有数”。而不限制项目成果的展示形式，又给学生们留足了思维创作的空间，激发他们的实践热情。就像书中说到的“同学们就像热爱历史课上的讨论一样爱上了布切里老师布置的各种历史项目”。

自《普通高中语文课程标准(2017 年版)》提出 18 个学习任务群的课程内容以来，关于“专题教学”的研究层出不穷，但在“教什么”和“怎么教”两个方面，教师的困惑实在太多，如何选择具体的专题，如何设计实施方案，如何开展过程指导，如何使学生克服畏难心理……许许多多的问题都有待学理的探究与教学的尝试。自杜威以来，美国教育一直重视发现式、探究式学习，在研究性学习上形成了一定的传统。他山之石，可以攻玉，我们可以从中借鉴一些有益的做法，运用到语文专题教学中。

(作者现为杭州师范大学 2018 级语文学科教学硕士生)

专题学习:让批判性思维之花绽放

——《美国特级教师的历史课》的启示

中文142 何楚斌

摘 要:高中一线语文教师对2017版新课标的高频词“专题学习”颇为关注,但由于对其概念、特征、功能、方法等认识不到位,在实际教学过程中遇到了诸多难题。本文围绕“培养学生批判性思维”这一核心目标,借鉴《美国特级教师的历史课》一书,从专题确立、材料选择、思维训练、渠道拓展四个角度总结了专题学习指导策略,希望能为新课标下的语文专题学习提供参考。

关键词:语文专题学习;批判性思维;美国历史教学

“专题”一词在《普通高中语文课程标准》(2017年版)(以下简称为“新课标”)中出现了88次,是新课标中的高频词之一。

何为专题学习?褚树荣认为语文专题学习是在一定的问题情境下,根据专题的学习任务,整合课内外相关课程资源,通过研究性的学习活动,训练语文关键能力,形成基本品格和价值观的学习模式。① 郑国民、李煜晖则认为专题学习更类似于以解决问题为目标的语文学习项目。② 刘志江等学者指出专题学习以“题”(问题、话题、课题、主题)为最小的教学单位,聚类一组阅读材料,借助“题”在材料间建立“卯榫”结构的内在逻辑关系。③ 综合上述几种定义,专题学习是以情境任务为载体,以问题解决为目标,以自主、合作、探究为学习方式,以资源整合与活动整合为途径,以语文关键能力的培养为指归的学习模式。

---

① 褚树荣.从实验室到田野:学习任务群视域中的专题学习[J].语文学习,2018(2):40—48.

② 郑国民,李煜晖.高中语文专题教学实践研究探析[J].教育学报,2017(5):46—51.

③ 刘志江,王忠亚,张秋玲.专题学习视域中2017年版高中语文课程标准关键词研读(上)[J].语文教学通讯,2018(10):17—24.

专题学习与传统语文学习的差异性何在？吴泓曾有一段极形象的表述："打比方说，专题学习是去看'大片森林'，传统语文学习则是看一棵棵'树木'；专题学习是观'大江大河'，传统语文学习则是获得'一杯水'或'一桶水'；专题学习是'去远方旅行'，传统语文学习则是'在上学路上'。"[①]相比于传统语文学习，专题学习的范围更广、内容更深、对思维的要求更高，也带给学生更多的发展可能性。

专题学习与新课标中18个学习任务群相当于"轮"与"车"的关系，但这辆车若想要顺利启动，必然少不了"轴"。这个"轴"就是批判性思维。新课标对其颇为重视——除了语文学科核心素养中的明确表述外，18个学习任务群的名称也印证了这一点：1个提到"探究"一词，5个选择"研讨"一词，7个采用"研习"一词。这些用词说明大部分任务群不仅需要简单理解与记忆，更要求大胆质疑与深度思考。若没有批判性思维的有效参与，其开展效果必将大打折扣。同时，培养批判性思维与开展专题学习也存在很强的适切性。批判性思维以形象思维、逻辑思维等为基础，伴有强烈的问题意识与探究欲望，旨在对对象形成全面而客观的评价。专题学习的特点则主要有二：一为"广"，即使学生通过接触多样化的学习材料，建立广阔的知识视野；一为"深"，即使学生通过对核心议题进行深度挖掘与探究，产生独特而深刻的思考。批判性思维能帮助学生在繁杂的学习材料中快速而精准地发现问题，深入探究。这既可保证专题学习的质量，又能减轻教师的教学负担，可谓事半功倍。因此，语文专题学习应将培养学生批判性思维置于首位。

尽管一线语文教师对专题学习颇为重视，但思维的局限与理论指引的匮乏导致对专题学习接受的艰难与操作的举步维艰。他山之石，可以攻玉。笔者从《美国特级教师的历史课》（以下简称为"《历史课》"）一书中受到了不少关于专题学习的启发。此书生动再现了美国历史教师丹尼尔·布切里老师指导学生开展历史专题学习的案例，而且，所有的专题学习都指向同一个目标：批判性思维的养成。这恰好契合了当前语文专题学习的核心目标。同时，从古至今，历史学科与语文学科都有着紧密的联系。因此，笔者以此书为鉴，通过学科间的经验迁移，从中总结出以下几条指导策略，希望能为语文专题学习的开展提供借鉴与参考。

---

① 吴泓．专题百问：教学实施中的行与思[M]．北京：北京师范大学出版社，2015：56.

一、专题确立：制造矛盾、联结现实

成功的教学必定要把握学生的疑难点、找准教学的切入点、踩实文本的精华区、激活学生的兴奋点。其中，精准的切入点需以学生的疑难点为前提，同时又能有效激活兴奋点，实现“三点合一”。因此，“题”的确立是整个专题学习的关键所在。

（一）制造矛盾

制造矛盾的过程就是以新问题冲击学生旧认知的过程。布切里老师在讲授“犹太大屠杀”专题时先提问：“大屠杀是怎么发生的?”他预料大部分学生会回答大屠杀是由希特勒等人发起的。事实也确实如此。于是老师又抛出第二个问题：“难道仅仅是因为希特勒，因为党卫军的领导人和纳粹高官们吗?”带着这个问题，布切里先生通过“仇恨金字塔”告诉学生，犹太大屠杀的发生不是因为一个或几个人的决定，而是由整个民族的反犹主义、排他性导致的。先前所谓“显而易见”的答案是错误的。答案的“反转”充分激发了学生的求知欲。

布切里老师还曾要求学生两人一组，对“民主”“霸权”等十个概念进行探讨，并就每个概念回答四个问题：“这个概念你听说过/知道吗?”“这个词汇对你意味着什么?”“这个词在字典中怎么解释?”“你认为应该怎么解释这个词”。[①] 学生在回答问题的过程中发现自己对自认为熟知的概念其实一无所知，因为“自己从未思考过，也从未想过要思考”。这正是大部分学生的学习常态。可见，在专题学习中，选题时一定要注意制造矛盾，利用学生的“理所当然”“显而易见”“熟知”来暴露他们的“一无所知”。这对学生来说无疑是一股强劲的冲击，对专题学习来说则是培养学生批判性思维的绝佳起点：学习，从认识自己的无知开始。

在布切里老师的课堂中，专题学习的“题”充满矛盾张力。此外，他所设计的专题往往是具体而可操作的主问题。以“拉美专题学习”为例，这一章的

---

① 程修凡.美国特级教师的历史课——批判性思维的养成[M].厦门：鹭江出版社，2017：114.

全部内容都围绕拉美展开，而地理位置决定了美国与拉美之间必然存在密切联系。于是布切里老师以此为切入点，结合美国与拉美之间复杂的政治、军事关系及相关历史背景，利用一个简单的选择疑问句“美国在拉美的活动是主动干涉还是被迫卷入？”作为主问题，提纲挈领，以简驭繁，避免学生在复杂的美拉关系中陷入一地鸡毛式的思考。同样，在朝鲜战争的专题学习中，布切里老师以“韩国教科书和朝鲜教科书对朝鲜战争的说法哪个更可信？”为主问题，引导学生思考如何在历史事件中寻找真相。

（二）联结现实

专题学习的指归是培养学生解决现实问题的能力，使学科知识与现实生活有机融合。正如刘志江等学者教授所说：“不要把专题的‘题’仅仅投射到文本上去，一定要回归到育人的本质，投射到学生生命成长和身心发展过程中必然遭遇的人生问题上。”[①]布切里老师曾组织学生对一个中学生排斥案进行案例分析，讨论“这个事件为什么会有这样的结果？你是怎么想的？你如何解释在这种处境下男孩女孩的行为？你同意这些学生的选择吗？为什么同意？为什么不同意？”排斥或被他人排斥，大多数学生都有过亲身经历。布切里老师选择这一贴近学生现实生活的案例，在课堂上模拟真实情境，一方面是为了让学生有话可说，积极参与讨论；另一方面则是巧妙地借助真实案例，将前四节课所学习的“过去的历史”与学生的“现在与未来”紧密联系起来，让学生明白“历史并不遥远，历史课可以解决现实生活中遇到的问题”[②]。布切里老师显然深谙专题学习的意义：学科知识与技能的掌握，最终的目的是为了解决现实生活中真实而复杂的问题，因而专题学习也要尽量创设真实或模拟真实的情境，通过情境任务的完成，把学生从封闭的教室引向生活的广阔天地。

综上，我们可以把布切里老师确定专题的技巧概括为：从学科的某个学习领域出发，聚焦充满尖锐矛盾冲突的、对学生当下的生活与学习具有重要致用价值的问题，将其表述为开放式的选择疑问句，以主问题的形式贯穿专题学习的整个过程。

---

① 刘志江，王忠亚，张秋玲．专题学习视域中2017年版高中语文课程标准关键词研读（上）[J]．语文教学通讯，2018(10)：17—24．

② 程修凡．美国特级教师的历史课——批判性思维的养成[M]．厦门：鹭江出版社，2017：57．

二、材料选择:以题为轴、多元选材

(一)以题为轴

相当数量的材料是专题学习的必要支撑,但相比材料的海搜,材料的选择更为关键,教师在选择时应对其“质”进行严格把关。其中,相关性与互文性无疑是选材的重要标准。布切里老师正是围绕他每一个历史议题来精心挑选那些能向学生展现历史复杂性的、差异极大的多种观点的文献。比如,在“谁对冷战负主要责任,美国还是苏联?”专题学习中,布切里老师选择了《铁幕演讲》、《杜鲁门主义》、苏联大使的电报、亨利·华莱士给杜鲁门的信四份学习材料。这四份材料与专题密切联系,且类型不同、立场不同、结论不同,具有突出的互文性。在“韩国教科书和朝鲜教科书对朝鲜战争的说法哪个更可信?”专题学习时,布切里老师为学生提供了分歧明显的韩国和朝鲜教科书的原文节录。优质材料的选择奠定了成功的专题学习的基础。

(二)多元选材

要培养、提升学生的批判性思维,必须要确保学习材料的丰富性。布切里老师的学生常常感叹“历史课的阅读资料比文学课的多出太多”①。他的历史课中最常见的是“一篇又一篇”“厚厚一沓”的文献:“犹太大屠杀”专题中有十份阅读材料;“冷战时期的拉美”专题中有三份资料、两幅漫画、三份演讲与报告;“法国大革命”专题中有六份一手资料……我们不仅要关注到布切里老师课堂上专题学习材料之多,更要关注其材料的多元丰富性。“多”并不意味着丰富。材料的多元丰富性,体现在:1. 材料中蕴含观点的矛盾性与多样化;2. 材料内涵的丰富性提供了多维解读空间;3. 材料形式的多样化,有文本的与非文本的、正史与野史、第一手文献与第二手文献等;4. 材料在阅读理解上难度深浅不一。这些丰富性,确保了教师在专题学习时不会因为学习材料呈

---

① 程修凡. 美国特级教师的历史课——批判性思维的养成[M]. 厦门:鹭江出版社,2017:73.

现之“多”，把学生带入“碎片化阅读”之中，而是聚焦批判性思维培养，展开有组织的、有逻辑的“结构化阅读”。

三、思维训练：学科整合、讨论探究

（一）学科整合

学科整合将学生置于一个更加广阔的空间，使他们有机会同时接触到不同领域的内容，形成“一对多”的碰撞与对话，取长补短，更有助于批判性思维的锻炼，使专题学习焕发活力。

学科整合主要可分为以下两种类型：

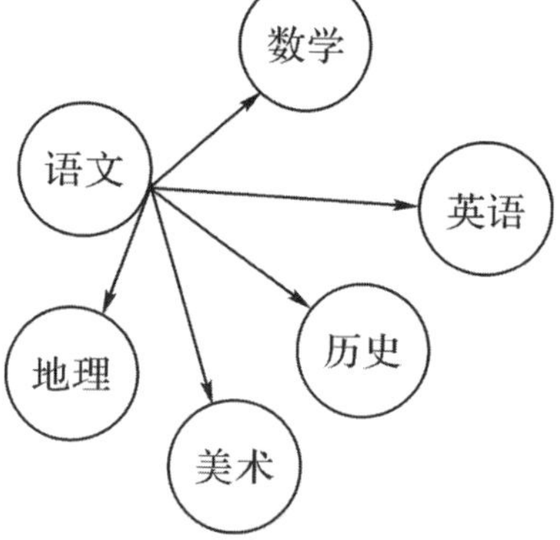

图 1　学科整合类型图(语文主体)

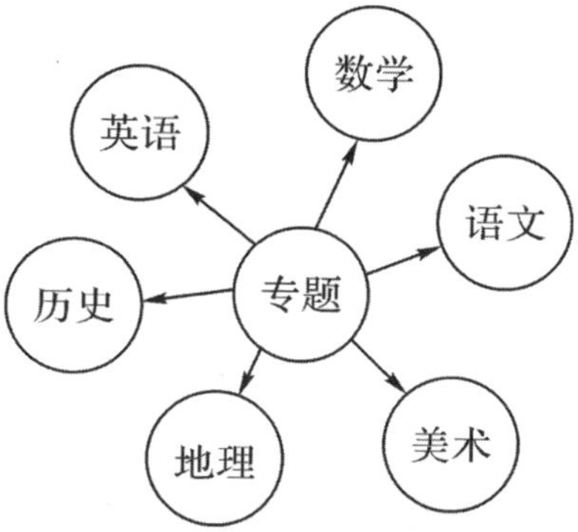

图 2　学科整合类型图(专题中心)

图 1 的整合以语文学科为主体，语文学科与其他学科构成主次关系；图 2 的整合以专题为中心，语文学科与其他学科为平行、并列关系。这两种整合模式均适用于专题学习的开展。在美国历史教科书中，插图随处可见，包括地图、照片、油画、卡通图画等形式多样的图片，还有一些固定的读图栏目，如“历史人物”“透过艺术看历史”“图解历史”“地理技能”等，展现了美国历史与艺术、地理、文学、科学等学科整合的跨学科学习理念(如图 1 所示)。而布切里老师的历史课堂，则更多地展示了图 2 所示的整合模式。他常常以地图、人物画像、卡通动漫等视觉性强的材料作为专题学习的材料，增加学习的趣味。他特别重视历史与地理的整合，引导学生通过地图分析宏观的政治、经济、军

事等历史状况，也会引导学生运用地理技能去解决微观的问题。实际上，上述两张图所示，分别代表了课程设计层面与教学层面两种整合思路，与其说它们是两种类型，不如说后者是对前者的执行，即布切里老师的专题学习，践行了美国历史学科在跨学科学习上的理念与策略。

历史学科尚可如此，具有基础性、综合性的语文学科，在学科整合方面显然更具优势。“语文综合了自然科学和社会科学各方面的知识，其范围之广、内容之丰富是其他任何一门学科都无法比拟的。”①应该说，在课堂教学层面，语文学科一直在贯彻“整合”理念，如借助文本整合与内容相关的各学科知识，借助批评整合文学与文艺学的知识，借助创作背景整合历史学与社会学的知识等。但在语文专题学习中，如何自觉贯彻整合意识，充分发挥材料之间的整合功能与整体效应，仍是一个有待解决的难题。

（二）讨论探究

要培养学生的批判性思维，必须先培养学生的问题意识，让学生经历发现问题、探究问题、解决问题的过程。学生是专题学习的主体，教师需将学习的主动权完全交还给学生，而这就离不开课堂上充分而有效的讨论。布切里老师的每一次历史课都是从开放式的讨论开始，讨论时教师不做讲解，只提出问题，为的是激发更多的声音加入课堂讨论。开放而充分的讨论不仅能让学生畅所欲言、更好地发挥其主体性作用，还能使之在过程中获得成就感和深刻的学习感悟。批判性思维在这一过程中自然也能得到有效的锻炼与提升。

刘志江等学者指出：“语文老师现在最大的问题就是太着急、耐不住、等不起。今后要学着慢慢来、耐得住、等得起。”②在语文专题学习中重视情境创设、组织讨论探究，既给学生一个发声的机会，也给教师一个倾听的机会。

---

① 谢赟. 让语文专题教学焕发活力[J]. 文学教育(下)，2015(4)：67.

② 刘志江，王忠亚，张秋玲. 专题学习视域中2017年版高中语文课程标准关键词研读(上)[J]. 语文教学通讯，2018(10)：17—24.

四、渠道拓展：内外联动，虚实结合

（一）内外联动

培养批判性思维是一项长期任务，非一朝一夕便能实现，试图通过一两节课的教学就使学生的批判性思维得到质的飞跃更是不可能的事。因此，教师应重视课堂内外的有效联动。

布切里老师在专题学习前都会下发一张“家庭作业纸”，内容包括预习题、一道批判性思考题、一幅与专题相关的图画，目的是帮助学生快速熟悉专题内容，为正式上课打好基础。学生在课堂上能否顺利跟上进度、有效地参与讨论，取决于他是否认真完成了这张作业纸，因此没有一个学生敢不认真完成。许多语文教师也会布置课前预习任务，但效果可能不理想，原因就在于预习任务并未引起学生重视：反正上课还会再讲，无须为此浪费时间。教师看似利用了“课前”时间，实则是无效操作，也是一种资源浪费。所以，教师不仅要关注课堂上的“教”，对学生课前的“学”同样不可掉以轻心。只有让学生主动、积极地完成预习任务，才算是真正开发与利用了“课前”这一宝贵的时间资源。

课堂的结束并不意味着整个专题学习的结束，作为课堂延伸的“课后”恰恰是考验学生学习主动性、培养批判性思维的关键时期。学生愿意用课后时间继续研习，不仅能提高专题学习效果，更能养成独立学习和自主探究的学习习惯，这样，专题学习的使命才算是真正完成了——布切里老师在这一方面完成得相当出色。他会在专题学习后，就相关的历史项目布置写作任务。这些课后任务都具有以下三个特征：第一，要求具体。清楚地告知学生该做什么以及该怎么做；第二，形式多样。不一定非得是历史论文写作，漫画、PPT、短文等均可作为任务的成果；第三，探究空间大。以相关专题的学习为基础，具有广泛的探究空间与深刻的探究价值，旨在实现由点到面的知识延伸与扩展。因此，尽管是硬性任务，学生还是都很乐意完成。反观国内不少语文教师布置的课外作业，或任务要求不明、内容空洞；或只是机械记忆的背诵任务，无须思维参与；或应试性太强，没有考虑应用性。总之，课后作业因其质量不高而使学生兴味索然,甚至抵触抗拒。

因此,专题学习应通过要求具体、形式多样、设计新颖的任务,拓展学生学习的时空,使课前、课中、课后形成前后呼应的整体,以此来激发、维持并促进学生的深度学习。

(二)虚实结合

数字时代,中小学生因为自控力的不足,容易对网络游戏、网上视频、网络小说等上瘾。因此许多教师与家长视网络为洪水猛兽,对其禁之堵之。事实上,被认为是数字时代最重要标志的互联网不仅是现代人最重要的交际渠道,还是专题学习最重要也是最便捷的资料搜索渠道,若能正确利用,能使整个专题学习焕发新的活力。通过网络学习也是每一个现代人无法逃避的现实。

布切里老师在专题教学中就善于利用互联网。他下发的大部分预习题就要求学生结合教材、通过网络自行解决,剩下的问题则留到上课时讨论。在课堂教学中,他也很重视网络资源的利用。在讲"巴以冲突"时,他为学生提供的材料中就有四份来自网络。布切里老师还创建了一个社交账号,他会在上面布置作业、上传视频、在线答疑、展示学生作品等。学生也同样可以利用这个平台与其他同学进行交流与分享。在我国,许多教师也开始熟练地利用网络平台来辅助教学,如开通微信公众号,撰写微博,建设班级论坛、QQ群、微信群等。可以说,网络平台资源的出现使得师生互动、生生互动在课堂之外得到了延续。

布切里老师在历史课堂上最常说的一句话是"让我们像历史学家一样阅读"。尽管每个专题表现的内容与呈现的方式不尽相同,但其中沿袭的批判性精神未曾改变。语文学科的专题学习也应如此,教师要带着学生像文学家、语言学家、作家那样,以研究者的姿态展开言语实践活动,用问题去磨砺思维,用情境任务去检验学科知识的灵活运用,使学生的学科核心素养得到多样化的发展与提升。

(作者现为杭州师范大学2018级语文学科教学硕士生,该文经叶黎明老师修改后发表在《中学语文》2019年第6期)

蒋军晶群文阅读教学策略研究

中文142　金欣怡

摘　要：随着新课程改革的不断深入，群文阅读教学作为一种新的阅读方式在中小学语文教学中引起了较大的关注。本文通过对蒋军晶多个群文阅读教学课例的阅读和整理，认为其群文教学采取了批判质疑激发思考欲望、比较阅读挑战深度思维、关注本质挖掘语文趣味、巧借图表联结多个文本、浏览略读贴近生活阅读、读写结合激活创新品质等策略。

关键词：蒋军晶；群文阅读；教学策略

针对传统阅读教学模式的局限和学生自主阅读数量较少的现状，群文阅读应运而生。由于群文阅读高度契合统编语文教材“1＋X”的阅读教学模式，更是引起广泛的关注。特级教师蒋军晶认为，群文阅读教学是在单位时间内，围绕一个议题，选择多个文本进行教与学的活动。他把教材中的文本进行重组，并将课外资源引入课堂，开创了群文阅读的新局面。因此，探析蒋军晶的群文阅读教学策略，既能为中小学语文教师实施群文阅读提供帮助，也对统编教材的编写有一定的启示。

一、批判质疑激发思考欲望

“批判性思维是根据一定的信念或假定的知识背景及可能出现的结果，对它们进行主动的、连续的和严密的论证思考。”[①]作为一种基于理性质疑、强调事实、追求逻辑的思维品质，培养学生的批判性思维不仅能够推动学生对

① 约翰·杜威.我们如何思维[M].伍中友，译.北京：新华出版社，2010.

知识的深入理解，还可以培养学生独立思考和推断的能力。然而在小学语文的阅读教学中，教师通常将教学的重点放在朗读和语言的鉴赏上，极少关注学生批判性思维的发展。蒋军晶的群文阅读教学，顺应了重视学生批判性思维发展的课改趋势，他善于通过创设情境激发学生思考的欲望，再将课堂还给学生，让学生在自主阅读中解决疑惑、获得新知。

例如，“反复结构的童话”课堂实录[①]：

师：这些故事里反复的情节，我们能不能调整顺序？比如，小壁虎先向老牛借尾巴，再向小鱼和燕子借尾巴；比如，小乌龟先被乌鸦告知狮王去世了，再被蜗牛告知方向走反了，行吗？

（生有的说“行”，有的说“不行”）

师：赶紧再去浏览一下这四个故事，小组内讨论。

（小组讨论）

师：谁来发表一下意见？

生1：我认为《小壁虎借尾巴》的情节可以换，因为小壁虎借尾巴，无论向谁借，都不影响这个故事。

生2：是的，反正问谁借都不成功，只要把他自己尾巴长出来的情节放在最后就可以了。

师：嗯，这样的反复结构，我们可以称之为“并列式反复”。那么其他故事的情节也可以这样调整顺序吗？

生3：《渔夫和金鱼的故事》的情节顺序不能换，因为老太婆先是要一个小东西，然后要房子，后来要当女王，欲望越来越大了。

（板书：欲望）

生4：《犟龟》的情节顺序不能换，小乌龟遇到的困难一个比一个大，如果换了，就反映不出来了。

（板书：困难）

生5：《七颗钻石》的情节顺序也不能换，因为故事里水罐的价值越来越大。

---

① 蒋军晶. 让学生学会阅读——群文阅读这样做[M]. 北京：中国人民大学出版社，2016：203—209.

（板书：价值）

……

师：像这样的反复结构，我们称之为“递进式反复”。

“反复结构的童话”这一课，群文阅读内容有《小壁虎借尾巴》《渔夫和金鱼的故事》《犟龟》《七颗钻石》四篇童话故事，蒋军晶在引导学生概括四个故事结构的共同点后，巧妙地激发学生思考四篇童话中反复情节能否调换顺序这个问题，学生通过小组讨论后得出不同童话反复结构同中有异，同时也明确了四个文本所传达的内涵。蒋军晶的逐步引导，很自然地帮助学生掌握了语文知识：童话故事具有并列式反复和递进式反复两种结构。这样的教学，看似毫无难度，却在问题的设计上蕴含着教师的教学智慧。

群文阅读教学不同于单篇阅读教学，群文阅读主张教师减少课堂提问和教学环节，提高学生探究的兴趣。在此过程中，教师不应低估学生的思维能力，要引导学生进行质疑或创设情境生疑，充分发挥学生的主体作用，鼓励学生自主地进行思考探究，教师只需在必要时加以点拨，让学生通过自己的探究解决问题。

二、比较阅读挑战深度思维

蒋军晶在群文阅读的选文上强调“结构性”，他的一群文章组合线索明确，并且有明确的意图，有些要触发学生的认知冲突，有些要强化学生的某种认识，有些是为了丰富学生的多元理解，还有些旨在帮助学生领会某类文体的阅读方法……他善于运用比较阅读策略，用仅有的几个问题引导学生挖掘一群文章的异同点，来推动学生深度思维，进而实现群文阅读的目标。

例如，在“无字书图书馆”群文阅读教学中，学生对《无字书图书馆》和《神奇飞书》已有一定的理解，蒋军晶补充《传统的纸质书籍会彻底消失》《纸质书不会消失》两篇文章，提出“书中的观点一定要接受吗”“纸质书会不会消失”等问题。小学生天真单纯，往往迷信权威，在他们眼里书中的内容肯定是对的，教师的观点一定是不会错的，而通过这两篇观点截然不同的文章的比较，可以迅速调动学生的思维，帮助孩子走出迷信权威的“怪圈”，培养勇于质疑、敢于批判的精神。并且，在对四部作品比较阅读后，蒋老师展开“纸质书会不会消失”的辩论，这个问题看似与语文知识无关，却能培养学生的语言表达和思维能力，且问题设计紧密联系实际，让所有的学生都有话可说。

比较阅读法是一种高层次的探究性教学法，通过比较一类文本在语言、结构、主题等诸多方面的异同，可以迅速将学生的认知引向深处，让学生在开放的学习环境中快速地运转思维，引导学生一步步地质疑、解读、分析、思考。群文阅读教学中采用比较阅读策略，可以有效地增加课堂容量，帮助学生在文本整体阅读的过程中提升思维的深度。

三、关注本质挖掘语文趣味

单篇阅读的课堂教学往往将大量的时间放在识字、课文内容、文章情感等语文知识的传授上，在文本鉴赏上注重“遣词造句”。而蒋军晶的群文教学旨在让学生走进文学，并且能真正感受到语文的趣味，所教的内容侧重“谋篇布局”，甚至是文学创作的手法，包括不同文体的表达特色、不同作家的写作风格、文章结构的特点等。

例如，“桥”群文阅读教学实录[①]：

师：《桥》《雪夜》《在柏林》《窗》四篇文章，内容完全不同，但写法上有相似之处，你发现了吗？

生：它们都有一个很特别的结局。

师：怎么特别呢？

生：结局都出人意料。

师：小说是不是一定要这样写呢？把这篇文章改一改，把句中的“小伙子”改成“他儿子”，其他的不改变。

师：这两个版本，你更喜欢哪一个？为什么？

生1：喜欢课文的版本。文章最后才交代人物关系，让人感到很意外，非常吸引读者。

生2：喜欢课文的版本。读到结尾时感觉很震撼。

① 蒋军晶．让学生学会阅读——群文阅读这样做[M]．北京：中国人民大学出版社，2016：145—146．

生3：喜欢课文的版本。过程中不写出父子俩的关系，突出了老汉把儿子当作一名普通的小伙子。

生4：课文的结尾耐人寻味。

师：综合以上同学的讨论结果，我不得不明示这篇文章的体裁。这是一篇小小说，也可以说是微型小说。这种体裁的特点就是设置悬念，结局令人意外。

蒋军晶没有将作品的文体直接告诉学生，而是将文章结尾的“小伙子”改成“他儿子”，然后要求学生比较两者的差异，这一环节设计是非常精彩的。学生通过两个版本的比较，直接地感知到小小说这种文体具有设置悬念、结局令人意外且耐人寻味的特点，并且在探究中感受到了文学作品语言表达以及结构安排的匠心。也难怪众多学生下课后拉着蒋老师，表示很喜欢小小说，迫切地想知道从哪里可以找到小小说进行阅读。

语言教育与文学教育如同一张纸的两面，它们相互依存、相互促进，不可分割。语文教材的选篇都是文学作品，文学作品的教学就必须尊重、体现其文学性。正如米切尔情境兴趣理论所提出的，只有学习活动对个体产生吸引力，个体才能主动将其转变为个人的兴趣。因而，语文教学唯有引导学生走进文学，才能激发学生对语文的兴趣。蒋军晶这种关注文学本质、帮助学生挖掘语文趣味、助力学生主动爱上语文的教学才是真正的语文教学！

四、巧借图表联结多个文本

在语文教学中，图表不仅可以增大课堂容量，扩大学生的知识面，还能使课堂的知识点更为直观、形象。群文阅读教学的介质是多文本，相比单篇作品的教学，如何设计教学过程使一群文章自然联结、整体推进，对教师来说尤为困难，蒋军晶常常借助图表将多个文本巧妙地联系起来，推动课堂教学顺利进行，如“创世神话”课堂教学实录①。

师出示 PPT，呈现神话的共同点。如表1所示：

---

① 蒋军晶.让学生学会阅读——群文阅读这样做[M].北京：中国人民大学出版社，2016：74—75.

表 1　多文本联系示意

中国神话	伊朗神话	罗马神话	印度神话
鸡蛋	鸟蛋	石蛋	金蛋
盘古	阿胡拉·马兹达	密特拉	大梵天
身体生化	身体生化	身体生化	身体生化

师：我看到这些共同点后，脑子里有疑问了，相信你们也有疑问。

生 1：我在想，为什么不同民族的创世神话有这么多相似点？他们为什么想到一块儿去了？

生 2：为什么不同地方的原始人都认为原始世界像一个蛋？

……

在“创世神话”群文阅读课上，蒋军晶利用短暂的上课时间，和学生一起阅读分析了 7 篇创世神话。在课堂上，蒋老师通过表格直观展现了中国、伊朗、罗马、印度四国神话的特点，借此将多个文本联结起来启发学生的思考，而学生借助表格可以明显观察到这些民族的神话有众多相似之处，自然发出集体性疑问：为什么这些民族或国家的原始人远隔万里却创作出十分相似的作品。这个由学生自发提出的问题点燃了学生的好奇心，同学之间相互钻研、讨论，学生在欢快的课堂气氛中收获着新知。

群文阅读关注多文本的联系，注重学生对文本关键信息进行分析思考，因此采用合适的逻辑结构呈现信息是群文教学设计时的重点。图表在概括信息的同时，能够帮助学生迅速发现群文的异同，直接指向教学的关键处。

五、浏览略读贴近生活阅读

如今的语文教学存在一个普遍的问题，就是因过于关注语文知识的教学，而忽视了学生在真实阅读情境中对阅读方法的实践。蒋军晶在群文阅读时注重对学生阅读能力和阅读方法的培养，指导学生根据阅读文本的特点，尝试略读、浏览、速读等真实的、实用的生活化阅读方法。

例如，“草莓”群文阅读教学实录[①]：

> 师：更重要的一点是我们发现有时我们看一篇新闻报道可能还不够，相关的新闻可以多看几则，现在网络发达，通过关键词搜索，相关的新闻很快可以搜到。看了多则新闻之后，我们知道，导致草莓个头特别大的原因有多个。到底有几个呢？看看我们能不能梳理清楚。请大家再浏览这四则新闻，找一找，理一理。

一堂课中，多文本群文阅读，对学生阅读数量和质量的要求是非常高的。故群文阅读不要求反复朗读文章或者细致入微地品读文章，而是要采用贴近生活真实情境的阅读方式抓住重点、提取关键信息。通常，教师对教材中的一篇新闻便可以具体分析一两节课，而在“草莓”群文阅读教学中，蒋军晶先后让学生阅读了四篇新闻，所以采用常规教学方式在一节课中教四篇新闻是不可能的，故而蒋老师在处理时突出要点，请学生采取浏览的阅读方式找出导致草莓个头特别大的多种原因，这与我们日常生活中阅读新闻的目的和方法是一致的。

语文课程是一门学习语言文字的综合性、实践性的课程，学生学习语文是为生活服务的。在语文课堂上尽可能采取切近学生生活实际的教学方式，才能有效地指导学生真实的语言生活，而这恰恰也是提升语文能力的捷径，因为“习得”是语文能力获取的最佳方式。蒋军晶的群文阅读教学自然而然地打通语文学习与生活的关系，学生能够将语文课堂上学到的知识和方法运用到生活中，也在这个过程中培养语文学习的兴趣，慢慢爱上语文。

六、读写结合激活创新品质

《普通高中语文课程标准（2017 年版）》在“审美鉴赏与创造”素养中明确提出“在语文学习中，通过审美体验、评价等活动形成正确的审美意识，健康向上的审美情趣与鉴赏品味，并在此过程中逐步掌握表现美、创造美的方法”[②]。这

---

① 蒋军晶.让学生学会阅读——群文阅读这样做[M].北京：中国人民大学出版社，2016：176—182.

② 中华人民共和国教育部.普通高中语文课程标准（2017 年版）[S].北京：人民教育出版社，2017：5.

就要求学生不仅会阅读、鉴赏，还要将自己的情感、态度和观点用合适的方式写出来。蒋军晶在群文阅读教学中，偏爱使用读写结合的阅读教学策略。所谓读写结合，指的是在各自完成阅读、写作教学任务的同时，以读带写，以写促读，这有利于深化学生的阅读、激活学生的创造品质，使学生在学习过程中将自己的情感体验用所掌握的表现美和创造美的方法呈现出来。

例如，"最后一句诗"群文阅读教学实录①：

师：我要出示我写的那首诗了。这是你们真正创作的时候，因为前面的三首诗都是名家作品，最后一句已经很经典了，很难超越。但这首诗是老师写的，也没发表过。只要你写得确实有诗的味道，你的"最后一句"就是这首诗的"最后一句"。

（出示课件）：

我是一枝黑色的笔，
我是一枝黑色的笔。
我要把小妹妹的牙齿涂黑，
让她变成笑掉牙的老奶奶；
我要把红玫瑰涂成黑色，
让它以为自己中了剧毒；
我要把白天鹅的羽毛涂黑，
让它以为醒来变成了乌鸦。
但是但是，这些都算不了什么。
我最伟大的杰作，
是——

师：我最伟大的杰作，是——是——（声音拖长）

在"最后一句诗"群文阅读教学时，蒋老师首先呈现了林武宪的《阳光》，让学生感受到了诗最后一句的特别之处。第二首诗的教学时，蒋老师隐去七星潭《花一把》的最后一句诗，在与学生共同探讨诗的精彩之处后，要求学生以诗人的身份来补上最后一句诗，学生根据自己的理解与想象，在自我创作

① 蒋军晶.让学生学会阅读——群文阅读这样做[M].北京：中国人民大学出版社，2016：120—127.

和比较中深入体会到了诗歌最后一句的奥妙。通过对前两首诗的分析，学生已初步掌握了最后一句诗的写作技巧，蒋老师在第三首诗教学时，就要求学生结合自己个性化的体验，写出最后一句比较有创意的诗。最后还拿出自己写的一首小诗，让学生发挥想象创作最后一句。蒋老师的这堂群文阅读教学课，教学环节设置非常简单，但整个课堂教学融阅读、写诗能力培养与育人为一体，环环相扣，层次感鲜明。从指导学生写诗的最后一小句到让学生根据固定格式仿写一首小诗，再到让学生为一首长诗创作最后一句，逐步增加难度，每一次的阅读都是在带动写作，每一次的创作都是对学生创新品质的点燃和促进。在蒋老师的逐步引导下，学生的思维非常活跃，对最后一句诗的写作充满创意。一堂群文阅读课下来，学生会发觉原来创作一首诗也可以这么简单！

阅读是一个复杂的心理过程，包括“感知—理解—反应—综合”，其核心是对思维的训练。写作是综合能力的反映，学生学习写作是“模仿—掌握—熟练—创新”的过程，这一过程与蒋军晶多环节的写作要求完美契合。读写结合作为一种科学的语文教学理念，可以为创新思维的发展提供最有效、最直接的途径，也能多方面地提升学生的语文能力。

蒋军晶是一位探索者，围绕群文阅读积极地探索能够真正提高学生素养的阅读教学策略，让学生在群文阅读的过程中爱上语文，爱上文学。蒋老师作为群文阅读教学的推广者，他的多种阅读教学策略值得我们深入学习借鉴。

（作者现为杭州师范大学2018级语文学科教学硕士生）

说明文教学:从低阶阅读到高阶阅读

——以《中国石拱桥》为例

中文142 邹辰睿

摘 要:思维发展与提升是语文学科核心素养之一,而思维的发展需要以言语实践活动为依托。本文以《中国石拱桥》为例,针对说明文阅读教学中忽视思维训练的普遍性问题,提出说明文阅读要从低阶阅读走向高阶阅读,以培养学生的分析、评价、创新等高阶思维能力为目标。

关键词:说明文教学;高阶思维;《中国石拱桥》

语文核心素养的一个方面是思维发展和提升。而思维的发展与提升,隐含着两个问题:第一是发展怎样的思维?第二是思维往哪里提升?《普通高中语文课程标准(2017年版)》这样解释:"思维发展与提升是指学生在语文学习过程中,通过语言运用,获得直觉思维、形象思维、逻辑思维、辩证思维和创造思维的发展,以及深刻性、敏感性、批判性和独创性思维品质的提升。"①由此可见,谈思维的发展,主要涉及发展对象问题;谈思维的提升,主要涉及提升层级的问题。要理解提升层级,首先要认识思维的过程与层次。布卢姆教育目标分类理论把认知过程维度和知识维度叠加、套嵌、整合,把人的认知思维过程从低级到高级分为六个层次,从低到高依次是记忆、理解、应用、分析、评价、创新。其中,分析、评价和创新能力属于高阶思维能力。由此可见,在语文教学中,要提升学生的思维品质,就应该通过创设复杂的、综合的言语实践活动,促使学生的思维从低阶思维向高阶思维提升,其中的关键在于激发、培养学生的分析、评价和创新能力。

---

① 中华人民共和国教育部.普通高中语文课程标准(2017年版)[S].北京:人民教育出版社,2017:5—6.

说明文是初中阅读教学中的一种主要文体，它的逻辑性和说理性较强，利于培养学生思维的发展和提升。但在教学过程中，学生往往对于说明文这种逻辑性和说理性较强的文章兴趣不高，这恐怕与说明文教学一直停留在记忆、理解等低阶思维层级，忽视分析、评价、创新等高阶思维的培养有关。笔者在网上检索了数十个《中国石拱桥》教学设计课例，发现都存在类似的问题。

识别并提取主要信息，是当下说明文阅读教学的重点。以《中国石拱桥》为例，大多数教师都设计了这样的教学环节：找出概括中国石拱桥特征的语句，了解赵州桥和卢沟桥的异同，理解作者为什么要以这两座石拱桥为例。学生能快速地从文中找到正确答案。除了上述重点，体会说明文语言的准确性几乎也成了一项规定性的内容，学生能毫不费力地从列数字、约数使用等方面说出所谓说明性语言的准确性。不仅仅是《中国石拱桥》，几乎所有的说明文，其教学内容都被处理成以下三样：1.识别文本的主要信息，概括说明内容；2.识别说明方法，体会说明语言的准确性或生动性；3.划分段落层次，了解说明顺序或结构。这三大教学内容，从思维学习的角度看，基本上都停留在理解层次，属于语篇文意的理解。这就使说明文阅读变成“为阅读而阅读”，而不是“从阅读中学习”，知识的学习既未能与学生原有的知识结构或生活经验产生关联，也未能激发学生的“认知冲突”，于是，学生对阅读就丧失了兴趣，阅读也丧失了其应有的价值。

所以，面对说明文阅读教学的局限性，需要教师设计出更为合理的教学方案以促进学生的学习。本文以《中国石拱桥》的教学设计为例，谈谈如何将说明文阅读从单纯的获取、整理信息的低阶阅读转变为质疑、探究的高阶阅读，从而促进学生思维的发展与提升。

一、认知与推断——叩启高阶思维门扉

从低阶思维到高阶思维，是一个动态发展、渐进提升的过程。课前设问的方式能够引起学生强烈的好奇心，在好奇心的驱使下学生能更主动地参与到阅读学习中。这种表现在学生心理层面的“悬而未决”，对于学生的探索欲望的激发以及思维的启迪作用明显。语文教师应基于文本，利用标题和图片等，尤其应该围绕学生的“未知点”，在读前巧妙设疑，引导学生或就文本内容进行猜读式的头脑风暴，或引发其认知矛盾与碰撞，激发学生强烈的求知欲，使他

们带着问题走进文本，从而培养学生发现问题、解决问题的主动学习能力。

比如，《中国石拱桥》中涉及很多桥梁术语，如“拱”“拱肩”“拱圈”等，对于初中学生来说可能存在一定的理解障碍，属于“未知点”。教师就可以利用这些“未知点”制造认知冲突，化问题为动力。教学初始，教师可让学生先把课本合上，呈现赵州桥简图（如图 1），然后提出看图说话的任务：请同学们用自己的话，把这座桥中四个小拱的位置说清楚。

学生可能回答“桥的两边各有两个拱”，也可能回答“桥的两端有两个拱，一个大一个小”“桥上面有四个拱”之类的。根据学生的回答，教师可以趁机展示图 2 至图 4，不断地引导学生反思自己表达中不够严谨准确的地方。这样一个预热的任务，既可以验证教师在教学设计阶段对学情的预判，还可以巧妙地让学生意识到自己在桥梁专业知识方面的欠缺，在学生抓耳挠腮，为准确表达绞尽脑汁陷入困境的时候，教师适时让学生翻开书本，看看作者是如何专业地描述桥中拱的位置关系的。有了前面的表达体验，学生才能深刻地体会“大拱的两肩上，各有两个小拱”这句看似简单的表达，其实非常精准，而精准的表达，离不开专业的知识。

图 1 赵州桥简图

图 2 学生回答 1

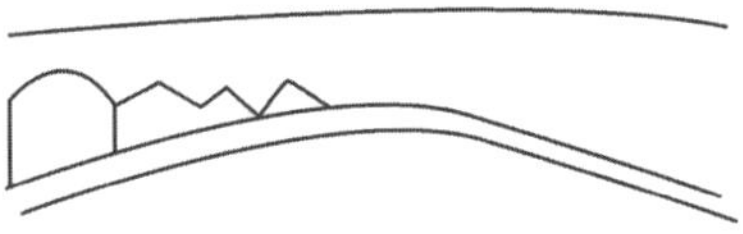

图 3 学生回答 2

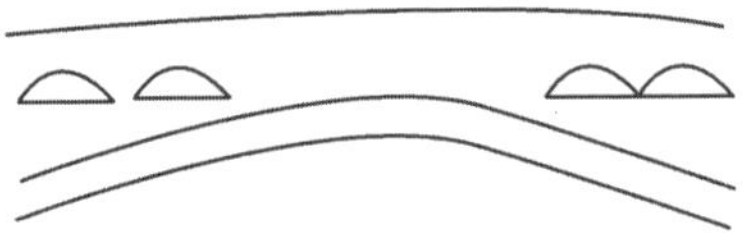

图 4 学生回答 3

这一段教学设计中，教师引导学生在阅读过程中，对语料进行初步解码，然后按照认知结构所指引的方向进行推断和演绎，最终全面而准确地理解语句意义。在不断的猜想、推断中，学生深刻体会到“两肩”和“各”这两个词的精准，明白了“大拱”与“小拱”的相对性，在看图说话的语言实践中提升了分析、推断、比较、评价的思维能力。他们从一开始想当然地回答到之后小心翼翼地斟酌字词，在“认知冲突”中进行推断和演绎，对语言的理解不断深入，最终意识到说明性语言的科学性与准确性。问题的设计与简图的运用，为吸引学生的注意力、刺激学生的比较与反思提供了有效的帮助，学生借助直观的简图反思表达的得失，思考改进，在此过程中对说明文中新信息的学习产生了浓厚的兴趣，为思维品质的提升奠定了基础。

在阅读过程中，学生能读懂字面意思是远远不够的，还要通过判断、推理实现对文本深层意义的理解；仅仅通过说明方法的千篇一律的分析，教学生理解说明语言的准确性，也是肤浅的。说明文语言的准确性是以专业性为前提的，没有专业性，就不会有准确的表达。可惜，很少有教师在分析说明文语言的时候强调过这个常识，强调过作者的专业背景。在说明文阅读教学中，教师应当创设形式多样的认知情境，为学生铺就必要的暗示、线索、路径，引导学生从表层一望便知的信息概括走向发现问题、分析问题、解决问题的学习之路。

二、质疑与探究——发展学生的高阶思维

学生阅读文本的过程不仅仅是提取关键词、概括关键信息的过程，更是理性思维发展的过程。受自身认知水平和思维发展水平的局限，学生的自主阅读往往停留在低阶阅读阶段，缺少有质量的思维活动的参与。因此，教师在语文教学中不仅要通过设计高质量的问题启发学生思考，更要积极引导学生自主生疑、自主提问，在师生双向质疑中发展学生思维的严密性、深刻性，促进学生的认知和思维向纵深发展。

首先，教师要善于从文本的细节处入手，通过精心设计的问题促使学生自主思考，使学生在思考中完成对文本的深入理解与探究，运用多元表征方式，促进知识的深度整合。其中，说明文阅读中，对概念性知识获得立体感知，形成对知识的恰当表征，是学习发生正迁移和高效解决语文问题的前提。教师可引导学生利用概念图、思维导图、绘画、表演等可视化表征方式，帮助学生梳理知识，探究知识的内涵或属性，厘清知识之间的联系。这样做，不仅可以把新的学习内容与学生已有的知识经验联系起来，还可以通过对新学习内容的归类、分析，建构新的知识网络，促进学习内容的可视化和模块化。

还是以《中国石拱桥》为例。学生经历了上述“看图说话”的活动环节，对说明文语言的准确性与科学性有了一定的体会，教师可以趁机从“拱圈”这一专业术语入手，做如下设计：

赵州桥的大拱“由28道拱圈拼成,就像这么多同样形状的弓合拢在一起”。28道拱圈在哪里?怎么拼?

请同学们自己动手画一画28道拱圈,看谁画得对。

“拱圈”这一术语对学生来说是完全陌生的。许多学生在阅读课文时可能并未关注到“拱圈”的含义,草草略过。教师从其入手,引发了学生对“拱圈”构造的质疑和探究,究竟什么样的结构才叫“拱圈”?是桥上面有一道“圈”吗?28道拱圈,是纵向的叠加,还是横向的铺排?带着疑问,学生一步步对文本进行探究:提取信息,对信息进行加工,转化为可视化的图形呈现在纸上,再根据图形展开解释说明。在这个活动过程中,学生调动了多种感官,一边画一边想,还可能有动作演示,逐渐完成了对一个全新概念的科学认知与深度理解。

其次,教师应善于从无疑处生疑,引导学生从课文标题、关键字词、矛盾冲突点、认知疑难点等方面发现问题,提出质疑,进行比较。比如,“大拱由28道拱圈拼成,就像这么多同样形状的弓合拢在一起,做成了一个弧形的桥洞”,这一句是学生认知的疑难点,教师就可以牢牢踩实这个疑难点,锻炼学生的思维。除上述绘图法外,教师还可以运用换词法,让学生在比较中体会语言表达背后的专业性:

“拼成”可以换成“组成”吗?“合拢”可以换成“连接”吗?

学生此时对“拱圈”的构造已经有了清晰的认识,教师再提出换词比较,学生就可通过对石拱桥建筑材料——石料的想象与理解,明白“拼成”“合拢”要比“组成”“连接”更符合石料的特性,因此更为准确。

对文本的质疑探究是高阶阅读的重要表现,围绕文本中陌生概念“拱圈”所展开的两个活动,表面上看起来似乎很简单,似乎也是指向说明文语言特点的把握,但是实质上,它们都是通过对语言特点的把握,发展学生的高阶思维,如质疑、探究和创新能力,它的指归不在语言,而在于思维。

三、联结与迁移——促进知识的深度整合

迁移是指习得的经验对完成其他活动的影响。迁移广泛存在于各种知

识、技能与社会规范的学习中，人们利用已有的知识经验，模仿借鉴，举一反三，触类旁通，不断地获得新知识和技能。阅读说明文，新的信息的获取不是学习的终点，而恰恰是学习的起点。因为，仅仅为了获取而获取，而不加以加工利用，就跟捡到一个宝贝而将它丢在仓库里没什么区别。所以，联结和迁移就非常必要了。所谓联结，就是把新的知识与学生原有的知识结构和生活经验加以关联；所谓迁移，是以联结为基础，运用所学知识构建出新的意义，或将知识向生活拓展延伸并运用。联结和迁移，也是对语文课程"加强实践性"理念的践行。语文课程是学习语言运用的综合性、实践性的课程。言语实践是培养语言能力的途径，也是指归。学生的学科核心素养，也终将通过言语实践展现出来。教师需要在丰富多彩的语文实践活动中，有意识地训练学生的思维，并且通过思维的训练，提升学生的语言文字运用能力。

教《中国石拱桥》，在获取了中国石拱桥的主要特点，理解了说明文准确性与科学性互为表里的关系之后，教师可布置这样的任务：小组讨论，查阅资料，读懂文字，然后借助手绘图形，向小学一年级的学生讲解以下知识：

> 宝带桥共53孔，从13孔到17孔为拱起部分。孔长249.8米。全长317米，宽4.1米。北端引道23.4米，南端引道43.06米。桥堍成喇叭形，下端宽6.1米。

这是一种小组合作的探究性项目，其目的是让学生借助从课文中学到的石拱桥的专业知识，去理解并讲解其他的石拱桥，这是迁移。当然，这其中还有联结，有赵州桥、卢沟桥与宝带桥的联结，还有"拱"与"孔"的知识的联结与冲突。聪明的学生读到上述的文字，势必会提出这样的问题：宝带桥的"孔"是不是和卢沟桥的"拱"一样，"孔长"和"拱长"是不是一样？作者在写赵州桥长度的时候，没有介绍引道。那么，宝带桥的317米的桥长，究竟有没有把引道长度算在内呢？我们不难发现，联结和迁移并不一定解决问题。或者说，当新知与旧知关联，当学习与经验沟通的时候，所谓新的意义的建构，是从不断迸发出来的问题开始的。学生学习了《中国石拱桥》，再让他们去诠释上述文字，问题越多，越能说明学习的有效性。学习，需要在联结中质疑，在质疑中探究，在探究中创新与运用。高层次的理解一定离不开联结，在阅读教学中，教师应善于创设活动与情境，促使学生把新、旧信息关联在一起。

在《中国石拱桥》中，作者说“这种桥不但形式优美，而且结构坚固”，以赵州桥为例，历经千年而依然挺立。在学完课文后，教师还可以设计以下的任务，将文本与生活相联系，将课堂内外进行联结，激发学生就文中涉及的科学知识展开深度的探究：

既然赵州桥的设计如此精妙，为什么现代的一些大型桥梁不采用石拱桥的方式建造呢？课后查找资料回答以上问题。

学生已经对赵州桥的结构有了系统的认知，便可利用旧信息构成的知识背景促进新知识的推理判断。学习了课文，学生对石拱桥的优点已经有了初步的认识，但未必了解石拱桥的不足，通过这样的任务，让学生知道任何工程技术可能都存在一定的局限性，而这，更接近生活与科学的真相。其次，通过开放性的问题设置来增强学生的积极性，使学生更积极主动地参与到知识的运用当中。最后，教师引导学生领悟不同情境下桥梁设计的优缺点，对桥梁的结构和技艺进行深入的思考，有助于学生理解知识的适用范围，明白具体情况具体分析的策略，也能明白现代科技的惊人发展。这，其实应该也是科普类说明文阅读教学形而上的追求：越学习，越意识到自己的无知；越学习，越敬畏科学，不断求索。

说明文教学是语文阅读教学的内容之一，在教学中确实存在教学内容过于简单、思维训练层次偏低这样的普遍问题。要改进说明文阅读教学，首先需要认识到说明文在发展和提升学生思维品质上的特殊价值。说明文以传递信息为目的，使人“知”。教学，要在学生“不知”的地方用力；其次，教师要重视教学活动的设计与学习情境的创设，促进知识的联结与迁移，进而培养学生的质疑精神、探究意识和创造能力，实现从低阶阅读到高阶阅读的跨越；最后，说明文阅读不能囿于文本，教学生一望便知的内容，而要通过创意读写“逼迫”“诱惑”学生主动探索，检索文献，积极寻求知识“外援”，打通课堂内外，使学生不满足于知识的接受，养成主动学习的习惯和求真务实的科学精神。

（作者现为杭州师范大学2018级语文学科教学硕士生，此文经叶黎明老师修改后发表在《中学语文》2019年第3期）

初中语文统编教材说明文单元编制及教学探讨

中文 142　金欣怡

摘　要：初中语文统编教材说明文单元在编制上具有选文编选注重文质兼美、“教读—自读—课外阅读”三位一体的特点，以及注重培育科学精神、提升语文素养的意图。据此，说明文单元教学在教读课文上应紧扣文体特质、渗透阅读方法，关注学生主体、推进深度思维；在自读课文上应践行阅读方法、激发科学精神，重视兴趣激发、勾连课外阅读；在课外阅读上采取提升探究品质、内化阅读方法、拓宽知识领域、享受语文阅读等策略。

关键词：语文统编教材；说明文阅读；单元教学

初中语文统编教材相比人教版教科书在说明文的编写上有较大的变化。根据新教材说明文单元编制的特点和意图采取合适的教学策略对教师的教和学生的学都具有重要意义，它不仅有利于扭转说明文教学处于边缘化的现状，提高教学质量，还能促使培养学生的核心素养这一“语文课程之本”落地。统编版教材采用人文主题与语文素养“双线组织”的单元结构体例，在这种结构下，同一单元的课文主题和文体基本一致，教师的教学更应建立在单元整体的基础上。故本文从统编教材“教读—自读—课外阅读”三位一体的突出特点，强调培育学生的科学精神、提高学生思维能力和实践能力的编写意图出发，提出相应的说明文单元教学策略。

一、初中语文统编教材说明文单元编制的特点和意图

在初中实验版教材的基础上，统编教材说明文单元的编制有了较大的修改和完善，新教材说明文选文的统计如表 1 所示。

表 1 初中语文统编教材说明文单元选文统计表

	教读	自读	名著导读
八年级上册	《中国石拱桥》(茅以升) 《苏州园林》(叶圣陶)	《蝉》(法布尔) 《梦回繁华》(毛宁)	《昆虫记》(法布尔)
八年级下册	《大自然的语言》(竺可桢) 《阿西莫夫短文两篇》	《大雁归来》(利奥波德) 《时间的脚印》(陶世龙)	

(一)编选特点

1.选文编选注重文质兼美

《义务教育语文课程标准(2011 年版)》在教材编写建议中提到:"教材选文要文质兼美,具有典范性;要重视开发高质量的新课文。"[①]统编版初中语文教材保留了四篇典型说明文,这四篇说明文文体特征鲜明,且是经过沉淀的经典作品,学习这类作品有利于学生真正认清并掌握说明文文体。新增的说明文也是文质兼美的佳作,且更契合该单元的人文主题,例如《蝉》读来像个有趣的故事,学生在阅读时不仅能体会到法布尔对蝉的喜爱和敬畏,还能激发科学探究的欲望。

2."教读—自读—课外阅读"三位一体

统编教材在单元选文上注重区分不同课型,将原来的"精读"改为"教读","略读"改为"自读",并将课外阅读纳入了教材编写体制。在说明文单元,自读课文的"阅读提示"中补充了大量课外阅读篇目,八年级上册的说明文单元还增加了科普作品《昆虫记》的名著导读。"教读"课文是教师带着学生阅读,注重学生掌握阅读方法;"自读"课文强调学生自主阅读,学会运用阅读方法;"课外阅读"是课堂教学的有效延伸,要求学生落实阅读策略。这种三位一体的单元编选特点,有利于培养学生的阅读能力和兴趣。

① 中华人民共和国教育部.义务教育语文课程标准(2011 年版)[S].北京:人民教育出版社,2012.

(二)编写意图

1. 培育科学精神

初中语文统编教材充分发挥了语文课程的多种功能，在编写上以“立德树人”为目标[①]。各个单元虽没有明确的主题命名，但都有固定的内容主题，强调人文精神的渗透。说明文单元尤为注重培育学生的科学精神。例如八年级下册的说明文单元强调培养学生求真、严谨的科学精神，选取的课文都是涉及自然界各个领域阐释事理的经典说明文。培育科学探索精神的目标也体现在课后习题中，《大自然的语言》详细说明了物候现象来临的四大决定因素，课后习题便要求学生查阅资料，为课文补充例证或探究是否有其他决定因素。初中生在解答的过程中，就像一个小小的物候学家在钻研、思考，科学精神也在潜移默化中形成。

2. 提升语文素养

统编版教材设置多个知识或能力训练点来培养学生的语文素养。教材在说明文单元注重提高学生的思维能力，例如，八年级上册要求“增强思维的条理性和严密性”；八年级下册强调“学习分析推理的基本方法，善于发现问题、思考问题、质疑问难”，这两个单元导引在语文核心素养上都直接指向思维，目的在于让学生通过说明文的学习来发展逻辑思维和辩证思维，提升思维的灵活性、批判性。与此同时，说明文单元努力贴近学生生活，力图提高学生的实践能力。例如，《苏州园林》的课后习题要求“运用先总说再分说的写法，介绍你曾经游览过的一座公园或建筑”，这类习题主张“大语文”，强化学以致用。语文学科是一门综合性和实践性极强的课程，学生学习语文，最终还是为了实践，统编教材将语文知识延伸到生活的设计与语文课程的特点是相契合的。

二、初中语文统编教材说明文单元教学的策略

针对语文统编教材“教读—自读—课外阅读”三位一体的单元编排特点，

① 王本华.强化核心素养，创新语文教科书编写理念——部编义务教育语文教科书的主要特色[J].教育实践与研究，2017(5)：8—12.

教师在实际教学中应树立全局意识，可以根据教材对三种课型的划分从整个单元入手安排教学，并围绕新教材对说明文单元的编写意图，在教学中培育学生的科学精神，提升学生的语文素养，通过创意读写不断推动学生的全面发展。

（一）教读课文，“会学”

1. 紧扣文体特质，渗透阅读方法

教说明文一定会涉及“说明文五要素”，这是学生把握说明文本质的前提。在教读课文中，教师要将重心放在与单元文体相关的阅读策略的渗透上，详细、具体地讲解知识，科学、有力地指导方法。同时，教学也要“摒弃过去面面俱到的方式，落实教材内在结构体系中给本单元提出的‘精读’要求”①。这意味着，说明文文体特质是教学重点，但在教说明文时不可追求教学目标的过度多元，不应将说明文五要素全部作为一节课的教学目标，而是根据“单元导语”“预习提示”以及作品的特色传授阅读方法，力求将相关策略讲透。

以《中国石拱桥》为例，它是八年级上册第五单元的一篇教读课文，“单元导语”对语文素养的要求为：把握说明对象的特征，掌握说明方法，体会说明文语言的特点。某一位教师的教学设计可概括为：①学生仔细观察赵州桥的图片，草拟介绍赵州桥的写作提纲，提纲重点标明赵州桥的特点和说明方法；②教师着重讲解抓住说明对象的特征来介绍事物的方法以及常见的说明方法和说明文语言的特点；③学生将自己的写作提纲与课文相比较。该教师的教学目标明确且具有可操作性，与该单元对学生语文素养的要求一一对应。这种创新式的教学环节既契合说明文文体的特质，又能通过阅读知识与策略的传授实现教材编写意图。

2. 关注学生主体，推进深度思维

于漪老师认为语文课之所以不能刻骨铭心，不能震撼学生的心灵，是因为我们的教学是泛阅读，是在文字的表面游移②。这也可以解释大多数初中

---

① 钱建江，段承校．“教读”课文怎么教？［J］．中学语文教学，2018(2)：12—16．

② 于漪．语文教师必须有教学自信力［J］．语文学习，2010(1)：4—7．

生认为说明文枯燥无味的原因。说明文教学长期陷入对同一知识点反复操练的误区，教师作为主导者应当带领学生深入探究，学习之前不确定或不知道的知识。教师要抓住说明文具有极强的科学性和探究性这些特殊之处，创新说明文教学方式，让学生自主进行探究性学习，同时通过适当的引导，协助学生挑战思维的深度，培养学生的问题意识、创新意识和实践能力。

例如，对于《中国石拱桥》的第7段，教师可引导学生质疑：马可·波罗真的说过这样的话吗？他在13世纪对卢沟桥的描述与现代桥梁大师茅以升的表述一致吗？在一步步追问后推进探究性学习。我们不妨这样设计，首先呈现《马可·波罗游记》中对卢沟桥的记录：

> ……河上架有一座美丽的石桥（即卢沟桥），这也许是世界上无与伦比的大石桥。桥长三百步，宽八步；十个人骑马并肩而行，也不感觉到狭窄不便。桥有二十四个拱门，由二十五个桥墩支立水中，支撑着桥身；拱门用弧形的石头堆砌而成，显示了造桥技术的高超绝伦。
>
> 桥身两侧，从头到尾各有一道用大理石石板和石柱建成的护墙，造型手艺极其高明。桥身引桥部分有一道斜坡比桥面略宽；一到坡顶，桥的两侧便成直线伸展，彼此平行。在桥面的拱顶上，有一个高大的石柱，耸立在大理石雕成的乌龟上，靠近柱脚处有一个大狮子像，柱顶上也有一个狮子。在桥面斜坡地方，另有一个雕有狮子的极其雅观的石柱，和前一个柱子相距一步半。桥上各石柱之间都嵌上大理石板，上面雕刻着精巧的雕刻，使整座桥气贯如虹，蔚为壮观。

然后向学生提问：同样是介绍卢沟桥，茅以升和马可·波罗在内容和写法上有哪些异同？学生探究两者在内容上的异同时必须反复阅读课文，教师希望学生了解课文主要内容的教学目标超额完成；探究写法上的异同要建立在明确说明文文体特点的基础上，这又达成了让学生掌握说明文语言特点的目标。更为重要的是，这类考察高阶思维水平的探究性学习与提高学生思维能力的编写意图相迎合。

(二)自读课文,“会用”

1. 践行阅读方法,激发科学精神

通过教师对教读课文的详细介绍,学生应当已大致掌握阅读方法。教授自读课文时教师可降低对学生的支持力度,告诉学生阅读重点和阅读方向,并可结合“批注”“阅读提示”设计任务,让学生以独立阅读、自主探讨的方式运用说明文阅读方法完成学习任务。当然,自读课文并不意味着对学生放任自流,教师在必要时还需对学生进行过程性指导,帮助学生正确运用阅读方法来理解课文,从阅读方法的运用转向阅读能力的延伸。教读课文的课堂,教学重点应放在阅读方法的传授上,课堂如果以教师讲解为主,作品蕴含的情感就难以与学生的主观经验完全融合。说明文主张培养学生的科学情感,因而自读课文还需重视激发学生的情感,帮助学生构建独特的阅读经验和严谨、认真的科学态度。

比如,《蝉》这篇说明文将蝉的特征描述得极为生动,体现了作者对蝉的喜爱。学习这篇自读课文,教师应引导学生运用教读课文时教师示范的方法,并助力学生在把握文章情感的基础上萌生科学探究的欲望。在教《蝉》时可以:①结合课文的第一部分,画出蝉的地穴,并附上相关数据和适当的文字说明;②画好后,小组交流自己作品的设计依据。设计①要求学生自主阅读课文中对蝉的地穴的相关表述,学生在画图的过程中能够直观地感受到蝉的特征,并能进一步体会法布尔观察细致的科学精神,同时课文生动活泼的语言有助于激发学生科学探究的欲望。设计②基于设计①,这一活动要求学生在探究过程中重视文章的说明方法,交流环节在锻炼学生语言表达能力的同时也让学生明白科学探究要有理有据,要有严谨、求实的科学态度。

2. 重视兴趣激发,勾连课外阅读

自读课文在整个单元扮演着“承上启下”的作用,它承接教读课文,成为检验学生能否自主运用教读课文所学阅读方法的有效途径,开启课外阅读,激发阅读兴趣。初中语文统编教材在说明文单元有名著阅读一篇,为法国昆虫学家法布尔的《昆虫记》,在课文的“课后习题”“阅读提示”中还有大量课外阅读篇目。因此,教师在教学自读课文时要与课外阅读相联系,通过在自读课文的课堂中对阅读方法指导、阅读内容导读、阅读评价反推[①]等途径拉近学生与课外作品的距离，为其搭建从课内阅读到课外阅读的平台。

例如，学生在自学完《蝉》后已对蝉的习性和生长规律等有了一定的兴趣，教师可以趁机提出："蝉是如何歌唱的呢？蝉是吃什么的呢？"初中生具有极强的好奇心，《蝉》打开了学生了解蝉甚至昆虫世界的大门，但学生是否愿意走进这扇大门很大程度上取决于教师推波助澜的程度。教师对《蝉》的课外阅读篇目《蝉的歌唱》《蝉和蚁》诸如此类的内容导读、评价推荐，勾起了学生的阅读期待，学生在讨论未果后便会主动翻阅作品寻找答案。

（三）课外阅读，"爱学爱用"

1. 提升探究品质，内化阅读方法

以课外阅读篇目的形式将众多作品纳入教科书，既扩大了学生的阅读量，又能加深学生对课文的理解，激发其阅读兴趣。学完教读和自读课文，教学目标基本达成，课外阅读的出现便于学生将该单元相关知识和阅读方法内化。故教师在对说明文单元课外阅读篇目尤其是名著《昆虫记》进行教学设计时要紧密联系单元体系，引导学生落实阅读方法，提升科学探究品质。

统编教材针对《昆虫记》设计了三个专题探究，这些专题趣味性和实践性强，融阅读方法训练与探究品质培养为一体。专题一、二的设计有利于学生切身体会法布尔观察细致、积极探究且求真务实的精神。学生在观察、探究的过程中收获知识，也培养了科学思维和科学精神。专题三文学味较浓，是对学生写作能力的考核，"摘抄若干精彩片段，进行鉴赏、点评"与单元要求体会说明文语言特点相勾连；"学习法布尔的写作技巧"是对掌握说明对象特征、说明方法等说明文阅读技巧的检验；"进行仿写"是最高层面，要求学生在精读作品后内化阅读方法，并以适当的形式表现出来。

2. 拓宽知识领域，享受语文阅读

《义务教育语文课程标准（2011 年版）》提出要重视培养学生广泛的阅读兴趣，扩大阅读面，增加阅读量；开展各种课外阅读活动，营造良好的读书

---

① 王维维. 统编语文自读课文的价值与追求[J]. 基础教育课程，2018(5)：61—64.

氛围[①]。说明文单元的课外阅读没有边界，它可以与生态学、艺术学、地质学等众多领域相联系，可以极大地拓宽学生的知识视野。因而，在开展课外阅读的教学时可借助形式多样的活动让学生根据自己的能力和兴趣往更深、更广的范围探究，让学生在阅读中爱上语文。

以孙波老师对《昆虫记》的教学设计为例，他的教学分为选好书、学好书和品好书三个环节。在“品好书”的环节中他要求学生：(1)圈点勾画，作批注；(2)写读书笔记，分为摘抄、编提纲、写体会三种类型；(3)制作读书卡片。学生在七年级便开始学习圈点批注法，该方法作为常用且有效的阅读方法，学生在阅读《昆虫记》时若能自觉运用，可以帮助理解、促进思考。《昆虫记》语言生动，介绍了大量有关昆虫形态、繁衍、习性等方面的知识，摘抄可以丰富学生的知识，提高其文学素养；编提纲是对学生多方面能力尤其是归纳和辨析能力的要求；写体会是读写结合形式之一，有助于培养学生的理性和感性思维能力。读书卡片没有固定的形式和格式，学生可以将自己收获的各方面的知识呈现出来，制作读书卡片的过程亦是享受语文阅读的过程。

初中语文统编教材说明文单元的教学，要以“教读—自读—课外阅读”三位一体的编制特点为统领，它指向说明文单元教学的大框架，要求教师根据不同课文在教材中扮演的不同角色统筹安排教学，环环相扣；同时，在此框架下要抓住说明文文体的本质和编者对学生知识、能力训练的要求，使学生真正内化阅读方法，享受语文学习，并树立科学态度、提高思维能力和实践能力。

初中语文统编教材的发行和投入使用在我国教育改革史上具有极大的积极意义，一线教师在说明文教学时应当紧扣统编教材的指导思想和编写意图，调整自己的教学理念，从单元教学的角度出发选择恰当的教学策略，使教学尽可能地契合学生的需求，推动学生语文核心素养的提高。

（作者现为杭州师范大学2018级语文学科教学硕士生，此文经王光龙老师修改后发表于《中学语文》2019年第3期）

① 中华人民共和国教育部.义务教育语文课程标准(2011年版)[S].北京：人民教育出版社，2012.

在语文课堂中训练批判性思维

——《美国特级教师的历史课》的启示

中文 142　胡安婵

摘　要:美国教师布切里在历史课堂中,把对相关概念的理解作为批判性思维训练的前奏。一个有争议性、值得讨论的问题是批判性思维训练的开始,也是中心。围绕争议性问题,让学生进行开放性讨论,同时教师并不是作为一个评判者置身事外,而是作为一个参与者,引导学生去搜集大量不同立场的文献资料并加以辨别,并通过对双方乃至多方论证合理性的评估,做出一个更理智的判断。而课后的小组探究活动成为课堂的延续,一方面强化了课内对学生的批判性思维训练效果,另一方面又促进学生自主探索精神的培养。

关键词:批判性思维;阅读教学;问题探究

《美国特级教师的历史课》这本书主要讲的是美国历史教师布切里训练学生“像历史学家一样思考”,以培养他们的批判性思维。通读整本书后,我们不难发现,布切里老师对学生批判性思维的训练渗透到他教学的每个环节,从课前的预习、课中的讨论到课后的拓展项目研究等。当下,我国中小学语文教育越来越重视学生批判性思维的培养,但是如何在课堂教学中提升学生的批判性思维无疑是一个难点。因此,笔者希望通过对美国特级教师布切里教学策略的梳理,归纳在语文教学中对培养批判性思维有益的要点。

一、课前至课中:从概念入手,以问题为导向

布切里老师在新的章节教学前,会给学生们分发一张家庭作业纸,作业纸的第一部分清晰地罗列了周一到周四每一天需要阅读的篇目以及思考题。比如某章节的预习题是这样:

周一：阅读课本 176—197 页。

1."君权神授"到底是什么意思？

2.英国内战中的两个派别是什么？

周二：阅读课本 181—182 页。

3.约翰·洛克的一些关键理念是什么？

周三：阅读课本 184—189 页。

4.解释"分权"的思想。

5.卢梭的"社会契约论"是什么？

周四：阅读课本 194—197 页。

6.约翰·洛克在何种程度上影响了美国的《独立宣言》。

我们发现，这张作业纸基本围绕着新概念的理解而设计，布切里老师让学生们做的第一件事情，就是理解概念的含义。他不需要学生照本宣科，学生必须在阅读文本的基础上形成自己对于相关概念的理解。美国批判性思维国家理事会主席理查德·保罗指出"批判性思维是建立在良好判断的基础上，使用恰当的评估标准对事物的真实价值进行判断和思考"[①]。因此，我们对事物进行判断之前，首要工作是明确相关概念。概念就好比批判性思维这所房子的地基，是后续思维判读和思考展开的前提。当地基都不稳时，又何谈万尺高楼。所以，布切里老师对学生批判性思维训练的第一步从概念入手，是非常科学的。

如何让学生理解概念，进而形成自己对于特定概念的看法？布切里老师以问题为抓手，通过具有梯度性的概念四问，让学生联系自己的原有认知，借助工具书，结合具体语境，去判断，去思考，形成自己对相关概念的认识。这四问是：

这个概念你听说过/知道吗？

这个词汇对你意味着什么？

这个词在字典中怎么解释？

你认为应该怎么解释这个词？

---

① 理查德·保罗，琳达·埃尔德．批判性思维工具（第 3 版）[M]．侯玉波，等，译．北京：机械工业出版社，2013：6.

学生明确概念的过程就是一个思辨的过程。学生接触新的概念名词时，需要结合语境对外界相关资料进行筛选、辨别，选择恰当的解释材料。在外界资料介入后，学生又需要对资料进行筛选、辨别、整合，在不太理解处反复理解，最终形成对于概念个性化的认识。

布切里老师对学生的提问，不仅仅只在预习部分，而是贯穿整个课堂。每堂课，布切里老师围绕一个中心问题来展开，比如："冷战时期的拉美：美国是主动干涉还是被动卷入?"布切里老师课堂上的中心问题，相当于批判性思维训练这所房子里的顶梁柱。所有的论辩都是围绕这个中心问题展开，并且这个中心问题往往存在至少两种甚至两种以上可能的观点。中心问题带有争议性、值得讨论，充分训练了学生的批判性思维。

那么，什么样的中心问题是值得讨论的呢？笔者认为，值得讨论的中心问题一定是学生能辩的，需要结合具体情境、联系事实的，具有一定的现实意义的，这样讨论结果才能有助于学生在现实生活中做出理智判断。布切里老师在上"犹太人大屠杀"这课时，提出"谁是旁观者，谁是介入者"这一中心问题，他让学生从课本上大屠杀的案例，迁移到现实生活中的校园排斥案。从这里不难看出，值得讨论的问题往往是经典的，具有现实意义和价值的。

语文课堂中教师可以围绕文本主题，提出具有争议性、可讨论的中心问题，并以中立的姿态去引导学生展开批判性思考。但是值得注意的是，课堂上对中心问题展开论辩，不是看哪方观点最终驳倒对方，论辩过程中学生对文献材料的引用、判断才是关键。批判性思维追求的并不是胜利的结果，而是探索的过程。因为，在双方观点交锋下，接纳对方值得肯定的观点，修改、调整甚至融合双方观点得出一个更好的方案，这样的批判性思维，才能使人从批判走向发展。

其次，语文教学中很多地方都涉及概念的理解，尤其是专业的语文知识、原理、策略等。教师都知道阅读教学要依据文体而教，但是学生在学习后，能否说出相关文体的知识呢？未必。究其原因，是教师没有将文体特点纳入整堂课的教学内容中，没有将其作为明言的知识向学生讲授。因此，语文教师可以借鉴布切里老师的做法，比如教散文诗的特点时，可以在课前布置预习任务，对学生进行与布切里老师一样的概念四问，让学生自己去思考对散文诗的理解，去借助相关资料解释散文诗，最后形成自己的理解。

二、课中：辨多方文献，明真伪历史

布切里老师在课堂上会给学生展示复杂的、差异极大的多种观点，然后让学生对这些文献追本溯源，去分辨其中的主观偏见和客观事实。他还会让学生把这些文献置于特定的语境中，引导他们基于写作背景去理解，让文献相互佐证，去辨别出可靠的文献，最后对一个历史议题形成更清晰的认识。批判性思维有三个维度：分析、评估、创造性。布切里老师对学生们的批判性阅读训练着眼在分析和评估上。如果说概念是批判性思维的地基，那么可靠、恰当的文献材料则是绳墨。学生需要依托恰当的文献材料去评判相关事物、观点的正确性，以材料作为观点的支撑。其中，对于文献的辨别和判断能力，是批判性思维训练中的重要一环，布切里老师深谙此道。他教学生使用多种阅读策略去辨析历史文献。比如：

1. 寻找文献的来源：文献的作者是谁？写作的年代是哪一年？是怎样类型的文献？

2. 仔细研读文献：找出文献的主要观点和主要论证。

3. 联系上下文进行考察。

4. 和其他文献进行对比。

阅读策略的第一步旨在让学生辨别文献的类型，是第一手材料还是其他？文献类型会影响学生对于文献可靠性的判断，第一手材料往往更加可靠真实，所以布切里老师强调要去阅读第一手资料。其次，文献材料不仅仅只局限于纸质文本，只要能辅助学生进行判断，视听资料比如图片、漫画以及音频等都是可行的。而第三条和第四条阅读策略则是让学生考察不同来源、不同立场的文献，倾听不同的声音，形成个人对历史的理解。

反观我们的语文课堂，教师在课堂上所引用的文献资料数量不够多，而且引用的常常是片言只语，是对专家学者的观点或相关文献的片段摘录。批判性阅读建立在一定数量文献阅读的基础上，应该重视多文本、多观点的对比和比较。但我们的教师引用文献观点的目的一般都是为了证明自己提出的某观点，让学生更好地接受自己的观点，所以，这类文献资料没有多元性、可辩性。语文课堂需要更多矛盾的、多元的、可辩的阅读材料的介入，来训练学生的批判性思维，教师需要教给学生基本的批判性阅读的策略，如联系文本、文献互证、代入情境等。只有这样，学生才会拥有独立的文献辨别能力与解读能力。

三、课后探索性活动：课堂的延伸，思维的深化

布切里老师除了在课堂上引导学生阅读多方文献讨论历史议题，还会引导学生在课外自主查阅多方文献、提出自己的问题，探究历史，解读历史。他会在教完一些重要章节或内容后，设计一些历史项目，让学生进行思考。笔者认为，布切里老师最值得借鉴的是他的"历史学家小组"的合作项目。"历史学家小组"在每个单元都要完成报告项目，在课堂上进行展示。而布切里老师会明确小组成员的分工，注明小组有哪些角色、每个角色的具体任务是什么，比如：

项目概述：

在这个项目中你们小组需要创建一个简要的 PPT，内容是"欧洲的变化"。

小组角色：

PPT 的设计者们：负责制作 PPT

PPT 的发言人：向全班讲解 PPT

……

PPT 的可选主题：

新教改革和天主教改革

扑杀女巫与宗教战争

君主专制政体

这样的小组合作方式将课堂上开放性的交流延续到了课外，每个小组就成了自主探究的共同体。组内成员通过讨论、提问、批判、整合后共同完成合作项目。如果说课堂上让学生围绕争议性问题展开辩论是为了培养他们的批判性思维，那么课后的合作式探究学习就是对批判性思维的深化。因为学

生通过组内合作明确中心议题后，会筛选并罗列出各种观点的文献材料，学生针对各观点展开交锋并评价哪些观点的论据是谬误的之后，最终能做出相对理智的判断。

语文课堂完全可以借鉴这种小组合作探究的方法，训练学生的批判性思维。统编版初中语文教材在每一册都设立综合性学习单元，笔者认为小组合作探究可以和综合性学习的主题相结合。其次，统编教材的每个单元都有相应的单元主题，教师可以聚焦社会时事，联系单元主题，给学生设计相应的小组探究活动。教师还可以设计探究活动的相应表格，让学生在探究活动时，将正反方的主要观点与论据都用表格的形式记录下来，每一条观点和论据后都紧跟评价。表格的形式让论证过程条理化、清晰化，使学生对结论的来龙去脉有清晰的了解。

从美国特级教师布切里的历史课堂中，我们发现，对相关概念的确定是批判性思维训练展开的前提。一个有争议的、值得讨论的问题是批判性思维训练的开始，也是中心。围绕争议性问题，让学生进行开放性讨论，同时教师并不是作为一个评判者置身事外，而是作为一个参与者，引导学生去搜集大量不同立场的文献资料并加以辨别。此外，通过让学生对双方乃至多方的观点进行评估论证是否存在谬误、是否科学后，引导学生吸取合理观点，修正自身论证的缺陷，做出一个更趋于理智的选择。而课后的小组探究活动成为课堂的延续，一方面强化了课内批判性思维训练效果，另一方面又促进学生自主探索精神的培养。批判性思维训练的目的，是培养学生在真实情境中做出理智判断的能力，其深层指向是促使学生养成思考的习惯和探究的精神。

（作者现为杭州师范大学 2018 级语文学科教学硕士生）

高中“跨媒介阅读与交流”微专题教学设计研究

中文 161　金超颖

摘　要：《普通高中语文课程标准(2017 年版)》提出“跨媒介阅读与交流”学习任务群，引起了语文教育界的高度关注。但在实际教学中，教师觉得无从下手，有的干脆将语文课变成多媒体展示课，忽略了跨媒介只是进行阅读与交流的一种手段的实质。面对不知道“跨媒介阅读与交流”学习任务群怎么教的问题，有的教师尝试用“微专题”来解决，即通过设立任务群下的微小专题，作为课堂教学内容。微专题设计应遵循有真问题、有目的性、有语文味、有过程铺开等原则。

关键词：跨媒介阅读与交流；微专题；高中语文

《普通高中语文课程标准(2017 年版)》将“跨媒介阅读与交流”作为七个必修学习任务群之一，体现了语文教学与时俱进的特征。但“跨媒介阅读与交流”学习任务群提出时间短，可借鉴经验少，在实际教学中，教师往往为难于教学内容的选择，也没有确定的途径进行课堂教学。要回答“学习任务群到底学什么？怎么在课堂中展开教学？”的问题，必须进行微专题的设计和开发。

一、“微专题”内涵分析

对于“微专题”概念的理解，首先要回归到“专题学习”上。在以专题组成的学习任务群成为语文课程的核心内容之后，“专题学习”的价值成为研究热潮。但是现有高中语文必修教材仍以单篇教学和单元教学为主，如果要实施“专题学习”，一种可能是完全打乱现行教材的编排方式，另一种可能是教师围绕专题，收集和整合出覆盖面极广的大量资料。无论是哪一种，都存在实施和推广的难度。为了在沿用教材和“专题学习”之间寻找一个恰好的平衡点，“微专题”就应运而生。正如褚树荣老师所说：“‘微专题’是专题学习的‘小微化’。”①

二、“跨媒介阅读与交流”微专题选择方向

如何选择微专题是整个教学活动的起点。笔者认为可以将褚树荣老师名师工作室——语文树工作室对“跨媒介阅读与交流”学习任务群进行切分而开发的专题作为微专题开发的方向，这些专题分别为：拥抱新媒介、媒体三棱镜、理性的眼神、媒介小达人、跨界共同体。② 五个专题共同作用，涵盖了学习任务群教学目标的全部要求，从这五个专题出发设计、选择微专题，能够实现教学活动的不脱题、条理清晰、目标统一、有参考价值。

（一）拥抱新媒介

语文树工作室阐明了“拥抱新媒介”专题的内容指向：了解新媒体的种类和特点。

在这一方面选择具体教学点，确立微专题内容，就要关注课堂媒介开发，比较不同媒介的优势和弊端，这两部分内容作为微专题，最终指向合理利用身边的媒介进行阅读、写作和交流这一培养要求。

“拥抱新媒介”专题下的典型微专题课例有浙江省宁波市姜山中学郁雪琳老师开发的“在不同媒介中穿越：《霸王别姬》里的写作密码”③等。

（二）媒体三棱镜

语文树工作室阐明了“媒体三棱镜”专题的内容指向：理解不同媒体的同题表达。

---

① 褚树荣.“微专题”：课标进课堂的合适通道（上）[J].语文学习，2019(3)：32—38.

② 褚树荣.从实验室到田野：学习任务群视域中的专题学习[J].语文学习，2018(2)：40—48.

③ 郁雪琳，褚树荣.从视频资源到课程资源——微课视频在写作教学中的运用[J].语文学习，2017(3)：49—53.

如何选择“媒体三棱镜”方面的微专题，语文树团队的主张是从不同媒体中选择同一主题，这种主题不仅仅局限于某一个具体的作品，也可以是一类事物。需要注意的是，对这类微专题来说，作为研究对象的主题需要有一定流传度和关注度。研究的媒体基数增多，虽然在一定层面上会加大研究难度，但对于该话题的解读会存留出更大空间。

“媒体三棱镜”专题下典型微专题课例有浙江省宁波市姜山中学边宝玲老师开发的“动漫影视”综合实践课型——“我爱动漫：中、日、美动漫的打开方式”①等。

（三）理性的眼神

语文树工作室阐明了“理性的眼神”专题的内容指向：学会辨别媒体立场和态度。

在选择教学点时，需要在巨量的信息中大浪淘沙，通过有现实意义的时讯观察，寻求相关证据，做出客观评价。“理性的眼神”微专题教学点的确定可以打破学科之间的隔阂，因为这一环节更强调综合性学习的能力，选择时下热点新闻作为分析主题，以多种媒介传播的不同信息作为分析角度。

与其他专题不同的是，“理性的眼神”必须要有专业人士的帮助，以高中学生的现有水平，仅依靠自己的能力进行信息排疑难度是很大的，所以可适当运用小组讨论或专家讲座的方式，帮助学生辨析立场。

（四）媒介小达人

语文树工作室阐明了“媒介小达人”专题的内容指向：学习跨媒介技术传播资讯。

“媒介小达人”板块要求学生能够借助一些常用的技术软件完成生活中资讯传播小任务，能够表达自我的思想见解。在这个板块进行微专题建构，所选择的素材必须是贴近生活的，可以是学生所碰到过的真实问题情况再

---

① 边宝玲．跨媒介阅读与交流——以“动漫影视”的综合实践课型为例[J]．语文教学通讯，2018(34)：21—24．

现，如怎样利用微信公众号推送文章。“媒介小达人”微专题的设置也可以引入小组合作的方式，完成“媒介小达人”微专题任务的同时，也为进入下一专题“跨界共同体”做准备。

“媒介小达人”专题下典型微专题课例有浙江省宁海中学陈亚敏老师开发的“人人都是自媒体：微信公众号文章的写作”①和“与众不同才吸睛：自荐书的制作”②等。

（五）跨界共同体

语文树工作室阐明了“跨界共同体”专题的内容指向：创建跨媒介学习共同体。

创建“跨界共同体”是最强调任务群中“交流”一项的环节。由于这个板块的操作性强，微专题的构建可以分为课内、课外两大部分，课堂上的主要工作是总结前几个环节的知识点，学习如何运用不同的媒介技术创建平台，并且产生初步构想，完成流程设计。课后则可以通过团队合作、请教老师等方法，尝试将理论付诸实践。

三、“跨媒介阅读与交流”微专题设计策略

确定具体的微专题教学点、解决了“跨媒介阅读与交流”学习任务群教什么的问题之后，需要进一步探究、明确“跨媒介阅读与交流”学习任务群的各微专题该怎么教。基于优秀课例，反思教学现状，笔者认为，“跨媒介阅读与交流”微专题设计，应遵循以下几个原则：有真问题、有目的性、有语文味、有过程铺开。

（一）有真问题：真实情境创设

“跨媒介阅读与交流”学习任务群的一个重要特点就是应用性强，所以很

---

① 陈亚敏．人人都是自媒体：微信公众号文章的写作[J]．语文学习，2018(5)：27—29．

② 陈亚敏．与众不同才吸睛：自荐书的制作——“跨媒介阅读与交流”微专题教学案例[J]．语文学习，2019(3)：41—44．

多教师都强调在真实或者模拟真实的情境下进行学习。

优秀微专题课例设置的真实情境一般分为两种：一种是时事热点，另一种是生活常见场景。如浙江省宁海中学陈亚敏老师开发的“与众不同才吸睛：自荐书的制作”微专题课例，以学生参加各大学冬令营、夏令营活动需要准备自荐信及其个人简历这一情境出发，让学生根据自己的实际情况，运用多种媒介完成任务①。

无论是从宏观的社会热点还是微观的生活问题入手，教师引入的背景或者创造的情境一定要符合学生的需要、能够激起学生的兴趣，因为学生在真实情境中有了阅读和表达的需求，他们才会有动力进行摸索与探究。

（二）有目的性：任务清单驱动

有清晰的目的指向也是“跨媒介阅读与交流”微专题教学所需要注意的。

不少优秀的微专题课例都通过采用提前告知学习任务清单这一方式，明确学习任务，确保高效的学习成果输出，如南京十三中曹勇军老师借鉴了媒体谈话类节目的形式，开发了经典夜读沙龙这种舞台情景对话的读书形式，并联合学校读书课程的骨干，组织了一次以《三体》为研究对象的跨媒介读书沙龙活动——“黑暗森林之歌”。曹勇军老师团队“以终为始”，前置项目成果，为这次沙龙活动设计了学习单来明确微专题学习任务，用任务驱动学习，调动学生的积极性和参与性②。

需要注意的是，微专题不是教师指导和学习任务清单两种方式二选一，两种方式通常是交织在一起的，如曹勇军老师通过师生合作设计了沙龙海报和学习单，同时他自己也参与到学生完成任务的过程中，和学生一起头脑风暴，共同探讨了《三体》的主题、写作手法、重难点章节等。

---

① 陈亚敏．与众不同才吸睛：自荐书的制作——“跨媒介阅读与交流”微专题教学案例[J]．语文学习，2019(3)：41—44.

② 曹勇军．用跨媒介探索名著阅读新的打开方式——兼谈对“跨媒介阅读与交流”任务群实施的理解[J]．语文建设，2018(10)：12—15，37.

(三)有语文味:凸显学科特性

不少教师在进行“跨媒介阅读与交流”学习任务群微专题教学时都会有这种感觉:不像语文课。事实上,这个学习任务群由“跨媒介”和“阅读与交流”两个部分构成,“阅读与交流”才是教学活动的主要形式,所以在微专题的教学过程中,如何上出“语文味”,主线不能偏离。语文课是以听说读写四项活动为基础的,离开了语言实践,当然不能够称之为语文课。

优秀的课例,无论从哪种媒介入手,分析哪个文本,最后都殊途同归到对学生语言文字运用能力的训练上。比如进行“在不同媒介中穿越:《霸王别姬》里的写作密码”时,郁雪琳老师让学生们观看电影《霸王别姬》,还让他们将其中“雪地受罚”的分镜头记录下来。之后,郁雪琳老师又利用《考场写作微课程》的视频,向学生介绍细节描写的分类,促使学生进行知识迁移,利用细节描写充实分镜头脚本,讨论细节之美。

(四)有过程铺开:师生分工明确

微专题是专题的做小做微,但不能将微专题过度简化,仅仅变成一个展示学生研究成果的课程。微专题教学要做到“麻雀虽小、五脏俱全”,有完整的课链,特别是教师的“教”和学生的“学”的过程,应该要淋漓尽致地展现出来,达到教学相长的成效。

以“与众不同才吸睛:自荐书的制作”为例,陈亚敏老师在展示成果之前,设计了自荐书的评价和自荐信的写作指导环节;在展示成果之后,设计了学生“现身说法”、学生的现场评价和教师的点评等环节。这样才不至于搁置了教师的作用①。

尽管很多教师都已经意识到了学习过程的展示,但“跨媒介阅读与交流”学习任务群内容的庞大决定了课上无法完成全部的工作,微专题性质也决定了大量的工作需要在课前、或者留到课后解决,这对于“跨媒介阅读与交流”

---

① 陈亚敏.与众不同才吸睛:自荐书的制作——“跨媒介阅读与交流”微专题教学案例[J].语文学习,2019(3):41—44.

微专题的教学而言，也是一个难题。

“跨媒介阅读与交流”微专题教学是新课标学习任务群进入课堂的有效方式和必经渠道，它改变了阅读教学、交流活动的形式，有利于培养学生的表达能力、思维能力、媒介运用技能和语文核心素养。但由于提出时间短、参考材料少，微专题教学实施中还存在一定的困难，教师需要认识到其重要性，从优秀的课例中汲取经验，将跨媒介合理引进课堂，整合课程资源，开展丰富多样的教学。

第　二　编

教学争鸣

对板块式教学的辩证思考

中文161　俞嘉丽

摘　要:余映潮老师开创的板块式教学,是目前语文界普遍推崇的教学方法。它具备多种正面的优势,包括步骤清晰、操作性强,目的明确、实用性强,活动丰富、互动性强等。但是,“教学有法,教无定法”。针对目前部分教师过度推崇板块式教学,将其奉为圭臬,刻板模仿、套用的现象,本文对板块式教学的板块设置、活动方式、教学功能等进行辩证的思考,并指出其在灵活性、民主性和人文性上可能存在一定的不足。

关键词:余映潮;板块式教学;教学结构

板块式教学是全国著名特级教师余映潮老师提出的一种教学主张,提倡教师在一节课或一篇课文的教学中,有序安排几次呈“块”状分布的教学内容或活动[①],以此提高课堂教学的效率。在余映潮老师的倡导与推广之下,板块式教学赢得了许多语文教师的青睐,也引起了广泛的讨论与争鸣。

一、板块式教学的亮点

板块式教学,区别于传统的基于线性思维的教学顺序[②],教师不再是按照课文段落顺序层递式地进行讲授,而是设立板块,重新编排教学内容开展教学活动。依据此模式构建的课堂,往往层次分明,思路清晰,既满足了学生进行丰富活动的要求,也容易达成教学目标。

---

① 余映潮.简说“板块式”教学思路[J].中学语文教学,2014(2):70.

② 黄悠昙.余映潮“板块式”教学思路初探[J].林区教学,2016(9):41—42.

下面，笔者以余映潮老师《走一步，再走一步》的教案为例，归纳板块式教学的三大优势。

（一）教学步骤清晰，操作性强

板块式教学有十分清晰的结构模式，教师可以在清晰的结构框架下有序地开展教学环节，从而使课堂教学节奏张弛有度。板块式教学的基本框架如下：

1. 开门见山，明确板块设置

在课堂正式开始前，余映潮老师会向学生们展示教学的主步骤，也就是板块，以下就是《走一步，再走一步》一课的起始环节：

> 师：同学们好！请坐！我们今天来一起学习一篇叙说文，一篇故事。这是一篇外国的作品，先看我们的学习活动。
>
> （多媒体显示：第一步，说一说；第二步，品一品；第三步，背一背。）[①]

2. 板块推进，在目标引领下开展学习活动

在每一个板块开始前，余老师都会明确地提示学生某某板块要开始了，并详细解释在这个板块中，学生们需要做什么，以及这样做的目标是什么：

> 师：好，现在开始我们的第二个环节，学习活动。
>
> （多媒体显示：品一品——训练我们的品读能力、欣赏能力。）
>
> 品一品你阅读第 14 段到 22 段的精彩之处。

教学过程是在明确教学目标、教学内容的前提下，以学生的活动为主体，推进板块设计的实施。[②]

① 余映潮，赵海艳．走一步，再走一步；一直向前走——《走一步，再走一步》课堂实录[J]．中学语文，2011(10)：39—42．

② 同上。

3. 总结回顾，反思学习内容

课堂进入尾声，余老师便会带领学生回顾各个板块的学习内容，如：

师：好，一起来回顾一下我们今天的学习。

（多媒体显示：我们今天实践的是文章的一种基本读法：说一说，品一品，背一背，即略读，精读，背读。）

正是在这样的“导—学—结”的整体框架下（其中的“学”又常常设计为固定的“读”“品”“练”），教师可以有条不紊地开展教学活动，课堂目标清晰，任务明确，步骤分明。

（二）活动功能明确，实用性强

除了设立清晰的较为固定的框架，板块式教学还要求明确设定框架内各部分内容的目的，并有意识地将教学活动与语言能力训练相结合。例如，在《走一步，再走一步》这一课中，余老师所设立的三个板块，分别对应了三种语言训练目的：

说一说——训练我们的分析能力，概括能力。

品一品——训练我们的品读能力、欣赏能力。

背一背——积累好的语言材料。

提高分析、概括、品读、欣赏能力，积累语言素材，教师对每一个板块都进行了目标明确的预设，且这些目标，都有利于促进学生语言运用能力的提高，体现了课堂极强的实用性。而且，教师让学生从一开始就了解教学目标、教学内容甚至教学方法，这种做法也极大地提升了课堂教学的效率。

（三）活动类型丰富，互动性强

为了达成各个板块的目标，板块式教学中往往有大量的学生活动，且因内容与板块的不同，凸显了活动的丰富性。同时，大量的学生活动，也使得课堂气氛活跃，互动性强。

以下是《走一步，再走一步》这一案例中，各个板块所包含的学生活动：

说一说

(1)略读文章。

(2)概括这是一篇怎样的文章，学生举手回答，教师点评。

品一品

(1)精读文章。

(2)齐读文章。

(3)用“距离感”的方法读文章。

(4)组内交流感想。

(5)学生赏析指定段落的精彩之处，举手回答，教师点评。

背一背

背读文章，体味这一段中的人物心理。①

在这三个板块中，学生以多种方法读文章，独立思考、个人回答、小组讨论等多种学习方法相互穿插融合，活动十分丰富。而在学生活动时，教师不断地进行点拨、点评与总结，和学生建立了良好的互动交流关系。

基于以上三大优势，板块式教学受到了广大语文教师的追捧。然而，所谓过犹不及，过度的崇拜则会使教师失去辩证性的思考。可以看到，现今语文界的教师，对待板块式教学，多是一边倒式地褒赞与不假思索地模仿，鲜有反对质疑的声音。因此，对板块式教学的利弊进行辩证性思考，势在必行。

二、板块式教学的商榷点

教学涉及方方面面，是一项复杂的工程，任何一种教学模式，都不能包打天下。诚然，板块式教学有诸多优点值得我们学习，余映潮老师对语文教学

① 余映潮，赵海艳．走一步，再走一步；一直向前走——《走一步，再走一步》课堂实录[J]．中学语文，2011(10)：39—42．

的贡献不容小觑，值得我们尊敬。然而，真的存在一种绝对完美的教学方法吗？当一种教学方法、教学思路被捧上神坛、受众人追捧的时候，也许正是该我们警惕与深思的时候。

事实上，对板块式教学盲目、不理性地追捧，的确带来了不少问题。在神坛之下，朝拜者不加以甄别地盲目跟从，大量年轻的语文教师将板块式教学视作高超的“备课神器”，不考虑教材本身，不考虑学生情况，生搬硬套，懒得创新，从而导致了千课一面的后果。与此同时，过分的追捧也让人忽视了板块式教学本身的局限性，导致教学的“遮蔽”。我们知道，学科教学特别是语文教学，本就很难有完美的模式，它需要语文教师们以多元的思路进行别具一格的教学设计。而当众星捧月，仅唯一人独尊之时，是否也预示着残缺的必然？因此，我们需要以辩证理性的思维看待板块式教学，直面它所存在的问题，分析其成因，从而扬长避短，不断摸索更优的教学思路。

(一)灵活还是固定？

板块设置，是余老师板块式教学中最突出的特色。而余老师对这些板块的命名也十分用心，如《走一步，再走一步》教学中的“说一说”“品一品”“背一背”;《散步》教学中的“品析：美在这一句”“品味：美在这一段”“欣赏：美在这一笔”;《论求知》教学中的：“识词实践”“背读实践”“析读实践”“学用实践”。每一堂课，余老师都会独具匠心地对板块进行诗意的命名，与此同时，板块内部也注重灵活选取与灵活搭建。然而，细心的读者不难发现，余老师板块教学思路下的课堂，其实出现了许多固定统一的结构。

1. 板块设置的统一：略读——整体感知;精读——评析某个段落;背读——背诵某个小节;创作——进行实践创作。

2. 学生活动的统一：多种方法诵读文章、半结构式填空法品词、指出句子美(精彩)在哪里……

3. 课堂结构的统一：教学先开门见山介绍板块内容，板块开始前明确目标，教学结束后回顾与总结板块内容。

诸多统一背后，便是模式。而固化的模式，并不一定适合所有文体的教学。

比如在《走一步，再走一步》的教学中，余老师将课堂分为三个板块：“说一说——整体感知文章”“品一品——品读文章重点段落”“背一背——背诵文章最后一段”。关于背诵这一环节，就非常值得商榷。文章作为一篇记叙性的小说，以人物对话为主，而最后一段，类似于主人公的内心独白，阐述了他所领悟的人生哲理，在修辞表达上其实并无长处。对于这样一段文字，用背诵朗读的方式处理，真的合适吗？若是将之处理为结合学生自身经历谈谈对这段话的看法之类的哲理诠释类活动，或许更为恰当。简单的背诵过于粗暴，学生负担重而效果不佳。到此，便引出了一个问题，是余老师认为背诵是理解此段的最好方法呢，还是对应板块式教学时只有背诵这一个模板适用？或是说为了达成板块式教学的完整性，借这最后一段的背诵实现之？细细琢磨，确有生硬之感。

这样的模式，虽有固化的嫌疑，但对于余映潮老师个人而言，仍有鲜明的特色，是出色的创造。但倘若人人都争相模仿，便成为套路。网络上便有一则某市教研室关于板块式教学法的讲座讲义，里面提出了说明文、小说、散文、文言文的板块教学模板，并称年轻教师按照此套路教学可以快速上手，减轻压力。诚然，容易上手确实是板块式教学的一大优点，但这也会导致教学设计的趋同，导致教师习惯于“拿来主义”，不再思考创新；也意味着教学不再有风格各异的深度，只有和套路契合的程度。

套路，不应存在于语文课堂之中，教材的灵活多样意味着教学内容与方法的多元多变。按套路教学，千人一课，千课一面，必会导致语文人创造力的枯竭。

（二）自主还是被动？

大量的学生活动，是板块式教学的另一大特色。几乎每一个板块，都会有多个不同的活动支撑，活动贯穿于整个课堂。

然而，板块式教学中的活动，真的把课堂交还给学生了吗？

由于板块划分明确，板块式教学指导下的课堂其实在一开始就已经被设计得明明白白了。在一些教案中，我们甚至能看到余老师对每一个板块的时间进行了非常详细的设定。可见，教师对课堂进行了精确的预设，板块式教学可以让教师拥有很强的课堂控制感。而在每个板块开始前，余老师也会直截了当地将课堂目标告诉给学生：例如“品一品——训练我们的品读能力、欣赏能力”，目标是明确的，而答案也是唯一的。精心的安排意味着难以发挥学生的自主性，教师也难以根据学生现场的表现灵活改动课堂内容。

此外，学生具体的活动大多也是戴着镣铐的舞蹈。在《走一步，再走一步》的教学中，教师提出了一个非常开放的问题：这是一篇（　　）的文章。学生的回答是非常丰富的，而教师最终的总结是：

> 抒写“我”童年故事的记叙文——回忆性；
> 先叙事再述感、层次分明的文章——清晰性；
> 基本上由“细节”构成的文章——生动性；
> 叙事的部分写得波澜起伏的文章——曲折性；
> 通过一件小事表现多个人的文章——艺术性；
> 通过一件事表达生活感悟的文章——深刻性。[①]

我们可以看出，学生提供的多元答案，仅仅被当作课堂上的一个表演环节，他们的答案，并没有被加入到教师所展示的参考答案中，没有对既定答案起到任何的改变、补充或修订作用。一言以蔽之，课堂并没有因学生而变。此外，我们从师生互动中明显可以感受到，学生所领会的意思与教师想教的，是有所出入的。在上述六点总结中，只有回忆、生活感悟、记叙有学生略微提及，其他几点学生很难自主回答出来。而余映潮老师设置这个问题的重点，似乎更多是在回忆性、清晰性等这六个特性上，问题与目的并不对等，有一种为了自我表演而活动的意味。

在“品一品”环节中，学生需要找指定段落中精彩的地方进行赏析。但是，教师首先预设了哪些段落是精彩的，将本该由学生主观感受的结果强加给了学生。学生们被要求到指定段落中寻找，那么学生主动感受与选择的权利就是有限的，甚至是虚假的。

因此，即使活动表面上十分丰富，但板块式教学依旧是以教师而非学生为主体的，课堂依旧是以教师为绝对权威的。

---

① 余映潮，赵海艳. 走一步，再走一步；一直向前走——《走一步，再走一步》课堂实录[J]. 中学语文，2011(10)：39—42.

(三)工具性还是人文性?

再观《走一步,再走一步》的教案,每一个板块的目标,教师都已进行了清楚的说明:

说一说——训练我们的分析能力,概括能力;
品一品——训练我们的品读能力、欣赏能力;
背一背——训练背读能力,增加语言积累。

可以发现,三个板块的目标都与语言能力的培养直接挂钩。的确,板块式教学所划分的板块,大多是以文章的工具性为依据,体现了务实的教学观。这样做,一方面确实是将语文课堂落到了实处,有效落实了新课标中"语言建构与运用"的素养教育。而另一方面,这样做也弱化了其他目标尤其是"审美鉴赏与创造"的目标。我们可以看到,教师在教《走一步,再走一步》这篇哲理意味较强、对青少年有一定精神启蒙意义的小说时,并没有对故事中的哲理展开深入探讨,对于小说最后一段主人公的独白,教师把它视作积累语言素材的途径,并不是立德树人的载体。由此可见,板块式教学有着较强的实用主义色彩,甚至带有较为明显的应试色彩。我们必须承认,语文教学无论如何也逃不出被量化的命运,为考而教,并非就是不对。然而,若将教学重点全部放在语文的工具性上,而忽视了其人文性的内涵意蕴,则有失偏颇。

三、结　语

无论是名师名课,还是名家名言,学习者都应该对其保持理性、客观。

尽管笔者在此对余映潮老师的板块式教学提出正反两方面的评说,笔者仍然坚定地认为,在二十年前,余老师提出板块式教学确乎是一个了不起的壮举,它的易操作性、强互动性、高实用性,着实指引了不少年轻的语文教师,尤其是对新手教师来说,该教学主张是他们未来走上讲台进行教学设计的得力助手。而与此同时,笔者也坚持认为,语文界不应存在某个神,任何教学思路都不应被推上神坛，一旦盲目迷信，就有可能误入歧途，适得其反。因此，我们要以更为理性与平等的态度去看待名师，看待他人的教学成果，取长补短，不断优化，并通过实践反复检验。唯有如此，我们才能推进语文教学的科学发展，才能看到更多年轻的名师站上舞台，青出于蓝而胜于蓝！

（该文经叶黎明老师修改后，发表于《教学月刊·中学版》2019 年第 6 期）

争议即价值

——为余映潮板块式教学模式辩护

中文161　李晓燕

摘　要：曾几何时，作为先锋性存在的余映潮板块式教学法现如今饱受争议，对其展开批判或辩护的声音此起彼伏，而辩护与批判者真正的分歧不在于对板块式教学法利弊的认识，而在于对语文教学意义的不同认识。语文教学意义的丰富性、抽象性、不确定性导致语文教学方法的优劣不可能存在公认的标准，因此关于余映潮板块式教学的论战必然会涉及语文教育的核心与本源之争，而这正是此番论争最大的价值，它让教育者们不得不从具体的对某种教学模式的讨论中跳出来，思考语文教育真正的目的。

关键词：余映潮；板块式教学；语文课程目标

1997年年底，余映潮开始了板块式教学思路的阅读教学实践，这一教学法的出现对一线教学产生了重大的影响，“板块式教学”“主问题设计”广受一线教师的认同与践行；“朗读、赏析、动笔训练”成了许多语文教师教学流程的“标配”。相较于传统线性的教学思路，板块式教学思路结构清晰、教学内容也更有新意，板块式教学法在二十年前的确是一种先锋性的存在。二十二年过去了，余映潮“板块式”教学思路引起的争议越来越多，对其展开批判或辩护的声音此起彼伏。

笔者作为余映潮“板块式”教学法的辩护者，并未打算对批判性的观点予以反驳，也未打算正面论证板块式教学的好处，而是希望通过对板块式教学法进行深入探究，从而找到辩护与批判这两个对立观点的真正分歧。在探究的过程中，笔者发现争论双方的分歧不在于对板块式教学法利弊的认识，而在于对语文教学意义的不同认识。而语文教学的意义具有多重性、抽象性、丰富性，这也就导致对任何一种教学方法开展批判与赞扬都是极容易的。与此同时，由于几乎没有公认的标准，对立的双方往往没有正面的交锋，各种论战到最后似乎还是演变成语文“定义”之争。但笔者认为，这些论争最大的价值或许就在于它们都涉及了语文教育的目的，因为目的代表的正是语文教育的核心与本源。

一、语文教学的纯粹性之争

余映潮老师的公开课《假如生活欺骗了你》的讲授可分为三个环节，且每个环节的最后都有思想层面的总结，如第二个环节的总结是：做人要诚实、踏实。虽然思想层面的启迪不是余老师上课的主要内容，但这种每个环节的总结难免让人产生一种感觉：之前所有的教学，都是为了得出最后的由老师灌输的思想结论。因而有人指出：“与其说这是一堂语文课，不如说这是一堂带有意识形态灌输性质的思想政治课。”

在国内，中小学课堂里没有专门的美学课、哲学课，而政治课又更多是进行政治意识形态方面的教育，于是美育、人生哲学等思想层面不可缺失的教育重任，便理所当然地落到了语文教师身上，导致语文课和其他课程的边界时常被模糊了，语文成了各学科中最容易“走味”的。新课程改革以来，语文学界就一直有“让语文回归语文”的呼声，这是针对语文课变成历史课、政治课、思想课的境况提出的。但随着时代的发展，特别是科学和人文艺术领域研究的不断深入，人们越发觉得现代细化的分科阻碍了学科自身的发展。近年来，西方大学学科专业设置已经打破之前的细化分类，逐渐走向学科综合，而在我国古代学校的课程设置中，语文学习就是和历史、哲学联系在一起的。

所以，当我们在呼唤“让语文回归语文”时，或许该停下来思考：纯粹的语文教学究竟是怎样的呢？语文教学的最终目的又是什么呢？而这些，实际上关乎语文教学的根本目的。关于这些问题，语文课程标准修订组召集人温儒敏解读2011年版语文课标的一句话值得我们深思：“语文课程在语文基本能力培养的过程中，必然要重视语文课程对学生思想情感所起的熏陶感染作用，注意课程内容的价值取向。”暂且抛开学科综合化是否适用于中小学这一问题，但就余映潮老师在每一教学环节给出思想总结的现象而言，温儒敏先生的这番话似乎能证明余映潮老师的问题并没有到达把语文课变成政治课那么严重的地步，因为语文课程本就需要承担起熏陶感染学生思想情感的责任。

二、教学文本的主体性之争

从课堂时间的分配以及教学内容来看，余老师的《假如生活欺骗了你》一课，并没有致力于使学生透彻地领会这首诗歌本身。有人将余老师的这种教法定义为：群文阅读。还进一步指出："余老师引用这两首诗的用意是不明晰的，且完全没有利用引用的这两首诗来对课文进行深入的阐释。"这个读者的说法不无道理，但现在的语文试题是很灵活的，除了古诗词默写是课本上的原文，其他的课文几乎不可能出现在试卷上，甚至有学生会说"反正考试也不考这些，学了也没啥用"。倘若我们站在这样的角度思考，便可以提出这样一个问题：语文教学真的要以课文为重吗？

王荣生教授从选文功能的角度，通过对中外语文教材的比较研究，鉴别出语文教材选文的四种类型，即"定篇""例文""样本"和"用件"，之后又将研究推进了一步，鉴别出第五种类型——"引子"，这样的区分已经得到了语文教育界的广泛认同。从这个角度来看，余映潮老师是将《假如生活欺骗了你》处理成了"例文"，而且还另辟蹊径，再增加了两"例"——宫玺的《假如你欺骗了生活》和邵燕祥的《假如生活重新开头》，从而形成了"诗歌联读"的教学设计。"例文"是以选文的某个点或某个侧面为例，使学生更全面地学习语文知识，包括诗和文如何读写的事实、原理、技能、方法、策略、态度等。在诗歌学习的"第一乐章"中，余老师指导学生用不同的"读法"来读这首诗歌，实际上是借用《假如生活欺骗了你》这个"例"，教学生诗歌有不同的读法。"第二乐章"要求同学们"静静地、静静地思考，这首诗有哪两个词的含义需要细细咀嚼？"是在提醒学生，阅读诗歌时，总有那么几个关键字词需要细细品味、反复咀嚼。

2011 年版新课标对语文教学中出现的偏差，如阅读教学中"以教师的分析代替学生的阅读实践""用集体讨论代替个人阅读，或远离文本进行过度发挥"，明确要求改正和防止。但如果教材中的课文只是"例子"，教学的目的是外在于例文的语文知识，那么，"轻视"教材究竟有何不可呢？

三、语文课堂的自由性之争

语文不像数理化那样有着严密的逻辑体系和统一而规范的量化标准，语文的主观性比较强，每个语文教师都可以对教材有不同的解读，每位学生也可以有不同的发挥，因此很多人认为语文课上应给予学生们足够的自由。余老师板块式教学的一个重要特征就是有大量的学生活动，但在这些活动中余老师的预设是大于学生的生成的，余老师早已把教材的知识细化成一个一个的话题，合理安排在不同的板块之中，学生发挥的空间有限，只能围绕余老师已有的话题进行思考、讨论，很少提出自己的新想法。因此，这成了很多人眼里的板块式教学之缺陷。有研究者甚至将余老师的板块式教学方法比喻为戴着镣铐的舞蹈。

但人类学习新事物都是从模仿开始的，这世界上不存在绝对意义上的创新。余老师对学生们发挥空间的限制，换一个角度思考的话，是否能理解成方法与解读视角的提供呢？反过来说，假若教师在课堂上给了学生绝对的自由，学生就真能自由地舞蹈了吗？教学作为有目的、有计划的行动，给予学生绝对的自由会不会同时意味着给予他们绝对的束缚呢？在预设和生成的冲突中，二者的关系要怎么把握呢？这一系列的问题究其根本还是回归到了语文教育中的终极疑问：语文教学的主要目的究竟是什么？教师该怎么扮演好引导者的角色？2011年版新课标的四个基本理念中有一条便是“积极倡导自主、合作、探究的学习方式”，但温儒敏先生在解读课标时也指出：怎样体现“学生是学习的主体”、怎么体现教师的作用、怎样把握合作学习的内容与时机等问题都仍有争议，有待在实践中完善。

李镇西老师曾说过：“对于语文教学改革，我是一个绝望的理想主义者。”的确，任何事物都不可能达成一种完美的状态，但也正是因为如此教育才永远有进步的可能。从这种意义上看，余映潮老师的板块式教学所引起的语文教育目的之争是极有价值的，这些争论所折射出的冲突似乎是在提示广大的语文教育工作者们：无论走多远，都不要忘记出发的目的。虽然语文教学是一件实事，但有时我们也要从具体的对某种教学模式的讨论中跳出来，思考一下：我们的语文教育究竟想给学生们带去什么。唯有这样，所有的论争、改革才会有切实的意义。

不必上神坛的板块式教学

——兼评余映潮《假如生活欺骗了你》一课

中文 162　戴嘉禾

摘　要：余映潮老师在《假如生活欺骗了你》一课的教学过程中，从“开发资源”的角度，应用了板块式教学这一广受赞扬的课堂组织形式，体现了板块式教学环节清晰、组块灵活的特点。板块式教学的优势已得到研究者较为透彻的论述，本文试图根据观课体会，通过分析板块式教学在具体课例应用中的效果缺憾，讨论这一组织方法在广泛应用中可能出现的问题，从而为教师模仿与借鉴板块式教学提供参考。

关键词：初中语文；板块式教学；诗歌教学

余映潮老师乃是语文教坛上的一代名师，其板块式教学因其实际操作性上的显见优势，被不少一线教师大力推崇，评课专家亦对之多有赞扬。本文根据观摩余映潮老师《假如生活欺骗了你》一课后的体会，对课堂中板块式教学的呈现效果加以分析，并思考这一方法可能存在的不足和具体操作中可能潜藏的问题。这一尝试并非要否定余映潮老师的教学技艺，或者否认板块式教学这一经验结晶的长处和价值，而是觉得无论是余映潮老师本人或者该方法，都不应被放在一个近乎神坛的位置上。

一、关于板块式教学的基本认识

根据余映潮老师自己在《论“板块式”阅读教学思路》中的定义，板块式教学“就是在一节课或一篇课文的教学中，从不同的角度有序地安排几个呈‘块’状分布的教学内容和教学活动”，并且以这些自成小整体的板块为单位，组织课堂结构，把握课堂节奏。板块式思路指导下的教学，其设计区别于传统的“线性教学”,“主要着眼于学生的活动,着眼于能力的训练”[1]。

相比于传统以教师单一讲授、学生听课理解为主的课堂教学模式,板块式教学不仅思路清晰,而且在应用中展现出了相当大的灵活性。这种灵活性首先表现在一课堂的结构单位——“板块”上,其整合形式可以根据文本要求而多样化。在上述论文中,余映潮老师就举出了六种不同的板块组合思路。而完成板块的划分之后,每一个板块之中的内容和活动设计都有可供创新的空间,如果教师设计合理、创新得当,就能让学生更大程度上参与课堂。且这样一种块状衔接的课堂结构,有利于突出教学的重点,令学习目标集中,有的放矢,也非常有利于展示教师的重点选择能力和逻辑组织能力。

二、《假如生活欺骗了你》板块式教学课例分析

《假如生活欺骗了你》一课,是体现余映潮老师板块式教学特色的一堂公开课,该课曾入选余老师的专著《听余映潮老师讲课》与《余映潮中学语文精品阅读课教学实录》,也可视为代表余映潮老师板块式教学风格的典型课例。在这一堂课中,余老师从“开发资源”的角度开展板块设计,采取了群文阅读的模式,把普希金的《假如生活欺骗了你》、宫玺的《假如你欺骗了生活》、邵燕祥的《假如生活重新开头》这三篇以对待生活的态度为主题而写就的诗歌,作为彼此对比的材料而构成三个乐章,对教科书内容(《外国诗两首》)进行了创意重构。在课的第一板块,余老师向学生展示普希金的基本资料,以及一些读者的《假如生活欺骗了你》读后感言,然后安排学生根据各种不同的提示和要求反复朗读、体会课文,直到能够背诵,并要求学生发言略谈自己的读后感想。接着,课堂进入第二板块,余老师引导学生寻找第二首诗《假如你欺骗了生活》中的关键词并陈述理由,并让学生思考自己对于生活应有的态度。课的第三板块,师生诵读《假如生活重新开头》,然后学生以“假如生活重新开头”为首句,尝试创作并朗诵自己的诗歌。

整体看来,这一课堂设计工整、精巧而富有新意,“乐章”这一板块单位也颇为契合教学内容,三个乐章分别对应“读”“找”“写”三个主要的活动,这三个活动的主体都是学生。其中读的部分尤其出彩。在诗歌的学习中,多层次

---

① 余映潮.论“板块式”阅读教学思路[J].语文教学通讯,2011(1):26—28.

多变化的反复朗读，不仅有助于学生对文本的体会，也有助于调动学生的参与积极性，并培养一种对诗歌的良好语感。课堂上，余老师在让学生们一遍遍地朗读诗歌的过程中，把诗歌创作的背景作为一层一层叠加上去的辅助材料慢慢给出，引导学生通过不同的朗读方式，微妙地体会出这首诗各种可能的情感色彩。其中“对自己低语”环节，能够保证学生作为自己朗读行为的感知体。这些创新读法的尝试得以在有限的课时内完成，很大程度上得益于将第一首诗整合为“第一乐章”而争取到的灵活时间。在第二个活动“找”当中，因为问题的答案确实可以因人而异，学生因而各抒己见并出现了观点的碰撞，这本身就是很可喜的一种现象。第三个活动“写”则在形式上突破了传统的诗歌教学中学生单一的接受姿态，为学生提供了发挥自主性的空间。综观整堂课，学生进行了多样化的学习活动，课堂内容丰富，节奏紧凑，步骤清晰，充分证明了板块式教学确实大有其可取之处。

然而，这堂课显然是存在不足的。因为在理想的构思当中，这节课应当相当精彩才是，但是观课完毕，我们却可以发现这堂课在效果层面上并没有达到预料的高度。直观的影响因素当然是教师和学生一些硬指标能力的不足，例如学生在诗歌创作上的生涩，以及师生在朗诵技艺上的不完美。但是经过思考和分析，笔者发觉这堂课当中，有一些问题恰恰是板块式设计本身带来的：当我们假设学生的参与活跃度更高一些时，这堂课的板块造型的稳定性是会受到威胁的。

因为开展的是群文阅读的设计，对于选取的这三首哲理诗而言，它们之间的连缀点在于一种对生活态度的哲理性指导，教师凭借这种关系组织了三大板块之间的联结和过渡。但是这一设计中的侧重，使课堂从第一个板块开始，教学目标就停止在“了解诗歌内容中说的理”上，而因为这几首诗在语言上都具有说理直白的特点，这个目标完全不用通过花式朗读来达成。花式朗读指向的是一种情感的体会，一种情境的代入，但是因为要保证这一个板块内部的紧凑、指向的清晰和整体教学节奏的匀称和谐，教师不可能再抓住文本中待填补的留白，让学生设身处地地去加以填补、发散、领会，从而达到真正情感上的共鸣了。这就导致这一环节的语文性被削弱，即使有朗读加以弥补，学生刚刚用“自诉”引起的心弦颤动也在教师对这一板块所说的“理”的迅速总结中戛然而止。这对于学生学习诗歌类文本而言，是非常不利的。在第一板块的结尾，从学生对诗歌主题的回答上，就可以看出这种方法和对象不适配的结果。相比于因情感上的因素有所触动，他们更像是单纯地被这位大诗人用几行祈使句给教诲了。

教师通过板块式教学设计，为学生争得了作为主体参与课堂活动的时间，但是由于目标设计上的局限，学生在“领会”这一步骤中，又从“感受主体”变回了“受教客体”，这种状态恰恰是学生在学习当中最惯有也最老套的一种状态。整堂课教师除了在课堂互动实在过于冷清的情况下，点了几个不举手的学生起来回答问题，对于这种状态非常顺应，因此学生就保持着一种乖顺的思维模式一直到了全课结尾。在创作环节，加之学生对诗歌写作的生疏，写出来的东西大多不能叫作诗，只能叫作口号，有些学生甚至未能调动激情，连口号也没喊出来。

我们当然可以将这种状况理解为，这班学生在传统课堂的打磨中，已然欠缺一种在互动当中主动思考、灵敏感知的蓬勃灵气。但是当我们假设学生非常主动地在思考、怀疑时，我们就会发现，这一堂课的板块设计是存在漏洞的。

第一个漏洞在于，教师将《假如生活欺骗了你》中的“欺骗”简单地解释为“来自生活的打击”。这种解释是过分模糊的。而模糊的目的，在于快速得出一个结论，节约时间留给花式朗读这一创意活动环节。也就是说，这一模糊的存在是为板块教学的编织与实现而服务的。但是很显然，生活对个体本身并不自然存在“快乐如愿”之类的承诺。没有承诺就无从谈起欺骗，七年级的学生如果思维足够活跃，是可能反驳教师的这一说法，并要求教师讲解“生活欺骗了你”这一句子的现实意义的。而以启发感受为法，细讲这个点会耗掉大量的时间，就会有偏离设计让节奏失去控制的风险。

第二个漏洞在于，《假如生活欺骗了我》中的“欺骗”与《假如我欺骗了生活》中的“欺骗”，在内涵上是完全不一致的，因为“生活”的所指被替换了。将这样两首诗放在一起对比其实并不恰当。这一有意的“资源开发式”板块设计，成全的是一种表象上的精巧和工整。假如让学生带着批判性思维把这两首诗放在一起对比阅读，精巧的表象所掩饰不去的疑惑就会让板块的过渡和思路的推进发生问题，从而影响课堂的实际效果。而这批学生呈现出顺服的样子，是因为他们一直处于“等待着接收若干个块状信息”的被动状态。这些信息之间没有那种一致的情感脉络，因而最后一个板块的创作抒发，就无异于空中楼阁。

板块和板块之间，形式上看是因巧妙的联系而组合，而这种联系的止于外观却造成了教学实际上的断裂，在过渡的桥梁之下，可能埋有对这一漂亮的板块结构来说潜在的破坏因素，并且会被学生真正的主动性触发。在笔者看来，这是本堂课暴露出的板块式教学设计中一种可能存在的问题状况，而将这种教学设计奉上神坛，也就不那么合适。

三、板块式教学的地位思考

在对这一堂课进行分析之后，笔者大致进行了两个方向的思考。

第一个思考是关于板块式教学方法本身。首先，在笔者看来，这是一种客观上不至于上神坛的方法，但它又是一种很容易被奉为圭臬的方法。不至于上神坛，是因为之前讨论的不完美和不适配；而易被奉为圭臬，则因为它具有强操作性。事实上，如果一个语文教师要完成教学目标，直接暴露教学设计的骨架是最有效率的，但是语文课堂之精彩，很大程度上在于骨架之外的血肉所带来的艺术感染力。板块式教学容易让教师获得对课堂的高控制力，保证一堂课的教学任务可以完成。而这种效率所带来的时间节余，可以增加创新的环节而让课变得很漂亮。但事实上，以《假如生活欺骗了你》一课为例，本课之中，学生仅仅被诗教诲，而无法被诗感动，是难以写出诗来的，或者说即使写出了诗，也是依靠本堂课之外的个人积淀，并不是通过教师在这一堂课上的教学而会的，因而不能称之为教学效果。因此写诗这一环节，虽然让课堂的结构变得很精美，充满安排上的创意感，然而其不甚令人满意的结果，恰恰暴露出环节设置中的问题。

当然，这些问题都无法否认这堂课的几个优点：教师教了诗歌的背景、哲理，开展了延伸阅读，学生参与了活动，并且教学步骤清晰，节奏不疾不徐。因此这种模式是非常容易模仿的，而且对于年轻教师来说，令自己的课堂具有以上的优点，教学基本就算是顺利或成功了。但是很明显，如果一个教师从教之初就开始模仿这种路数，模仿得越是炉火纯青，就会越受到这一其实放之四海并不皆优的教学模式的束缚，并且会慢慢地产生依赖，从而同时限制师与生的进步空间。尽管余映潮老师无愧一代名师之称，板块式教学也有其确凿无疑的价值。然而，意识到这种方法“有一天必须走下心中神坛”的命运，对于处于模仿阶段的年轻教师来说，同样是非常重要的。

第二个思考是关于板块式教学实践中教师的地位。余映潮老师在课堂中显示出一种相当强势的地位，这一点可以从课堂开头的时候，教师在学生开始自己的阅读之前，就为学生们朗读别人对这首诗的读后赞叹可以看出。从一开始，教师就有意把学生的全部反应都收入掌控。这种强势的地位是这次板块式教学能够成功实施的一个保障，而教师是课堂上唯一的舵手和最高发言人。如此状况当然和底下有一群被动惯了的学生是有关系的，而这种课堂模式在现行课改当中，在“把课堂还给学生”“翻转课堂”“以学生为主”的呼声里，是否能够适应将来的发展，教师是否可以继续握紧这根指挥棒，是否可以继续扮演课堂上的真理代言人，是很难说的事情。

四、板块式教学的合理利用

虽然本文讨论的重点在于板块式教学这一方法及其应用过程中潜在的问题，但是无可否认，这种模式若加以合理使用，能对课堂大有益处。教师不能单纯地信奉、复制这种易操作的模式，而是需要思考怎么去提炼板块式教学中值得迁移运用的元素。譬如教师要对课堂的节奏把握得当，要打乱文本的线性叙述并进行重构等，这些方法依然具有很强的实用性。当教师选择将课堂分作清晰的板块时，重点在于怎样设计。

首先，板块设计的角度应与所教的文本适配，要考虑文体的特殊性与文本的艺术特点。其次，板块之间的联系不能是出于结构的明晰工整的考虑而忽略漏洞、强行捏合的。板块之间关系的顺利建立有赖于材料的准确选择，并且更易使师生在一脉流畅的课堂中完成目标。这一点或许可以用蒋军晶老师《最后一句诗》的儿童诗教学为例。虽然有“儿童诗”和“哲理诗”的内容之别，但是余映潮老师和蒋军晶老师都以群文阅读来教授诗，都以激发创作为一大设计亮点，并且学生对于诗歌字面的表意理解都不存在困难，因此二者或许可以说有对比性。蒋军晶老师这一课堂中板块之间的连接点在于三首诗共用的“末尾点睛”这一手法的语言艺术特点。学生通过品、猜、写，在随着板块的递进而越来越大的课堂自由度当中，体会这种写作方法带来的效果，从而与诗歌内容产生共鸣，最后写诗就成为顺理成章的事情。

总而言之，余映潮老师为未来的教师总结出板块式教学这样一种方法，而一代又一代的新教师用该教学方法走上讲坛，不应当是为了复制一个神话，或者去把一种方法或一个名师雕塑于神坛之上，而是要在实践中为这种方法调整零件、增添颜色，使其不断地进行更新进步，这样才算是没有“欺骗了生活”。

（该文经叶黎明老师修改后，发表于《语文建设》2019年第6期）

上着上着就散了

——从《散步》一课看余映潮板块式教学

中文162 杨 扬

摘 要:著名语文特级教师余映潮迎教改浪潮,创造性地提出了特色鲜明的板块式教学,在明晰教学思路、优化教学过程、提高教学效率方面都具有积极意义,广受好评,并引发语文教学领域的效仿推广热潮。但"金无足赤",本文以余映潮老师的《散步》一课为例,从教学思路的模式化、教学内容的分解与割裂、教学过程中人文性的流失、学生主体地位的弱化四个方面探讨板块式教学的可完善之处,希望它能日趋完善,呈现更强大的生命力。

关键词:余映潮;板块式教学;散文教学

任何具有生命力的教育理论必定是符合教育教学规律的,是在教育理论的指导下和教育实践的基础上形成的。余老师曾说过,他没有建立教学体系的雄心,但是他的教学理论都是与一线教学实践贴近的,是从教学实践中得来的。他以多年教学经验经历为本,以"学生活动充分,课堂积累丰富"为设计理念,以"重文本,重朗读,重品析,重学法,重积累"为阅读教学要求,创造性地提出了板块式教学思路。

板块式教学思路最大的特点就是教学内容、教学结构是呈"板块状"分布的,当然,它们之间的排列组合并不是随意无序的,而是遵循由浅入深、由易到难、由具体到抽象的逻辑顺序,符合教学规律,也符合学生的认知规律,具有实用性、科学性、开放性、创新性、艺术性,得到了许多教师和学者的肯定,在语文教学领域里掀起了一股研究热潮。但也有人对板块式教学思路提出质疑，展开讨论。本文以余映潮老师的《散步》一课为例①，对板块式教学的不足进行商榷。

一、教学思路的“模式化”

1993年，余映潮老师在评点上海市教研室徐振维老师的《〈白毛女〉选场》教学案例时，首次提出“板块式”结构，此后这一课堂教学结构被广泛应用于一线，至今已有二十几年的发展历程，其灵活创新性已大不如前，思路“模式化”、语言“公式化”的弊端也逐渐表现出来。以《散步》为例，余老师要求学生“以‘字、词、句、段对人物的表现作用’为话题，自选文句并联系上下文用简洁的语言进行评点”，挣脱不开教学过程的模式化，散文教学变成千篇一律的“寻雅词”“找美句”，禁锢了学生的思维。散文鉴赏中诸如“句式很美”“给人舒服甜美之感”的“陈词滥调”，缺乏新意，不利于学生鉴赏能力的培养；另外，教师的教学语言缺乏变化，趋于公式化，比如喜用“课文美在……，美在……”，或者“妙在……，妙在……”这样的句式，抑制了学生语言创造力的发展。板块式教学似乎消解了所教文本的个性，使得语文课堂大同小异，缺乏创新与活力。

二、教学内容的“分解”与“割裂”

板块式教学的突出特点就是将课文内容进行板块切分，而“块状化”地分解教学内容，如果处理不当，易导致教学内容之间的相互割裂，学习内容的逻辑性和系统性就会受到破坏。我们以余映潮老师《散步》这篇课文的课堂流程为例，它分为理解文意、朗读课文、品味语言三个板块。初看之下面面俱到，文意内容、指导朗读、艺术特征都有了，虽谈不上创新，倒也中规中矩。但是我们静下心来，细细探究，就会发现，各个板块自成一体，缺乏内在的联系。比如板块一“试着给文章再拟一个标题，表示你读出了课文的味道”，与板块二从“细节处理的角度来以读带析”之间联系不密；板块二中的美读指导与板块三中的语言品味又大相径庭。三个板块之间缺乏相互粘连的内在线索，使

① 余映潮.《散步》教学实录[J].中学语文教学，2007(10)：16—18.

得板块之间相互割裂，无法自然衔接，过渡生硬。而这种教学内容的分散，使得课堂教学变成“散打”，满篇的“散打”，琐碎的提问，看似发现不断的背后却是蜻蜓点水般的浮光掠影，学生对文本的解读终归是浅尝辄止的。更为严重的是，这三个板块，似乎可以迁移到任何一篇美文的教学中，主步骤的设计没有紧扣《散步》这篇文章的特质，从而使教学既缺乏有的放矢的精准，又缺乏一气呵成的整体感。

三、教学过程中人文性的流失

语文是人文性与工具性的统一。语文教学中的工具性主要体现在听、说、读、写、言语实践方面，而人文性主要体现在情感与审美教育层面。工具性和人文性要统一，教师要善于去挖掘与人文性相关的教学因素，发展学生的人文素养，为学生的精神世界打好底子。而板块式教学似乎存在“重工具，轻人文”的倾向，教学设计更多的是围绕语文的工具性打转，读一读，品一品，说一说，写一写，语文的工具性得到有力地释放。比如《散步》教学中，对于课文朗读，教师进行了较为“强势”的指导——建议你这样朗读课文：1.“中速、深情地朗读课文，好像作者写完文章后欣赏自己的作品一样。”学生进行第一次朗读。2.“读好文中的波澜，好像你一个人在扮演着故事中的几个角色一样。”学生进行第二次朗读。3.“朗读课文最后一段，好像你是带着深深的体会给人家作示范朗读一样。”学生第三次朗读。于是，光这一环节的朗读方法指导和各种反复朗读就占了课堂的大部分时间，而情感与审美教育似乎缺席了。特级教师王益民老师就曾指出：“余老师没有在课堂上很好地体现《散步》的‘魂’。课堂并没有‘主题’参与的影子，没有完成《散步》作为一篇蕴藉丰富的精美散文、‘一曲用580字凝成的真、善、美的颂歌’之于人性美化、道德洗礼的任务，学习过后学生的心灵在亲情、人性、生命这三点构成的轨迹上无法做一次愉悦而高尚的旅行。”[①]的确，无论是各种朗读指导，还是以“字、词、句、段对人物的表现作用”为话题进行语言的品味，《散步》这一课例都体现了极强的“工具性”色彩。虽然，语文的工具性的重要无须赘言，但语文同样也是文化的载体，一旦课堂上“人文性”这一要素没有得到充分展示，这样的语

① 王益民.失魂的“散步”——听余映潮老师教《散步》有感[J].教学参考，2008(2)：64.

文课，对语文学科素养的培育来说，就是不够完整的。长此以往，我们的学生有可能成为应试的高手，但很难成为高素养的人才。

四、教学主体的“弱化”

语文新课标明确指出：“学生是语文学习的主人。”课堂教学应以教师为主导，学生为主体。但是，在板块式教学中，教学目标、教学环节都是事先设定好的，学生的思路完全跟着教师的板块走，几乎没有提出自己独特见解的机会，课堂教学完全处于教师的掌控中。《散步》的教学也是如此，按部就班行进着流程，尽力降低课堂发生“突变”的情况。在“试着给文章再拟一个标题”环节，学生给出了自己理解下的各式样标题，比如“整个世界的分量”“生活之美”“小路亲情”……这些答案，或扣住了结尾，有哲理的感悟；或把握瞬间之美，于细节中渗透亲情。但经过一番讨论，教师最终还是把学生拉回了本文的标题，指出还是《散步》这个标题好：“它简明，准确，含蓄，有情致，有画面感，有故事味。”在朗读环节，余老师不停地指导学生，“中速、深情”“好像作者写完文章后欣赏自己的作品一样”“好像你是带着深深的体会给人家做示范朗读一样”……朗读指导方法是明确了、清晰了，但从另一个角度看，是否太强势了，太标准化了？它强化了教师的主导作用，但弱化了学生的自主权，学生的思维处处受到牵制，他们自己对于文本的主观感受在这种强势引导中被压抑了。另外，我们会发现，余老师的课堂上，学生与文本、学生与教师之间的对话互动很频繁，但生生之间的对话却很少，在《散步》教学中只有一处互动——“学生独立思考后，把见解讲给同桌听一下，然后再讲给大家听”。课堂缺乏真正的合作与交流，生生之间缺乏碰撞的火花。这其实与新课标所提倡的“自主、合作、探究”的学习方式相违背。所以，板块式教学所倡导的活动课堂，表面上看是民主的、互动的，其实本质上，教师在灌输，学生在进行接受式学习。

综上所述，余映潮老师的板块式教学法虽然是极具特色和实效的新型教学模式，但我们也要看到，它并非完美无缺，有些细节有待完善。我们既要肯定它的优点，又要对其在实际操作中所表现出来的不足进行反思，并寻找行之有效的解决措施，使之与时俱进，日趋完善，更富有生命力。

第　三　编

名师研究

他把反复变成了艺术

——王崧舟诗意朗读教学艺术探究

中文 141　韩雨晌

摘　要：朗读是阅读教学不可或缺的方法之一，是识记、理解、入情、会意、悟境进而锤炼语感的重要手段。但是，朗读教学的现状却不容乐观，只求形式不求实效的朗读教学使课堂多了喧哗，少了内涵。王崧舟老师将其"诗意语文"的教学理念融入朗读教学之中，创造了独特的诗意朗读教学法：以反复朗读为主要特征，反复却不重复，以领读为核心技巧，通过借力、造境、改编、配乐等手段，把学生从声音表达带到情感的表达。而这背后，展现了王崧舟老师丰厚的文学积淀和对课程深刻的理解。

关键词：王崧舟；朗读教学；诗意语文

一

朗读，是把文字转化为有声语言的一种创造性活动，是一种出声的阅读方式，它是小学生需要掌握的一项阅读童子功、基本功。《义务教育语文课程标准》规定小学生要学会"用普通话正确、流利、有感情地朗读课文"①。

朗读不仅仅是一种阅读行为，更是语文课堂中最常见的教学方式。优秀的朗读教学可以把学生带到文本的奇妙世界里，学生通过朗读品味语言、感受形象、再造意境、体验情感、领悟思想，以声音为通道，从语言的表层穿越到语言的深层。

但是，朗读教学现状却不容乐观。许多教师虽然把朗读纳入教学环节，

① 中华人民共和国教育部. 义务教育语文课程标准（2011 版）[S]. 北京：北京师范大学出版社，2017：7.

却没有给予足够的重视:有的纯粹把朗读当作点缀,仿佛筵席摆盘用的雕花,在教学的起始环节各读一遍,上口不上心;有的则把朗读次数和时间的增加看作是对朗读的“重视”;有的玩齐读、个别读、分角色读、小组读各种技巧,花样百出,却难掩肤浅与低效……鲜有教师认真思考朗读指导的专业性,思考如何基于教学目标进行朗读教学,思考朗读的功能与价值。

王崧舟老师是“诗意语文”的探究者,精致的朗读教学是他课堂中的重要组成部分。在他的课堂上,大部分时间都能听到书声琅琅,时而学生自读,时而师生合读。在动情的朗读中,学生从神情到精神仿佛都发生了极大的改变,师生的心灵在朗读中仿佛高度契合、融为一体,共同栖息在诗意语文的广袤土地上。笔者希望能从王崧舟老师的教学案例中,探寻其朗读教学的优秀策略,供一线教师学习与借鉴。

二

我国宋代理学家朱熹非常提倡朗读。他说:“凡读书,需要读得字字响亮,不可误一字,不可牵强暗记。”并提出了“逐句玩味”“反复精详”“诵之宜舒缓不迫,字字分明”这样具体明确的朗读要求。但是,同样是逐句玩味,反复诵读,有的教师的课堂上只有枯燥乏味的重复,而王崧舟老师的课堂上,却是百读不厌、余音袅袅的吟诵。奥妙何在?下面一一道来。

(一)反复:目标始终清晰

课堂朗读分为多种形式,有个人朗读、集体齐读、教师朗读与师生合读等等。当朗读的主体不断发生改变,朗读者与聆听者会产生不同的感受,获得不同的审美愉悦。在《孔子游春》一课中,就课文的第二自然段,王崧舟老师居然设计了11次朗读,且每次朗读的目的与手段绝不雷同,令人叹为观止:

阳光普照着大地,泗水河边桃红柳绿,草色青青,习习的春风像优美的琴声,在给翩翩到来的春天伴奏。大自然多像一位伟大的母亲!广袤的大地是她宽广的胸怀,茂密的森林是她飘逸的长发,温暖的太阳是她明亮的眸子,和煦的轻风是她甜蜜的絮语……

一读:找读。教师问学生,孔子的课堂在哪里。学生找到,教师请学生读出答案。

二读:齐读。在学生"找读"之后,跟进的是全班齐读,确认答案。

三读:带着问题读。让学生齐读并思考:孔子的课堂有,而我们熟悉的课堂没有的是什么?

四读:答读。以"孔子的课堂有什么"引出学生对"习习的春风""广袤的大地"等重点短语的朗读。

五读:领读。教师领着学生一起接读,教师读"阳光",学生接出后半句"普照着大地",教师读"泗水河边",学生接出后半句"桃红柳绿,草色青青",以这种方式把该段读完。

六读:变式领读。教师把文段排列成诗行,再次领着学生一起读。

七读:入境配乐朗读。教师以富有感染力的语言,启发学生想象自己伴随着优美的古筝乐曲,走进了孔子的课堂。

八读:入境配乐领读。在学生对孔子课堂的想象中,教师引领着学生再次动情地朗读,教师读一句,学生接一句,共同演绎着美妙的"合奏"。

九读:填空读。教师把这段文字改写成"看到……,想到……"的整饬的句式,先让学生填空,然后让学生读出答案。这是对熟读成诵的巧妙设计,在这个环节,以读读写写完成了识字与写字、语言积累、语言鉴赏等多重任务。

十读:填空式领读。教师读"看到的",学生读"想到的",体会修辞的准确与巧妙。

十一读:填空式领读。学生读"看到的",教师读"想到的",再次提醒学生注意两者对应的准确与巧妙。

应该说,王崧舟老师在朗读形式上做出了创造性的贡献,他所创的领读、填空读、诗行排列读等朗读方式,被一线教师竞相模仿。但是,模仿者大都得其形而难得其神,这是因为他们忽视了一个更重要的因素:为什么要反复朗读?显然,这个答案王崧舟老师知道。因为在十余次的朗读中,每一次朗读的目的他都交代得清清楚楚,而且层次分明,从言到意,从意到象,最后落到语言积累和欣赏上,层层推进,有条不紊。所以,读到最后,同学们并没有因反反复复的朗读而产生厌倦与疲惫,却有着反反复复朗读带来的感动与沉醉。

（二）反复却不是重复：从声音表达进阶到情感表达

反复朗读，从心理学角度来说，是很容易使学生心生厌倦的，因为反复朗读稍微处理不慎，就极容易滑向机械的重复。那么，王崧舟老师是如何避免这一点的呢？奥妙就在于朗读梯度的设计。在王老师的课堂上，声音像一把梯子，学生通过反反复复地朗读，拾级而上，每一遍朗读都比之前收获更多、感受更深，读出不同于前的意义，这才是反复朗读的精华所在。

“那是一间高大的宫殿式的房子，室内陈设极其简单，一张不大的写字台，两把小转椅，一盏台灯，如此而已。”这是五年级课文《一夜的工作》中的一段句子，句子简单、朴素，可王老师却让学生将这短短的一句话重读了十余遍，完美地示范了什么是进阶式的反复朗读。初读课文，王老师让学生找出感受最深的语句，有学生找出了这一句。在学生初有感受后，他让学生思考“句中哪个词跳到了你眼前”？这一问，引领学生从朦胧的初读感受走向对感受的细化与捕捉。“极其简单”四字就被学生找了出来，学生带着对词语的体会再读此句。王老师继续提问“这宫殿式的房子是谁的”？引发学生对房间原主人的好奇。了解了房子的背景知识后，此时学生的面部表情已产生了极大改变，惊讶、不可思议跃然脸上。教师顺势再问：“总理的房间应该放些什么？”学生踊跃发言，答案丰富多彩。教师话锋一转，说：“可这些都没有！”这一问，又把学生的朗读带回到了一个词——“极其简单”上。就这样，王崧舟老师通过让学生反复朗读，让他们将短短的一句话读厚，厚到它饱含情感、饱含意蕴，再让他们将它读薄，回到最简单的一个词上，回到语言鉴赏的焦点上来。学生在反复朗读的过程中，经历了感受、想象、比较、理解的阅读过程，经历了从声音表达到情感表达的进阶过程。朗读到最后，这一句话中的每一个字都带着情感，都走进了学生的心里，每一个学生都带着对周总理的敬仰，“走进了”他那“极其简单”的房子里。有的学生读到动情处，眼里泛出了泪花，这才是有感情的朗读！课堂上有多少所谓“有感情的朗读”，其实大都是在贴感情的标签而已，在假模假样地表演而已。但王崧舟老师的课，却用声音的重锤，反反复复敲打语言，从语言中砸出情、砸出味、砸出美、砸出诗意，酣畅淋漓！

(三)本质是诗人:高超的领读艺术

在王崧舟老师的课堂上,反复朗读多达十余次而学生不觉其多,还与王老师强大的个人魅力有关。他在课堂上,一颦一笑,一言一行,举手投足,都在示范,都在营造语文教学的诗意。

不必说王老师普通话的字正腔圆,朗读的有板有眼、不疾不徐,也不必说王老师浑厚的男中音和亲切的笑容,单是他领读的艺术,就展示了一位名师深厚的文化学养和出神入化的语言表达。

朗读教学时,普通教师往往用一些简单的提示语交代朗读任务,如"下面请同学们齐读课文""再把这一段读一遍""请男生读第一段,女生读二段",在指导学生"有感情地朗读课文"时,教师也往往用程式化的提示"请你带着这种感情读一下……"从某种角度来说,教师的这种单调、机械、粗糙的提示语,是造成学生在朗读时无法动情的因素之一。

反观王崧舟老师的课堂,他在学生朗读前充满诗意的吟诵,为学生从声音表达到情感表达铺了一条通道。他把自己对文本解读的精深感悟,化为一句句充满魔性的导读。他读,学生跟,没有一丝丝违和,没有一丝丝的做作。他的朗读教学,没有太多朗读技巧的指导或分析,有的就是师生之间的领与跟,像和谐的二重唱。

我们且看,王崧舟老师是如何通过他奇妙地领读,使学生感受到朗读之乐、之美的。

1.借力

在教《孔子游春》时,他问学生:"假如你当时就在这个课堂,跟着孔子来到了泗水河边,来到这阳光普照、桃红柳绿的课堂,你的心情是怎样的?"学生有的说"舒畅",有的说"愉悦",有的说"心旷神怡""神清气爽",王老师巧妙地将学生的回答变成了这样的朗读提示:"置身于这样的课堂,我们怎能不兴奋、怎能不舒畅、怎能不神清气爽、怎能不心旷神怡?我们一齐怀着这种感受,再次走进孔子的课堂。"这样的领读,巧借学生的回答,通过四个排比句蓄势,顺势而为,自然连贯,既体现了王老师对学生阅读感受的尊重,也展现了教师本人出口成章的语言才能。

2.改编

王老师还擅长对诗文进行改编，以调动学生反复朗读的积极性。比如，前面提及，他把《孔子游春》的第二段改成“看到的”和“想到的”，把“广袤的大地是她宽广的胸怀”等四个比喻句改成“看到广袤的大地，想到宽广的胸怀”这样的句子，然后领着学生共读，先是教师读前半句，学生接后半句，然后交换了读。读的时候，王老师这样引导：“请用心体会，这看到的和想到的，是如此准确、如此巧妙地对应在一起。”这样改编的妙处在哪里？他抛弃了语言鉴赏动不动就进行修辞分析，动不动就问学生明喻是什么、暗喻是什么的、比喻好在哪里这样的教学套路。可以说，这恰恰是王崧舟阅读教学的特色所在——要感受，不要分析。阅读的目的何在？是让学生了解、知道知识与技巧重要呢，还是让学生尽可能地感同身受、产生共鸣感更重要？王羲之在《兰亭集序》中说：“虽世殊事异，所以兴怀，其致一也。后之览者，亦将有感于斯文。”王羲之所求，无非是一个与他心意相通的读者而已。如此说来，文学作品的阅读，感情上通了，其他的都没问题了。

通过改编，把语文知识和技巧化作润物细无声的感受式朗读，类似的例子在王崧舟老师的课堂上比比皆是。《长相思》中的“风一更，雪一更”，在他的领读下，学生的眼前仿佛出现了纳兰性德跨越万重山的孤独背影。这时候，王老师吟诵了他对诗句的扩展“山一程，水一程，程程都是长相思。风一更，雪一更，更更唤醒长相思”。朗读“江枫渔火对愁眠”这一诗句时，王崧舟老师把它改成了现代诗“是什么在敲打我的无眠，是流连的钟声”，这样的改编，这样的吟诵，既是对文本的“敲打”，也是对学生感受的“敲打”，使学生的心头泛起一层又一层情感的涟漪。

3.造境

王崧舟老师的课堂，几乎没有直截了当的朗读指令，有的是千变万化的朗读提示，为学生进入文本营造了特定的情感氛围和意境。教《孔子游春》时，读到“水穿山岩，凿石壁，从无惧色，它好像有志向”这一句时，王老师用“看，水从雪山走来——”“看，水向大海奔去——”“看，水从远古走来——”“看，水向未来奔去——”四个句子，领起四次朗读，听起来仿佛在读一首诗。而这样的诗句，又巧妙地让学生感受到水“穿山岩，凿石壁”一路向东、奔腾不息的特点。教《枫桥夜泊》时，他用这样的句子进行领读：“月亮西沉，乌啼声声，霜气布满了整个天地；江枫凋零，渔火点点，钟声划破了凄清的夜空。在这个孤独而寂寞的晚上，诗人辗转反侧、无法入眠，他在心里轻轻地念道——”当王老师用他那磁性的男中音吟诵这对仗工整、整散结合的句子时，他俨然成了一名情感催眠者，有读者反映，即使隔着屏幕欣赏，都很有感觉！

4. 配乐

谈王崧舟老师的朗读教学艺术，不得不提他的“必杀技”——配乐。在他的课堂上，音乐与朗读相辅相成，和谐地融为一体，堪为典范。

在风的呼啸中传来悠扬笛声，这是王崧舟老师《长相思》课堂的进行时。音乐为学生展示了这样的图景：纳兰性德独自踏上漫漫征途，风雪拍打在他孤寂的脸上，远处传来的笛声早已将他的心拉回故乡……在这背景音乐的配合下，学生的情感仿佛也随着纳兰性德一起愁肠百结。在《一夜的工作》一课中，响起了温婉柔和的扬琴声，似乎在低声诉说着周总理深夜伏案工作的辛劳。琴声如泣如诉，拨动着孩子们的心，读着读着，一些孩子的眼眶里溢出了泪水。“月落乌啼霜满天，江枫渔火对愁眠”，木鱼声渐渐由强变弱，由慢变快。“姑苏城外寒山寺，夜半钟声到客船”，午夜钟声适时响起，浑厚而低沉的钟声敲在诗人心上，也回荡在孩子们的心上。配乐中的木鱼、古筝、扬琴、钟声等古典音乐元素，与这首诗的意象、意境、意蕴贴合得丝丝入扣。在这样的音乐中朗读，哪里还分得清作者和读者？哪里还分得清诗里与诗外？哪里还分得清是我读诗歌，还是诗歌读我？

李斯特说，音乐可以称作是人类的万能语言。人类的感情用这种语言可以向任何心灵说话，被一切人理解。王崧舟老师用音乐这种万能语言，作为他的诗意课堂的催化剂，催生学生的想象，催生学生的理解，催生情感的升华，催生审美的感动。

三

王崧舟执教的《长相思》《枫桥夜泊》《望月》《孔子游春》等课文，几乎每一篇都可以拿来做诗意朗读教学的范例，而他诗意朗读教学的关键，是反复的艺术。可以说，没有哪位教师，像王崧舟老师那样，在教学中如此喜欢朗读，如此喜欢反复，而且把反复朗读“玩”得如此得心应手、出神入化。

在诗意朗读教学的背后，我们看到的是王崧舟老师多年阅读所积淀的丰厚的文学底蕴，这种文学底蕴，表现在他仿佛有一双火眼金睛，总能在文本中发现富有意味的语言，然后引导学生用声音反复“捶打”；他的文学底蕴，还表现在他的教学语言从头至尾都典雅精致，无论是导读、提示、指令、过渡，还是评价、小结，用的都是诗一般的语言。美学家朱光潜曾经说过，培养学生纯正的文学趣味，最好从读诗入手。学生在王老师的课堂上，吟诵着诗一般的文字，聆听着诗一般的语言，他们的整个身心都浸润在诗意中，长此以往，何愁没有纯正的文学趣味呢？

许多教师模仿王崧舟老师的朗读教学，学他的招招式式，却忘了学他招式背后的深耕与细读，忘了学他招式背后的丰富与深刻。在王老师的课堂上，几乎没有太多语法修辞的讲解和章法结构的分析，他重视体验与想象，重视感受与领悟，重视语感的养成和语言的积累，而这，无疑是契合小学生语文素养培养的特质的。文学文本是凝固的情感，朗读是声音的行走，让学生通过朗读，穿行在语言的丛林中，触摸作者的生命与情感，这何尝不是文学教育的真谛？

（作者现为紫金港中学教师。该文经叶黎明老师修改后，发表在《语文教学通讯》小学刊，2017 年第 3 期）

看似无常却有“常”

——王君“青春语文”课堂教学艺术探究

中文141 韩雨昫

摘 要:语文教学是一门艺术,青春是一种情怀。如今课堂对思辨的要求随现代学生之基础水涨船高,教师之探求也愈发艰深,而变化将是语文教学青春永驻的终极出路。王君“青春语文”的迷人之处就在于,教师遵循“常”道,不走常路,永远有活力与热情坚持揭开课堂教学表象,追求其内在的永恒变化。

关键词:王君;青春语文;教学艺术

一提到王君老师,就会想到“青春语文”,她是“青春语文”的倡导者。青春是什么?青春是一种情怀,是一种“变化无常”的生机勃勃。当青春遇上语文,课堂便开始悄然生变、增趣。王君老师有许多经典课例,本文从教学活动设计的角度,解读王君老师的语文课堂。

一、书声琅琅背后的意趣盎然

于漪老师曾这样揭示语文课堂教学的现状:课堂内只见题海茫茫,不闻书声琅琅。语文课堂需要朗读:散文与诗歌需要美读来品得其中情意,小说与文言得靠细读品词析句。综观王君老师的数篇教学实录,学生朗读皆为动情之读。如何让朗读发挥功效,以读达情?王老师自有独门秘法。

《我们当年》是程少堂先生写给女儿的一封信,深蕴着一位父亲对女儿的爱。王君老师将这封信挪至初一语文课堂作为教学内容,给学生带来了一堂感人至深的散文课。课前学生运用批注法为这篇散文批注,于是课堂的开端便是由学生来朗读自己的总批。学生的朗读句句真情实感,为接下来的教学环节铺好了情感的基石。之后的课堂虽对“旁批”只字未提，但所有的教学活动都有鲜明的指向，即提升旁批的针对性，扭转学生对文字的浮浅分析。为达到这样的教学目标，课堂中教师运用最多的手段便是朗读。探究“相同标点的反复”时，教师采取“对比着读”朗读法。“但是，今天，你老爸，去了。”逗号去或不去，句子表现出的情感会有怎样的不同？朗读是体会语气变化的最好方式。在反反复复的朗读中，学生开始体会到，不声不响的逗号原来也能“丰满地独当一面”，表情达意。

在简介完“繁”“简”概念并用《社戏》一文举例后，教师让学生自主品读散文第 11 段，鉴赏啰嗦的味道。鉴赏方法的提供为学生品读其他文字搭建了支架，学生鉴赏起来如虎添翼，因此本环节只要教师给予学生充足的时间，学生就能自主品出啰嗦中情感的千折百回，因此教师在此处采用“反复读”的朗读教学法。书读百遍，其义自见。最后，教师以“会情读”收尾，朗诵网络上对《我们当年》的精彩点评，最后一句“心中有爱，笔底生香，自古才情两不离，字字句句皆惊心”，王君老师带领着学生反复读，读出字字句句的惊心，读出程少堂的才情，读出隐藏在平淡文字背后的深沉父爱。教师用自己动情的朗读做引，顺势将学生的情感推至高潮，课堂圆满结尾。

类似成功的朗读课堂案例还有《湖心亭看雪》一课。张岱的这篇文言作品不长，王君老师很好地做到了短文长教，以“读”为突破口，诗人的雅趣、文言的韵味、作品本身的灵魂跃然眼前。初读，粗略感知文言大意；再读，找出文中的“自相矛盾”处；三读，寻文中一字概括张岱形象；四读，自由读，找出哪些语句体现了张岱之“痴”；五读、六读为细读，学生就四读之问找到了“大雪三日，湖中人鸟声俱绝”与“天与云与山与水，上下一白。湖上影子，惟长堤一痕，湖心亭一点，与余舟一芥，舟中人两三粒而已”，教师让学生在朗读中想象情境，得出张岱的“行痴”，又指导学生换词、换顺序朗读，在对比中体会张岱的言外之意，“痴景”一答跃然课堂之上；七读为精读，通过之前朗读的层层铺垫，教师的正确引导，这一读使学生明了意会张岱的人生追求，得到“痴人”的答案。七遍朗读，学生对《湖心亭看雪》的理解早已穿透表层字句，此时教师介绍时代背景，学生自然而然地跨过时代界河，触碰到张岱的“痴心”。课堂的末尾，朗读悄然延伸至课外，教师精心挑选柳宗元的《江雪》与曹雪芹《红楼梦》中的名诗作为朗读内容，在动情朗读中再品张岱。张岱身上最难被人理解的“痴”与其人生追求就在这一堂课的朗读声中为学生所深刻体会。朗读贯穿全课，却不显累赘，因为教师的每一读都目标清晰。朗读在王君老师的语文课堂上是情感的阶梯，她的学生在教师的朗读指导下拾阶而上，领悟到语文世界小径通幽的奥妙。

二、“喧哗”而又务实——工夫在“演”外

“工夫在‘演’外”是王君老师对自己《唐雎不辱使命》一课的概括。摇曳生姿的表演活动确实能极大地调动课堂气氛与学生的积极性，但倘若教师对课堂把控能力不足，也极易造成场面失控，学生在一场没有语文味的闹剧中除了“喧哗”，一无所获。王君老师善用演课本剧的方式教学，不仅仅是在《唐雎不辱使命》的课上，还在《石壕吏》等课文的教学上。那么，她究竟用何妙法使表演法走向务实、高效？

首先，课前教师对课文做了极为细致精到的解读，基于“情节、人物矛盾清晰”“文言对白不艰涩”“语言潜台词丰富”三点条件，确立了“演绎课本剧”这一活动。王老师的教学思路为“学生表演——导演说戏——观众与演员对话”，把课堂变成活动型的“文言仿真”学习课堂。在王老师的表演课堂上，表演其实只占三分之一，其余的三分之二依旧还给了文本细读。学生通过亲身参与表演了解故事情节、揣摩人物形象，对《唐雎不辱使命》的情节、人物有了初步了解；导演说戏，即师生、生生间关于文本内容的互动问答，展示了学生对于故事与人物的理解，而教师的质疑与提问其实是在拓展学生细观文本的视野；随着学生的认知逐渐丰满，课堂的最后环节为导演、演员、观众三方对话。其中第二环节“导演说戏”这一教学活动的设置极其巧妙，学生的疑问在导演发言中逐一得到解决，还未解决的就由教师来填补空白。从每一位导演的发言中，学生都能找到亮点，体会一篇文言文不同的切入视角，这样一节以学生为主的表演课堂好过数节枯燥单调的“教师一言堂”。因此王君老师说“工夫在‘演’外”，指的是将演课本剧作为一种教学活动的形式，但课堂实质依旧紧扣文本不放，这才是表演型活动的真谛。

三、“说出你的心声”——真实情感的外化表达

教学活动由教的活动与学的活动共同构成。如果都是教的活动，就会变

成教师满堂灌，学生主体性无从体现。教师虽是课堂的主导者，但学生才是课堂的真正主体。王君老师非常重视学的活动，学生的发言占据了课堂的绝大部分时间。初中学生正处于羞于表达期，王君老师的耐心、循循善诱于他们而言无疑是一剂良方。说出心声，既是一种必要的自我表达，也造就了情感课堂的真实呈现，这种教学活动形式的范例为《我的叔叔于勒》的教学。

《我的叔叔于勒》情节曲折、人物心理变化丰富，王君老师设计了“说出心声”的活动，让学生自由表达自己对小说的理解。第一环节，设计于勒的人生轨迹。学生上台画图并解说，从所画线条中，我们可以直观地感受到学生对情节的梳理程度，解说内容也能反映学生对于勒形象的理解。第二环节，分析人物。教师只给出于勒的人生阶段划分，每个阶段于勒的具体状态都由学生填补，此设计意在让学生真正潜入文本海洋，寻找最关键的信息还原于勒生活。接着对比人物，由学生来点评“于勒从人生的起点到终点什么变了、什么没变”。第三环节，想象情境。“如果你是菲利普夫妇，碰到于勒，会如何选择?”学生大胆发言表达，恰好与原文形成反差，引出对菲利普夫妇行为的思考。课堂上，学生的思想在闪光，学生的话语在闪光，教师的智慧也在闪光！引导学生自己发声，穿行在文本的字里行间，再外化于表达，这才是语文教学的根本任务。

四、“无中探有”——挖掘文本特质的细读

对于文本的细致解读，不仅是教师备教时应下足的功夫，更是课堂上一种非常重要的教学活动。孙绍振教授认为，“于无疑处生有疑”的课堂随机生成是教师的非凡功力显现。王君老师的语文课堂上处处是学生的“无中生有”，甚至有教师“自己挖坑自己跳”的现象，但二者本质都出于挖掘文本的用心。

《乡愁》是余光中的代表作之一，蕴藉丰富。可学生离这位诗人、那段历史、那段情感都相距甚远，如何读懂，如何体会诗中情味？王君老师选择先带着学生反复“咀嚼”，使短短的《乡愁》慢慢透出语文味的清香。意象与语言是诗歌教学的两块核心内容，教师将《乡愁》拆分为五个对比，“新与旧”“轻与重”“有与无”“奇与平”“直与曲”。在每一个对比中，教师都与学生一起挖掘文本，触碰文本最深处的每一角落。一个字、一个词、一句话在这样的细读中

仿佛被灌注了生命力，正如夏丏尊先生所言，“文本细读能够引发一种对语言的敏感”。这堂课上，学生的每一个文学细胞都张开着，一点点文字上的风吹草动都能引起他们足够的敏感。最令人印象深刻的是探究诗歌时间语言的片段，“小时候、长大后、后来啊、而现在”，学生从这四个时间点中品出了时间的连贯对作者坎坷人生的牵引，读出了人生跌宕之势！更令人惊叹的是学生对“矮矮的坟墓”的探究，坟墓总比人站立着要矮，如此平常的意象与修饰词在课堂上通常被一笔带过，但学生就是抓住“矮矮”读出了诗人对母亲的思念，并推导解读了“海峡”意象。课堂上的一个个“无中生有”成就了教师与学生的情感喷薄、想象飞扬，经过几番对诗歌语言与意象深刻、彻底的品读，《乡愁》的诗情诗意真正为学生所悟。这是以诗歌为例的课堂文本细读活动阐释，还有散文、小说、文言文，王君老师都有着自己独特的细读教学法。不过所有的细读殊途同归，学生们在“无中探有”的过程中完美达成甚至超越了教师设定的教学目标。

王君老师之所以提倡“青春语文”，是因为她希望语文永远年轻、永葆生机。而她呈现给我们的课堂也正如“青春”一般丰富、充盈，流光溢彩、变化莫测！朗读文本意蕴丰厚、课本剧务实高效、学生的交流与表达真实动人、教师的文本细读用心良苦，还有许多无“常”的活动、对传统语文课堂的革新变化等，在此篇中难以一一表述。毫无疑问，王君老师的课堂上透着青春的光亮，散发着语文应有的青春味道。

整合、辩论、拓展

——王君语文教学艺术探究

中文 141　包康馨

摘　要：王君老师是中学语文界的名师，其课堂体现了对文本的深刻剖析，对教学内容的精心安排。本文以王君老师的《陋室铭》和《爱莲说》教学实录为例，从整合教学、镜面式教学和知识迁移三个方面概括王君老师的阅读教学艺术，肯定了她在教学过程中对学生整合思维、辩证思维、拓展能力的培养。

关键词：王君；整合教学；镜面式教学；知识迁移

在观看了王君老师的《敬畏自然》《五柳先生传》《狼》《喂——出来》《我的叔叔于勒》《敬业与乐业》《陋室铭》《爱莲说》《词五首》等 20 余个教学实录后，我不禁感叹王君老师教学过程的流畅与课堂环境的开放。这 20 余个教学实录展示了王君老师课堂教学活动设计的艺术。下面，本文以王君老师的《陋室铭》《爱莲说》教学实录为例，剖析王君老师的阅读教学艺术。

在王君老师《陋室铭》《爱莲说》的教学实录中，给我感触最大的有三点：整合教学、制造冲突和以小见大。

一、整合教学——打破知识隔板

整合教学指的是就某一主题，将多篇与该主题有关联性的文章整合起来进行教学的方式。王君老师在《陋室铭》《爱莲说》的教学实录中，提出“菊和牡丹对莲是否都是反衬？”和“周敦颐和陶渊明的不同之处在哪里？”两个问题，进而将课堂引入到大问题“刘禹锡的人生选择是陶渊明式的，还是周敦颐式的”的讨论中。她根据《爱莲说》与《陋室铭》相通的精神脉络对两篇课文进行整合，通过对比陶渊明、刘禹锡、周敦颐的不同生活与精神追求，帮助学生更加深入地了解他们之间思想的不同，并通过探寻古代一类知识分子的人格追求，帮助学生形成了对这类人物更加立体丰富的认识。

这一教学活动的设计打破了一直以来对这两篇课文的独立教学模式。单篇文本教学的课堂上，学生学习的过程其实就是把知识装进自己思想的“小柜子”的过程。学生每学到一个新知识，会在自己的头脑中建立一个“新柜子”。对于初中生而言，他们将知识点装进“柜子”后，这个知识点便基本处于一种封闭隔绝的状态，他们只有再次需要这一知识时才会将它提取出来。而王君老师的课堂则打破了这些柜子间的隔板，实现了知识之间的流通融汇。对于初中生来说，掌握单一的知识点并不是难事，而真正能做到主动将知识点打通、形成一定的知识结构的学生却寥寥无几。这就需要教师设计相应的活动，促成学生知识的整合。

这种知识的整合在王君老师的其他教学实录中也有所应用，比如：在《词五首》教学中，王君老师打破了诗歌原来的顺序，按照不同的“愁”进行归类教学，将《望江南》与《武陵春》归为一类，将《渔家傲》《江城子》和《破阵子》归为一类；再比如，王君老师根据《望岳》与《春望》题目中共同的“望”字着力进行整合。

除了这种文章之间的整合，王君老师的课堂中还有许多知识点的小整合，即知识的扩展与回顾。王君老师的课堂内容十分丰富，既有旧知识的回顾，又有新知识的学习；既有课内知识的讲解，又有课外知识的拓展，真正做到将学生掌握的知识点打通，实现知识之间的贯通。在讲解《我们当年》的“啰嗦”环节时，王君老师提到了高中阶段才学习的周先慎的《简笔与繁笔》，并以《父亲的爱》作为学生的课后阅读作业。她还带领学生从词中愁思的不同之美联想到《三峡》特殊的美。在这过程中，王君老师就好像是学习的引导者，带领着孩子在语文的海洋中遨游，一会儿回头看看已经游过的路程，一会儿往前看看将要到达的彼岸。

叶圣陶说：“教是为了达到不需要教。”知识不同程度的整合，能够激活学生原有的知识，实现知识之间的串联，培养学生的整合能力。这种整合不仅需要教师对所有知识点有一个整体性的把握，也需要教师拥有丰富的课外知识和严密的逻辑思维。对学生来说这种整合教学就是一场知识交流的盛宴，对教师来说则是一个巨大的挑战。

二、制造冲突——镜面式学习

何为“镜面式学习”？镜面式学习是指学生在学习过程中以师为镜、以生为镜、以己为镜，通过观察自己与他人，进行反思和调整的过程。

在观看了王君老师的教学实录后，我们不难发现，王君老师的课堂总是活跃的。这种活跃尤其表现在学生之间的辩论上。王君老师并没有生硬地设计辩论环节，而是通过提出有争议性的问题，让学生自己思考，各抒己见。生生之间的辩论式对话是她课堂的一个突出特征。这种对话使得学生摆脱了被动接受式的学习，走向自主、合作和探究。

在《陋室铭》与《爱莲说》的教学中，有两次较为明显的“辩论”环节。第一次是在课堂刚开始时，王君老师提出了“菊和牡丹对莲是否都是反衬”的问题。第二次是在课堂接近尾声时，王君老师提出：“刘禹锡的人生选择是陶渊明式的，还是周敦颐式的呢？”这些问题的提出，使语文课堂从灌输式教学走向发现式教学。富有争议的问题、巧妙制造的认知冲突，引起学生讨论的兴趣。

这种冲突的制造在王君老师其他的教学实录中也随处可见，如：就《望江南》和《武陵春》中关于哪位女子更愁的讨论；《敬畏自然》中关于“敬畏自然”“顺应自然”“征服自然”的讨论等。

在教学过程中，如果只是由教师给出答案，便会使学生形成接受和盲从的心理，导致学生的学习永远陷入被动的状态，创新思维就很难被激发出来。王君老师注重挖掘文本的多面性，通过提出有争议性的问题，对学生进行诱导，帮助学生形成辩证思维，营造开放式的课堂氛围。课堂中，其他同学提出的观点往往更容易引起学生的思考和质疑，学生听取他人观点的过程其实就是一个“以生为镜”的镜面式学习过程。

开放式课堂氛围的形成少不了教师的刻意营造。教师作为问题的提出者，必须要对文本有深层次的理解，必须带着辩证的思维去看待文本，并对其中的开放性内容有敏锐的嗅觉。课堂上教师要注意把握时机，及时点拨学生，将课堂中的辩论推向到更高层次。

三、以小见大——实现课堂的拓展

以小见大的特点在许多优秀语文教师的教学中都能发现。在《爱莲说》与《陋室铭》的教学过程中，王君老师从解读刘禹锡到解读一类“走在时代的风潮浪尖上绝不沉沦绝不逃避的文人们”，由特殊性上升到普遍性。读懂刘禹锡也就读懂了很多如刘禹锡一样的文人，课堂由浅入深，层层推进。在由小见大的过程中，王君老师实现了二者的完美过渡。语文是源于现实，寓于现实，并应用于现实的。语文教学不能仅局限于书本、课堂，而应将学生带向更为广阔的空间中去。

除了《陋室铭》与《爱莲说》的教学实录，王君老师的其他教学实录都体现了她对语文课堂的升华。从老王引申到像老王一样卑微的生命，从《狼》引申到我国的屈辱历史，从《喂——出来》引申到汶川地震。王君老师的课堂并不局限于文本，她的教学是要引导学生走向更为丰富的世界。在她的教学中，课堂不是语文教学的目标，而是语文教学的手段。通过这一手段，教师要对学生的人格产生影响。相比于数理化等学科，语文具备特有的人文性，更容易影响学生的世界观、人生观、价值观，对学生思想产生深刻的影响。

除了以上三个特点，王君老师的课堂教学中还有许许多多值得我们思考借鉴的地方。在王君老师的课堂上，学生仿佛进入了一个交互联通的展台，一个自由开放的辩论台，一个丰富多彩的大世界。王君老师注重从细节入手，培养学生的文本解读能力，培养学生主动架构知识连接、实现知识互通的能力，值得我们学习。

（作者现为天杭实验学校教师）

吴丹青提问艺术探究

中文 151　郑双双

摘　要:提问是直接影响语文教学质量的课堂技能,是教师点拨学生走进文本、走进作者、走进情感与理想境界的重要手段。但是,要掌握优秀的提问技能却并不容易。吴丹青老师将其“诗意教育”的理念融入课堂提问中,课前让学生自主提问,课中创设诗意的教学情境,问题内容贴近文本,形式简约精巧,能够有效激发学生的学习兴趣,把学生带入文本所呈现的广阔精神世界中。

关键词:吴丹青;提问;诗意教育

课堂提问是沟通老师与学生,沟通教与学的桥梁,是教师在课堂教学中应用得最为广泛的教学行为和手段。它能够集中反映出教师的教学能力和教学技能,直接影响着课堂的教学质量。吴丹青老师是浙江省语文特级教师、上城区初中语文教研员,是“诗意教育”的践行者,在语文课堂教学方面有突出的教学能力和独特的教学理念。本文择取其提问艺术,略作分析。

吴丹青老师精致的问题设计是她课堂教学艺术的重要体现之一。在她的课堂上,我们感觉不到某一个问题的突兀,感觉不到某一个环节的停滞,在精心设计的提问中,学生被唤起了学习的激情,张开了思维的翅膀,师生共同探讨,一齐徜徉在诗意语文的花海中。笔者以吴丹青老师的教学案例为分析对象,探寻其课堂教学中的提问艺术。

一、“问什么”:紧扣文本,贴近学生

张孔义教授指出“课堂教学提问,是指在课堂教学中,教师根据一定的教学目的要求,针对有关教学内容,设置问题,要求学生思考回答,以促进学生

积极思维的教学方式”[①]。但是，同样是提问，有的问题脱离文本、泛泛而问；有的问题枯燥乏味、令人头疼；而吴丹青老师提问的特色之一，是紧扣文本、贴近学生。

例如关于《云南的歌会》，余映潮老师根据“特色概说——美点欣赏——课中之最”这三个话题来组织教学，确实简约高效，但笔者认为他的提问比较枯燥和宽泛，例如“请同学们速读课文，以‘《云南的歌会》’特色概说为话题说话”[②]，对学生的水平要求较高，而且不能有效激发学生学习的兴趣。而吴丹青老师教《云南的歌会》，要求同学们进行课前预习，自主提问。学生一共提出了 25 个问题，而吴老师着重抓住共性问题来组织教学，这就贴近了学生的“最近发展区”，让学生有兴趣学。这几个问题分别是：

1.“第三段对对歌的年轻女人不惜浓墨重彩描写，有什么作用？”[③]——教师从人物描写入手，通过朗读教学，引导学生体验云南人民的生命状态——自然、鲜活，并顺势提问形成这一特色的原因。

2.“课文第四段用许多笔墨描写由呈贡进城时一路的景色，写‘开满杂花的小山坡’，‘各种山鸟呼朋引伴’，还有戴胜鸟和云雀的歌唱。这些内容和‘赶马女孩子的歌唱’有什么关系？你觉得作者写这些有什么用意？”——教师从景物描写入手，通过模拟唱歌的手法，加深学生对鲜活生命的情感体验，并且适时添加课外内容，补充课文中看似缺失的对赶马女孩子眼睛和笑声的描写，引导学生说出人景互衬，巧妙回答了第一个问题，即云南人民鲜活生命状态与优美的自然环境息息相关。

3.“为什么要召开‘金满斗会’？为什么‘金满斗会’会是大伙儿唱得最热闹的？为什么要写下面这段话？”——教师通过朗读、文本细读的方法，引导学生说出金满斗会的热闹是由于民族文化的传承。

4.“沈从文为什么要写这篇文章？本文先写山野对歌，次写山路漫歌，最后写村寨传歌，这样的写作顺序可否改变？”——教师通过推敲文章写作顺序、介入背景资料的方法，引导学生理解沈从文是“从乡村的民风民情中发掘人性中优美、自然、鲜活的生命形态；从民俗现象中探究这种生命形态的成因和文化传承”，把握住了这篇散文教学要解决的核心问题。

---

① 张孔义，等，编著．语文课堂教学技能与微格训练[M]．杭州：浙江大学出版社，2011．

② 余映潮．余映潮讲语文[M]．北京：语文出版社，2008．

③ 吴丹青．吴丹青与诗意教育[M]．北京：北京师范大学出版社，2014．

这几个问题均出于学生，而且均是理解课文的关键之处。吴丹青老师根据学生预习中的疑惑之处，紧扣学情、紧扣体裁、紧扣文本、紧扣教学目标，精心设计问题，按照教读顺序层层提问，引导和发散学生的思维。

吴丹青老师所推崇的通过预习提问分析学情、以学定教的方法，在杭州市上城区中小学广泛推行，她和她的团队，更是以身作则，将这个理念落实到具体课堂，以亲身实践作示范引领。

二、"怎么问"：少说话，拐个弯

著名学者吕叔湘先生说："汉语文教学既是一门科学，也是一种艺术。"[①]吴丹青老师是如何让提问从技术变成艺术的呢？奥妙就在于少说话、拐个弯。在吴丹青老师的课堂上，她的问题一般比较简洁明确，然而问题却能从文本出发，拐了一个弯，又回到了文本所呈现的广阔空间。

例如《雨巷》一课，某地市级优质课，教师在呈现雨巷的特点与意境时，是先请一位学生朗读屏幕上描写小巷的一段话，然后教师用大段文采斐然的话语加以阐发与渲染，提问："这个时候，我希望逢着一个丁香一样结着愁怨的姑娘，这个时候丁香姑娘的出现好比美好事物的出现，她在我们心中可以象征什么？"[②]问题导向性过于明显，教师充满激情地拽着学生跑进诗歌的意境。而吴丹青老师的《雨巷》教学，将课堂分为五个部分，许多问题都很简洁别致，这里例举几个问题：

1. 画上什么？用上哪些色彩——提问："如果给诗歌画一幅插图，你会画上什么？用上哪些色彩？"教师不直接问这首诗里有什么意象，而是拐了一个弯，变成了画画。这既调动了学生的积极性，又能让学生发挥想象，感受全诗彷徨惆怅的基调。

2. 用声音表现画面和情绪——提问："最后一节，不用读了吧？它跟第一节几乎是一模一样的，我建议诗人把这一节删掉，使诗歌更加精练一些。如果你是诗人，你会接受我的建议吗？"教师顽皮地提出删改诗歌的意见，让学生评判，这时候有三个学生纠正了教师的做法，学生的积极性得到调动。

---

① 吕叔湘. 语文教学既是一门科学，也是一种艺术[J]. 课程·教材·教法，1988(3)：7—8.

② 赵闽东. 山东省威海市高中语文优质课第一名《雨巷》课堂实录[DB/OL]. (2016-2-29)[2017-12-20]. http://www.wendangku.net/doc/213d85edbd64783e08122b66.html.

3.“丁香姑娘”和“梅花姑娘”——提问:“昨天老师在备课的时候,突然冒出一个念头,为什么是丁香姑娘,老师特别喜欢梅花,我把它改成梅花一样的姑娘可以吗?”教师不直接问丁香姑娘象征着什么,而是通过与梅花姑娘的对比,既说明了中国诗歌的意象有特定的比喻义和象征义,又说明丁香象征愁怨,梅花象征高洁孤傲,增加了学生的知识量。

吴丹青老师在课堂教学中,不采用普通老师经常使用的通过朗读酝酿情感直接提问的手段,而是省去了大段话语,做到少说话,让学生多发言。学生为什么会多发言呢?因为她将问题进行了变装,增强了思维含量。虽然问题拐了一个弯,但本质并没有变,显得不落俗套而又精准有效。

在精妙的提问艺术背后,我们看到的是吴丹青老师紧紧把握以人为本的教育理念。文学作品是凝聚人类情感与思想的大千世界,提问是拨开迷雾的拂尘,如何把握这挥手之间的奥秘,让学生有兴趣学,让学生自发地学,让学生深刻地学,应当是每一位教育者应该思考的问题。

(作者现为台州市三门初级中学教师)

"吴丹青语文教学艺术探究"精彩片段

中文151　李梦迪　胡娴静　陈蓓菁 等

摘　要：2018年，浙江省特级教师、初中语文教研员吴丹青老师承担了杭州师范大学人文学院的中文专业必修课《语文课堂教学技能训练》的教学任务，为中文2015级本科生授课。吴丹青老师结合丰富生动的课例，采取自主合作探究的教学方式，向学生传授了实用且必备的教学技能，展示了高超的教学艺术，也渗透了科学先进的教育教学观。

关键词：吴丹青；语文教学；教学艺术

一、写作教学

在吴老师给我们上的所有课中，写作课是我学到最多的一堂课。那堂写作课的主题是"基于写作目的和读者意识的写作思维的培养"。正是这堂课，颠覆了我对写作教学的认识。（胡娴静）

对于上了十几年课的我来说，吴老师的这节写作课无疑是我上过的最精彩的写作课，感觉吴老师轻轻松松地就把这节课上得十分巧妙。（李梦迪）

上课伊始，吴老师让学生分成以六人为单位的小组，选了小组长，还取了小组的组名。老师将黑板划分为几块区域，每个组把自己的组名写在黑板上，并解释取这个名字的原因。

而后吴老师让大家一起看了一则小故事——《竖块木牌》，但这则小故事并不完整，吴老师把最重要的部分省去了——这块木牌上到底写了什么，结局又如何？吴老师没有给大家看。到这里，老师的第一个任务就有了："上面醒目地写了什么呢？如果你是迪梅普莱的话，你会写什么？你首先要考虑：写给谁看？目的是什么？""我们以小组为单位讨论一下，然后各组分别推荐一位同学到黑板上写一条提示语，小组中另一位同学说一说为什么这样写。”就这样，无论是课堂还是黑板全都交给了学生，而教师在这个时候就只是一个引导的角色。

之后，老师出示了迪梅普莱的提示语，这样，第二个写作锻炼又来了：“你们设想一下，那些游人看了这条提示语后会怎样想，怎样做。你怎样评价迪梅普莱的提示语？”同学们再次讨论发言，在这个过程中，同学们都得去设想自己是游人，这样就锻炼了同学们的读者意识，而后对迪梅普莱的提示语进行评价。既然是评价便必然会有各种不同的声音，赞同亦或不赞同，同学们分成了两派，然后各自陈述理由。在这个过程中，大家的思维非常活跃，课堂氛围也进入一个高潮。

接着就到了真正的写作训练时刻：“故事会往哪个方向发展呢？”每一位同学都要开始续写结尾。然后又是小组讨论，让同学们再次开动大脑，发表自己的看法，去交流、碰撞、融合，选出一篇最好的说给大家听，并将推荐语写到黑板上。在这个环节中同学们充分发挥了想象力，从不同的角度写了不同的结尾，课进行到这里，吴老师的写作课已经十分成功了。吴老师也在这一环节结束后进行了精彩的总结：“我思想，我存在。当我们思想的火花绽放时，我们如此真切地触摸到我们人类的灵魂；当我们的思想产生激烈碰撞时，我们倾听到人类各种各样的声音。我们发现世界原来有如此多的可能。于是我们更加科学地思考，更加自信地发出自己的声音。”

然而这堂课进行到这里，仍然没有结束，吴老师布置了最后一个写作任务：“给迪梅普莱写一封信。”这个题目是对写作需要读者意识的这个知识点的强化巩固。

在这堂课中，我认为我学到的最好的写作课教学技巧就是把课堂和黑板交给学生，充分发挥同学们的思维能力和创造能力。（李梦迪）

在课的最后，吴老师让我们进行反思，今天在这堂课上学到了什么，在她身上学到了什么。大家表现得非常积极活跃。因为经过整堂课的学习，大家的确学到了很多。相比之前的几个问题，大家对这个问题的回答更加具体完整。关于本次课堂的优点与学到的知识，一条一条地写满了黑板。记得老师曾经说过，如果一个教师能在每次课堂上都教会学生一个知识点，哪怕只有一个也是非常成功的了。看着黑板上各个小组所写的，显然，每个组的收获都颇为丰富。我们归纳总结为以下几个方面：1. 上课的互动方式多样，形式丰富，有读有写。有组内学生互动，也有组间互动、师生互动。小组的发言顺序也并非一成不变，按座位轮流发言、举手发言与特别关注相结合。课中将板书作为一种学习手段，将每个小组的观点写在黑板上，增强了学习参与度，提高了学生的注意力；2. 评价客观，始终持中立的态度，不批评、不反对任何小组的观点与理由。尊重每位听课的同学，以学生为本，让每位学生都参与课堂，积极思考与发言。培养学生的读者意识和听众意识，学会尊重其他组的成员，在他人说的时候认真聆听，及时拿笔记录；3. 尽量将课堂交给学生，自己少发言，引导学生思想碰撞，让思维的火花绽放，学会展示与分享，提高学生的思辨能力与语言表达能力；4. 创设教学情景，教学活动围绕主题展开，教学环节环环相扣，由浅到深，循序渐进；5. 在写作教学时强调目的和读者的重要性，颠覆传统的写作教学模式；6. 无论在上什么课，教师自身的涵养是基础，教师应着力提高自己的文化素养与知识水平。这六点中的每一点对于我们而言都是十分宝贵的，值得我们学习与借鉴。（胡娴静）

二、听写猜读

在我的高中时代，语文老师最苦恼的就是如何避免学生在古诗默写中出现大量错别字，但不管怎样强调，背诵、抄写无数遍，不少同学还是会写错。这当然不是学生太笨，也不是教师不尽职，归根到底是学生对古诗文的理解出现了偏差。

吴丹青老师为了解决这个问题，采用了听写猜读的方法。在《归园田居》这节课的开始，她请几个学生在黑板上听写。当然被邀请的学生最好在课外没有接触过这首古诗，以便达到通过发现错误了解学情的目的。通过听写我们可以发现学生其实有很多字不会写，这个时候有的教师可能会直接告诉学生哪个字写错了，正确的字应该怎么写，然后写错的字抄几遍，就结束这个环节。但吴老师不直接告诉学生对错与否，而是让学生展开讨论，诗中应该用哪个字更合理。学生的兴趣被调动起来，思考和回答都非常活跃。我们通过课堂实践，可以清楚地看到听写猜读的作用，它在解决错别字的基础上，一方面使教师了解了学情，获悉学生因为错字而表现出的对诗意的不理解，从而开展更有针对性的教学，以猜促读；另一方面也锻炼了学生的强记能力。猜读法的适用范围非常广泛，不仅可以用于古诗教学，也可以用于较短的文言

文，或长篇文言文的节选，例如《满井游记》中景色描写部分的教学，也可以用于现代诗如《雨巷》的教学等。（陈蓓菁）

三、慢的课堂

走进吴老师的课堂，我们不难发现她的课堂有一个特质，那就是慢。课堂节奏放得缓，让人有一种突然从繁忙的日常生活回到了古时师生伴游的感觉，老师娓娓道来，学生细细品味，慢慢吸收。心会变得平静，也更容易沉入课堂。正如北大陈平原教授打的比方："语文教学的特点是慢热、恒温，不适合爆炒、猛煎，就像广东人煲汤那样，需要的是时间和耐心。"

在这样慢节奏的课堂氛围里，吴老师带我们缓步走入一个审美的世界。首先，她美化了教学中人的因素（教师和学生），这种美化首先是人的本性的回归和生命力的释放，学生学习的不仅仅是知识和技能，更重要的是学习如何自我完善，如何实现人性的美化。作为"人"的生命之美终于被唤醒了①。其次，她的语言极其优美生动，不管是课堂过渡，还是对学生习作的点评，都极具美感。她极富文采的个人创作往往能成为学生的写作范本，使学生在潜移默化之中对语言美有所感悟。吴老师构建的是诗意的课堂，她用诗意的语言和学生进行诗意的对话，培养的是学生无功利的审美意识，似乎在提醒他们："慢慢走，欣赏啊！"（陈前）

四、联系生活

生活不仅是作文材料，更是帮助学生理解作品的有效工具。正如叶圣陶先生所说："要求语感的敏锐，不能单从语言文字上揣摩，而要把生活经验联系到语言文字上去。"吴丹青老师在课文的解读中就很注重这一点，比如在解释"意象"这一概念时，老师问："当你思念家乡时，你常常会想到什么"？在导入《咏雪》一课时，利用前几天下雪的背景，询问学生："白雪纷纷何所似？"教《紫藤萝瀑布》，让学生试着用自己的经历或见闻印证"花和人都会遇到各种各样的不幸，但生命的长河是无止境的"。由此可见，借助生活经验，可"引领

---

① 吴丹青．为诗意人生而教育[J]．语文教学通讯，2012(32)：4—6.

学生在情感和文字里走个来回”,促使学生产生情感共鸣,降低学生理解抽象概念、重点词句的难度,更增强学生的课堂参与度。(陈书悦)

五、以学定教

课前预习,以学定教。“以学定教是指根据学生的身心规律及其学习情况来确定教师的教学内容和方式。”学生文本解读时的疑惑点、兴趣点、空白点是唤起学生主体情感体验与激发探究欲望的基本落脚点。从教师层面来看,通过学生预习时的提问或者预习检测的反馈,教师可了解学生最初的学习状态,根据学情来架构教学过程,提高课堂教学的有效性。从学生层面来看,这样的构建模式,满足了学生对于课文的原初期待,也增强了学生在课堂中的主体参与感。比如《祖国啊,我亲爱的祖国》一课,吴丹青老师特地提前一天给学生布置了预习作业,并对学生提出的五十多个问题进行整理和筛选,将其作为推动课堂教学进程的方式,体现了“以学定教”的基本原则,如“为什么用那么多的词句描写祖国的苦难呢?”“‘神话的蛛网’是什么?”“为什么都1979年了,还要写‘伤痕累累’呢?”“‘我’到底是谁?”等一系列问题。(陈书悦)

六、以诗解诗

《归园田居(其三)》描写的是陶渊明的田园耕种生活。在没有任何背景说明的情况下,诗末的“愿”字似乎略显突兀,学生无从下手。在没有出示陶渊明生平的情况下,吴老师为学生们提供了更为巧妙的解诗工具——诗。她出示了陶渊明的《归园田居(其一)》,以“从何处归何处”为主问题,帮助学生梳理此诗,学生由此可发现陶渊明的田居生活是以他从官场退隐为背景的。紧接着,吴老师为学生们引入了更多的诗——通过陶渊明《归去来兮辞》中的名句,学生可得知陶渊明自比飞鸟,早已“倦飞”;通过《饮酒(其五)》,学生了解到陶渊明的隐居生活颇为自在;欧阳修的《画眉鸟》更使他们理解了人崇尚自由的本性,陶渊明亦不例外。以群诗解一诗,学生们与陶渊明的视界渐渐融合,对他的“愿”也有了深刻的理解。

不刻意了解作者为人、历史背景,只专注于文本之间的互通性,以此解读诗歌之外的文本，或许会稍显狭隘。然而结合诗歌本身精练的特点来看，以诗解诗一来不会使课堂内容过于繁杂，有现实可行性；二来用字句自身的情感汁液互相涂染，撇除了人为可能掺入的杂质，回归语文、语言本身的纯粹，实在是有诗意。随着一首诗的解读一点一滴变完整，语文味也一点一滴地凝聚起来。（王露雨）

七、言文合一

"言""文"合一，"言""文"并重，这一教学理念本是吴丹青老师针对文言文教学过程中，教师解释词语、翻译课文时基本不涉及思想情感、文学意蕴、文化内涵这一现象提出的，意图是希望学生在学习文言解词析句中领悟文章（文学）意蕴、文化内涵；探究文意时积累文言知识，培养文言语感。

《归园田居》是一首古代诗词，吴丹青老师在这首诗的教学中显然践行了这一教学理念。在第一环节，吴老师首先做的是听写，通过听写来检测学生学情，同时挑选出学生集中错误的字词，并请写对的学生解释他为什么能写对这个字，而学生的回答大都从这个字的本意入手，联系诗歌的上下文进行阐释，比如"草盛豆苗稀"的"盛"字、"晨兴理荒秽"的"秽"字。而最典型的是组织学生对三个"dài"字的探讨。吴老师汇总了学生听写中的错误，就"带月荷锄归"的"dài"字是"带"还是"戴"或者"待"提出疑问。摘录教学实录片段如下。

生1：我觉得"待"字不好，"待"是等待的意思，陶渊明总不会早晨出去种田，等到月亮出来了回家，这在逻辑上讲不通。

生2：我认为"戴"字比较合适，"戴"是一个动词，穿戴。"戴月荷锄归"就是指月光像帽子一样被陶渊明戴在头上回家。

生3：我也认为"戴"字比较好。有一个成语"披星戴月"，正好陶渊明诗歌中后面也是"月"字。务农应该是一件很辛苦的事情，"披星戴月"也形容一个人工作的辛苦。

生4：我不认为这首诗是要表达劳作的辛苦，因为后文说道："衣沾不足惜，但使愿无违。"可见陶渊明并不认为他很累很艰苦，反而很喜欢这种生活。所以我觉得"带"字比较好，"带月荷锄归"就是带着月亮一起回家，有一种闲适的意味。

学生在三个“dài”字的选取过程中，不仅考虑了字原本的意思，掌握了重难点字词，理清了诗歌大意，同时探讨分析了诗歌的思想内涵，对诗歌要传达的情感有了大体、初步的把握，教学方法真是巧妙。（杜林云）

八、朗读教学

第一，朗读方法指导突出诗的韵味。说到吴老师朗读诗歌的味道，便不得不谈到吴老师高超的朗读教学技巧。她多方位、多层次的立体式朗读教学，如引读、吟读、画读、换读、比读等，让学生深受启发。

在《雨巷》的教学中，吴老师请学生一段一段地读诗，并在学生读完之后及时地做出评价，并提示学生在朗读时要仔细体会字词的情感，注意语调、语速、语气、停顿和轻重。例如：

1. 她是有，丁香一样的颜色，丁香一样的芬芳，丁香一样的忧愁。

为了强调丁香姑娘的“颜色”“芬芳”和“忧愁”，这三个词语应当重读。

2. 像我一样，像我一样地，默默彳亍着。

为了突出诗人情绪的递进，此处反复的第二句语气要进一步强化。

3. 她静默地远了，远了，到了颓圮的篱墙，走尽这雨巷。

第二个“远了”更轻，诗意要更加缥缈，“走尽”这个地方要停一停，更能读出遥不可及的感觉和内心的惆怅。

第二，配乐更添意境。音乐是灵动的，好的诗歌，精妙的朗读，恰如其分的意境，离不开优美动听的配乐。吴丹青老师曾开玩笑地说，不会唱歌的语文老师不是一个好的语文老师。由此可见她对音乐在语文教学或者说诗歌教学中重要作用的重视。诗意语文借助音乐得到了发挥，也使课堂的情感在音乐的配合维系中驶向更高远的意境。无论是《云南的歌会》中嘹亮欢快的民歌，还是《雨巷》中淡淡哀愁的“丁香花”，音乐总是伴随着吴老师的课堂，贯串始终。我认为，正是因为吴老师对文字音乐性的敏感度，对音声相和朗读效果的理解，才有了她课堂中诗意语文的浮光跃金，静影沉璧。（苏智玲）

九、板书法

吴丹青老师很推崇教育家徐特立先生“不动笔墨不读书”的学习方法，她把这种方法进一步演变成了“板书法”。黑板从来都不是教师的专属，教师应该多给学生在黑板上写字的机会，让他们做黑板的主人。我发现在吴丹青老师的课上黑板总被写得满满当当，然而黑板上都是学生的字，她的板书却很少。吴丹青老师要求学生要会学，会说，更要会写，即让学生做到学、说、写三者合一。学习之乐在于思想的碰撞，而文字是凝固的思想，学生可以从板书中汲取养分，积累知识，进而提升自己的学习能力。吴丹青老师的“板书法”培养了学生的自主学习意识，提高了学生的课堂参与度，从学生接过粉笔的那一刻起，他们就真正掌握了课堂的主动权。（邱炀）

十、尊重每一名学生

丹青老师善于聆听每一名同学的声音。在课堂讨论中，她总能以不偏不倚的态度，尊重每一名学生的尊严以及学习热情。这对于一位久负盛名的语文特级教师来讲，是一种非常难能可贵的品质。

《雨巷》这堂课，也是如此。课上丹青老师让学生们用颜色来描绘画面。绝大多数同学选择了青色或紫色。但我并不觉得。我脑海中浮现的是一个踩着细高跟、穿红色旗袍的曼妙女子，其他的一切都黯了，什么颜色的天不重要，什么颜色的路不重要，什么颜色的墙不重要。一切都暗了，我甚至觉得除了这个女人，什么颜色、什么天光都没了，消失了，不见了，被黑暗吞噬了。丁香花被她轻佻地、漫不经心地捏在大拇指和食指之间。雨打在石板上，“滴——答——滴——答——”，并不一定是滂沱大雨，也可以是寂寞的雨的残泪；高跟鞋踢踏在路上，“踢——踏——踢——踏——”，并不一定是多么干练的脚步声，可以是拖沓的、颓靡的。可能大家会觉得奇怪，《雨巷》中好像只有淡淡的愁绪，怎么会有如此强烈的伤感？但我就是觉得，我很伤心，很绝望，很凄苦。我甚至觉得，雨是冷的，空气是冷的，连骨子里也是冷的。我甚至觉得，她，是张爱玲。没有缘由的，我就是觉得她是张爱玲。这条巷子像是无人的平行世界，一个类似于安全屋的存在。她行走在这里，无声而绝望，倔强而坚持。

值得注意的是，同学们没有一个认为这个丁香姑娘是红色的，反而是丹青老师说起了一段往事。她曾有一个学生认为这位姑娘是红色的，因为“我的心情很惆怅，很暗淡。这个丁香一样的姑娘是我的梦，梦是光亮的”。从此只要是教《雨巷》这篇课文，丹青老师总是穿一袭红裙。

我觉得这样的教学方式、这样的师生关系，很美。这种美，我说不清、道不明，就像诗一样。（沈少燕）

附:《雨巷》教学设计(简案)

上城区教育学院　吴丹青

一、教学目的

1. 积累彳亍、惆怅、彷徨、太息、颓圮等词语。

2. 想象画面,朗读体验,领悟复沓叠句的表达效果,感受《雨巷》的意象美、意境美、音韵美。

3. 理解"丁香姑娘"的象征意义,学习用意象来表达情绪,仿写诗歌。

二、教学过程

课前在唐磊的《丁香花》的歌声里观赏丁香花(图片)的颜色和形状。

(一)品析词语,了解大意

1. 自由朗读诗歌一遍,将不认识的字和不懂的词语圈出来,写到黑板上。解释词语,体验情感。

2. 如果把这首诗想成一个故事,是一个怎样的故事?请把这个故事说出来,尽可能用上黑板上这几个词语。

(二)朗读或听读全诗,想象画面,描述画面、颜色

如果给诗歌画一幅插图,你会画上什么?用上哪些色彩?为什么这样画?

(三)用声音来表现诗歌的画面和作者的情绪

1. 挑选一节诗练习朗读,注意语调、语速、语气、停顿和连读、轻重音的处理。

2. 展示练习成果,一节一节朗读,在朗读过程中体会情感。

(四)可否把"丁香一样的姑娘"改为"梅花一样的姑娘"?

丁香姑娘的象征意义的讨论。

(五)仿写

《雨巷》让你想起什么?某一首(句)诗(歌),某一次际遇(人、事、景),某一种情绪——请选择合适的意象表达你的思想、你的情绪,仿照《雨巷》写一首或一节诗。

配乐朗读诗句。

(六)小结

从情感教学角度看赵群筠叙事类文本教学

中文 152　陈筱筱

摘　要:叙事类文本是语文阅读教学的主要文体,但其教学现状往往不尽如人意,学生无法动情、难以悟情是此类教学中普遍存在的问题。赵群筠老师将情感教学放在叙事类文本教学的至高点,示范了精彩独特的叙事类文本教学:她以学生的感觉为导线、以音像资源为媒介将学生请进文本,让学生在咀嚼细节中品出真情,在拓展阅读中直抵文本的精神深处。这些精巧的设计背后,显现了赵老师深厚的阅读积淀、对语文的热爱以及真诚的生活态度。

关键词:情感;叙事类文本;生活体验;细节;拓展阅读

叙事类文本侧重对人和事的描绘与记叙,叙述者往往将情感蕴含在具体的生活情境中,潜藏在人物的一言一行中。但由于学生与叙述者往往存在一定生活经验的差距,阅读中也常容易忽视细节,所以难以真正进入文本的情感世界。且有的老师的课堂始终是机械的阅读技巧训练、枯涩的术语堆砌,再优美的文字于学生而言都只是凝滞符号的堆砌,动情、悟情更无从谈起。

这就需要将情感教学放在叙事类文本教学的首位,教师只有充分挖掘文本中的情感因素,将语言文字化为跃动的情符,才能真正拨动学生的情弦。也只有在这样的课堂上,学生才能够享受痛快的情感体验,最终才能够带着丰厚的情感走出课堂,用心去体验生活,成为一个能够在生活里探寻真情的有情人。

浙江省特级教师赵群筠将情感教学的魅力发挥到了极致。在她的课堂上,随处可见的是学生与作者渗透灵魂的美好遇见,是学生与教师浸润生活的情意相约。笔者希望从赵老师的教学案例中提取精华,以供一线语文教师参考、借鉴。

一、动情：将学生请进文本

一节语文课，如果只是教师在台上大方地发“礼物”，粗暴地将充着文章思想感情的“气球”扔向台下的学生，那么再华丽的“气球”都会随空飘散，因为它内部装的始终是学生不可触、不可感的“情感空气”，它永远不会飘向学生。我们都知道强扭的瓜不甜，在教学中也是如此，如果学生没有对文本动情，没有与作者共鸣，又何来的真情实感呢？赵群筠老师坚持学生的课堂主体地位，她不仅唤醒了学生沉睡的情感种子，还以精巧的设计为学生铺设通向情感殿堂的台阶，真正将学生请进了文本。

（一）顺势：以学生感受为导线

在《背影》一课中，赵老师先请学生来说说读完这篇课文后的感受，学生表示他们读出了父亲深深的爱。显然，这样的感觉是抽象和笼统的。在一个学生表达了自己对“买橘子的小事”的初步感受后，赵老师顺势抛出了一个开放式的问题：“这是一个________的背影，我是从________（词句）看出来的。”这一问，将学生从混沌的初读感受引向了清晰细腻的品味，而这种对“背影”的“感受”因源于学生的内心而愈显真实，学生对文本的感悟也愈加贴切，进而纷纷随着作者的动情点充分感受，然后大胆地抒发自己对“背影”的感觉。在这个过程中，赵老师又抓住了学生表达的自己对“父亲穿着”的感觉，顺势引导学生结合“家景惨淡”“奔丧”这双重处境来体会“父亲”此时的心境。在学生已经充分感受到“父亲”承受的丧母、失业的痛苦的前提下，再让学生对比儿子的穿着，随后赵老师再问：“你们有什么感觉？”一个学生深沉地答道：“父亲把悲伤留给自己，把希望、幸福留给儿子。”而这样真切的感悟恰恰是最为珍贵的。就这样，赵群筠老师巧妙地打开了学生的心阀，在学生感受的过程中，眼观六路、耳听八方，充分尊重学生的个体感受，对学生最为真实的感受加以引导，牵着学生一步一步走向文本的精神深处，当他们回过头反思自己的初读感受时，他们实实在在地做到了读有所感、读有所悟。

(二)造境:以音像资源为媒介

多媒体资源在语文课堂上的运用并不少见,但鲜有教师认真思考如何基于教学目标引入音像,思考音像引入的功能和价值。他们只是为了追求教学形式的丰富性而硬生生地植入,却不曾想,与文章血脉不相融的音乐、影视资源也是会引起排斥反应的。赵群筠老师则在精确的“配型”之后,选择了与文本内在灵魂相契合的音像,找准了两者情感的交汇点引入,为学生进入文本创设了情境。

影视资源以其精准的特写镜头放大人类细腻的情感点,因此能够给人带来较为直观、形象的情感体验。在《爸爸的花儿落了》一课中,赵老师截取了电影《城南旧事》中英子与卧病在床的父亲对话的一个场景。当眼含泪花的英子拖长字音缓缓道出“不恨”时,那澄澈的眼神里流露的又是何等复杂的情绪?是对父亲的理解,是承担责任的委屈与惆怅,还是直面成长的勇气?观看至此,学生被推向直观可感的生活情境,真真切切地伴随英子告别童年,踏上成长之路。而赵老师此后关于“恨与不恨”的提问,更是一语将学生对电影片段的感觉迁移到对文本的阅读和情感的体验中,不得不说,赵老师的设计实在是贴切自然。

音乐与文学一样,都是为了表现人类复杂而微妙情感的艺术形式,都能够牵引我们在意境中感受其蕴藏的情感。配乐是赵老师课堂的标配,在音乐与文字创设的意境之中,学生尽情沐浴、久久留连。当《鸿雁》配上琦君的《春酒》,学生似乎看到了茫茫的草原上秋风萧瑟,河水蜿蜒流向远方,苍茫的天空中,一行缓缓飞行的大雁,带着对亲人、对故乡的思念,飞向南方。而孑然一身的琦君却心如浮萍,秋去春来,又往何处归?这一声声的沉吟低唱,述说着对亲人、对故乡的牵挂,将浓浓的乡愁渗入学生的心扉,何人不起故园情?课堂进行到这里,学生的情感充分预热,想要理解作者的情感又有何难?

二、会情:在细节中体验生活

作者将自己生活中的千般触动、万种情思化为寥寥文字向人们倾诉,而细节描写就像是一个个泉眼,汩汩流出的是最激荡的情感。若想要还原作者的情脉,则需要回到生活中寻觅感悟。赵群筠老师善于在文本细微之处“玩味”,以贴近生活的姿态来唤醒学生的生活体验,带领学生在实在平淡的生活细节中“玩”出真情,“品”出味道。

“鞋差分、衣差寸,分分寸寸要留神”,这是赵群筠老师在《春酒》一课中指引学生感受母亲形象的切入口。“分寸”一词不仅是“母亲”严谨的为人处世法则,更是作者对“母亲”情感的凝聚点。赵老师引导学生从“分寸”一词扩散到对“母亲”语言、语气、表情、动作、情感表达等细节的品读。在琢磨“母亲”生活的点点滴滴的过程中,赵老师又为学生搭建起生活平台,让他们用生活感悟去破解文本的密码。比如,在体会“母亲”极有分寸的教育方式时,赵老师抓住了“母亲总要闻闻我的嘴巴”这个动作细节,先让学生回想在日常生活中自己的母亲的严厉管束方式,带着这一生活体验再去想象母亲靠近自己的嘴巴闻酒味的情境。对比后,学生马上能体会琦君母亲对“分寸”的严谨把握,也感受到了这既严厉又慈爱的动作带给琦君的挥之不去的亲切感。“母亲”的一举一动以画面的形式在学生心里定格,“母亲”的形象也一针一针地绣进了学生的心头,可触可感,鲜活逼真。这样一来,学生怎能不被这位母亲所感动?又怎能不理解琦君对母亲的魂牵梦萦?

在《春酒》的教学中,赵老师还引入了“注读法”,让学生在文中描写“我”的精彩处加批注,以此来培养学生对细节的捕捉与感受能力。在对“小酒仙”动作、神态的揣摩中,赵老师给予了学生足够的耐心让他们充分发挥想象,学生像是亲身经历了琦君那烂漫自由、回味无穷的童年生活,如闻其声、如见其人,或嗅到浓郁的酒香,或品出甘醇的酒味。可以肯定的是,正是学生对琦君故乡生活身临其境的感受,在面对作者“可是叫我到哪儿去找真正的家醅呢”的感慨时,学生才能够读出沉痛、读出惋惜,切身地体会到琦君对家园如痴如醉的感情。

赵老师将情感教学真正落实到对具体字句的抚玩上,带领学生从细节出发探寻文中真实的生活,并回到对生活情境的感悟中。毫无疑问,这样的教学不仅吹去了弥漫在学生与文本之间的雾霭,更巧妙建立起学生与生活沟通的桥梁。学生主动走进文本与文字亲昵相拥,在汹涌的情流中拨桨前行,真正成为文字的主人。

三、情感升华：在拓读中直抵精髓

赵群筠老师始终将情感体验置于叙事类文本教学的至高点。每一篇课文赵老师都会充分挖掘其情感的精髓，在精准的情感定位之后，引导学生直达终点。比如《春酒》一文，赵老师重在分析"母亲"的复杂性，让学生感受到正是有"母亲"存在的家园才最令琦君梦寐不忘；在《背影》一课中，赵老师也不是完全聚焦于纯粹的父爱，而是着重咀嚼"父与子"这两代人爱的交流与对话。

在一些叙事类文本的阅读中，因为缺乏对作者创作动机、创作背景的了解，学生仅凭自身的生活经验无法抵达文本的情感深处，因此在理解上往往疏于表层，也极易出现偏差。赵老师则恰似有一双火眼金睛，准确地摄取了全文最具有感染力的字句，结合恰到好处的拓展资料，在学生的独特体验与文本的情感价值之间铺设阶梯，引导学生直抵文本灵魂的深处。

"母亲是从来不上会的""母亲是滴酒不沾唇的"，这是《春酒》中的两个句子，语言简单朴素，学生在阅读的过程中也极易忽略。赵老师则敏锐地捕捉到这些浓缩情感的口子，将学生引向了更深层的情感讨论，完美展现了她对文本敏锐又深刻的感知力。由于学生缺乏对"母亲"生活境况的了解，单凭个人的经验和从单篇文本出发，只能将"母亲"的"分寸"单一地归结于"母亲"贤良淑德的品质。殊不知，"母亲""分分寸寸"的平和表现背后内心的复杂情绪，她的宽容、豁达与隐忍，才是琦君心里最刻骨铭心的存在。琦君将自己难以言传的情感隐藏在文字背后，赵老师则通过对"母亲"的身份、经历的介绍，并且补充了"母亲为避免父亲将鞋让给二妈穿，刻意绣两双拖鞋让它们成双成对"这样一段资料，跨越了时空的限制，让学生回归到彼情彼景中。当学生设身处地地靠近"好母亲""好太太"时，他们不仅读出了"母亲"的委屈与不幸，更读出了"母亲"的坚忍与宽仁，学生那泛泪的眼睛，正是他们已经动情到深处，震撼到心髓的表现。

在教《背影》时，赵老师则从"父亲"的来信切入，将学生导向文本的情感深处。"我身体平安，惟膀子疼痛利害，举箸提笔，诸多不便，大约大去之期不远矣"，简简单单的几句话，却是年老脆弱的"父亲"对爱的表达，而这也正是触动朱自清写《背影》的原因。赵老师巧妙地抓住这一动情点，引用了朱自清提到的自己读信后心情的原话，将学生导向了对朱自清读信后“泪如泉涌”这一表现背后的感情的品读，学生纷纷感受到了如“作者为自己先年不理解父亲、对父亲态度不好的行为而懊悔”这样的情感，进而马上意识到《背影》是作者在这些复杂感情驱动下的书写。在这个基础上，学生便能自然地感受到在文本平淡、朴实的语言背后，包含的是朱自清先生对“父亲”最深的理解与思念。而随后赵老师引入的朱自清先生的三个儿子对父亲的评价，更将情感体验推向了高潮。学生不仅目睹了“父与子”这对关系的轮回，也深切感受到了父爱在下一代人身上的延续。就这样，赵老师的几处扩展阅读向学生传达了最感人至深的世间情感：各种矛盾与争执往往会取代和谐纯粹的父子情。孩子在小时候往往不能理解父亲的用心良苦，但多年之后蓦然回首，父亲却已经渐行渐远……这些避无可避的遗憾恰恰构成了父子之间最为真实的感情，学生饱含深情的朗读表明他们已被这真情所感动。

这些看似信手拈来的拓展资料，足以见证赵老师深厚的阅读积累。赵老师以她精湛的手法巧妙地缝补了学生经验与文本之间的空隙，让学生在斟酌作者复杂情愫的同时，享受着酣畅淋漓的情感体验。这样的课堂，何愁学生不识情滋味？

赵群筠老师执教的《爸爸的花儿落了》《春酒》《背影》等叙事类文本，每一课都彰显了情感教学的精彩。从以学生感觉为起点将学生请进文本，到以细节唤起学生的生活体验，再到借助拓展资料消除学生与文本的隔阂，赵老师在复杂的文本中穿针引线，牵引着学生直抵文本的情感精髓。每一个教学环节都体现了赵老师对生活的满腔热情，对作者的深刻理解，以及对学生的真诚关爱。我们不仅能够看到教师俯下身子贴近学生，也看到了学生打开心扉走向文本，师生共同徘徊在文本与生活之间，再艰涩的深文奥义都能够在课堂上化为流淌的温情，温暖学生的心房。这也正体现了赵老师的教学思想——教师带着学生走向生活。领略过赵老师课堂风采的人，无不惊叹于课堂上浓浓的情感氛围。我们有理由相信，赵老师在学生心底翻动的朵朵浪花，定能够在他们的未来泛起层层涟漪，这就是情感教学的力量。

［作者现任教于杭州市求是教育集团（总校）。该文经叶黎明老师修改后，发表在《语文教学通讯》初中刊，2018 年第 3 期］

浅谈王君语文教学中审美教育的实践

中文152 周歆楠

摘 要:“语文核心素养”被放在越来越高的位置,“审美鉴赏与创造”却难以落实到一线教学当中。王君老师在“审美鉴赏与创造”的落实上有独到之处。课堂伊始,她通过多种方式,唤起学生的审美准备状态。随着课堂的推进,她推动学生进入与文本的审美共鸣,将课堂推向高潮。高潮过后,她又带领学生由共鸣走向争鸣。最后她以对真善美的挖掘收束全课。综观王君课堂中的审美教育,既有起承转合,又能以一线贯穿,无烦冗缀余之感。

关键词:审美教育;王君;语文教学设计

近年来,“语文核心素养”已成为语文界的热词。但“审美鉴赏与创造”作为难度较大的一个板块,研究的专家较少,相关著作也较少。在理论和案例指导并不充分的情况下,一线教师很难将其落实到课堂教学当中。而王君,这个被霍军评论为“语文教学艺术家”的特级教师,却利用灵动丰富的教学设计,将“审美鉴赏与创造”一步一脚印地落实到课堂之中。笔者试从王君老师的课堂实录中找寻一些审美教育的方法,供一线教师参考。

一、审美起点:营造审美氛围

接受美学的观点认为审美过程源于审美直觉,因此营造审美氛围可从审美直觉入手。审美直觉是指审美主体在审美活动中对审美对象产生的第一印象,这是一种浮光掠影,难以言表的内心感受。但审美过程发轫于此,所以教师必须好好利用学生的审美直觉,通过多种方式将字符所蕴含的信息形象化还原,让课本上的字符“站”起来,使学生快速进入审美认识过程。王君老师就很好地把握了学生的审美直觉，利用学生原有的审美期待，运用多种方式，构造美学情境，营造审美氛围，让课堂始于美。

（一）动情诵读，辅以音韵美

诵读是朗读者努力表现书面言语中的生命意识的审美活动。作为一种有声的语言表达艺术，诵读能在听觉上给审美主体以审美享受。在诵读时以音乐辅之，随着音乐节奏的高低起伏，诵读也相应地有了抑扬顿挫，课堂就在听觉中定下审美基调。王君老师在朗读教学上不遗余力地进行艺术创造，金点子频出，极大地调动了学生在课堂中的参与度。

王君老师在《散步》一课中采用了配乐背诵的方式导入课文，她和学生合作，一人一段，背诵美文。教师主动参与朗读是激发学生情感的一条捷径，而师生合作有感情地背诵文章，给学生审美心理带来的冲击更是呈几何倍数增长。这其中既有师生共诵的合作情，又有教师背诵所带来的意外感。在动情诵读的同时，用悦耳悠扬的乐章辅助情感的起承转合，两种互助的听觉更容易使学生与课文融为一个有机的整体，让学生沉入美的境界当中。

整容式诵读法作为王君老师教学特色之一，不仅在视觉效果上极富美感，也十分讲究音韵上的审美效果。王君老师通过自己对文本的理解，将文本的形式加以改造，整合文本中的同类信息，如同类词语、同类句子、同类段落等。这样的整合不仅使文本的形式趋于规整，而且让散文散发出诗歌的韵味。经过整合的文本投射于屏幕之上，对学生的视觉和音韵方面的审美都造成极大的冲击。在《谈生命》一课中，王君老师就为文本做了一次小手术，用诗歌的方式将文本重新组合，再配以合适的音乐，文本整合之后的诵读将文本的魅力发挥到了最大值。

（二）文本整合，兼顾画面美

为了最大程度地发挥审美直觉的作用，教师在课堂上不仅要兼顾音乐美，还要注重画面美，发挥视觉在审美中的作用。作为一个艺术家，王君老师极具创造性地发挥了视觉在审美直觉上的作用。

板书设计是课堂中最直观的画面美。王君老师对板书进行了精心的设计，但她的板书又不完全按照预设的模板走，而是在课堂上与学生共同生成。在《从百草园到三味书屋》一课中，她将板书变成了一幅由标题衍化出的漫画，让学生充实“园”和“屋”中的内容。这样的设计不仅调动了学生参与的积极性，而且能让学生主动梳理文章内容。在《散步》一课中，她以简笔画的形式画出了切入全篇的句子：我们在田野散步。一家四口散步的温馨就通过简笔画为整堂课奠定了基调。在《走一步，再走一步》中，她让学生在黑板上画冒险的线路图，再请同学不断修改，最终师生在细读文本后，共同画出了冒险的线路图。这样的课堂又何尝不是师生的一次探险之旅呢？

王君老师针对视觉审美最为突出的创造便是文本中的同类信息整合。在《散步》一课中，王君老师紧扣“我们在田野散步”中的“我们”二字，整合出了三代人的形象。

> 小家伙突然叫起来：“前面也是妈妈和儿子，后面也是妈妈和儿子。”
>
> 我决定委屈儿子，因为我伴同他的时日还长，我伴同母亲的时日已短。我说：“走大路。”但是母亲摸摸孙儿的小脑瓜，变了主意：“还是走小路吧。”①

投影中整齐地呈现整合后的文本，这让文本的每个细节都直观地“站”在学生面前，对学生造成一定的视觉冲击，进而使学生走进教师所营造的审美氛围中，学生也能更快进入文本深处。

王君老师在课堂上多维度地利用联觉作用和学生审美心理，为学生营造审美氛围，唤起学生的审美准备状态。当然，王君老师课堂上的审美氛围并不仅仅在导入环节营造，她做到了让整堂课都芬芳馥郁。

二、审美承接：迈入共鸣

在唤醒学生的审美准备状态后，学生会对文本有初步的审美感受。王君老师的课堂会顺着学生的初步审美感受进入审美共鸣阶段。课堂中的审美共鸣是教师引导学生运用审美鉴赏力找出自身与文本的契合点，形成教师和

① 王君．听王君讲经典名篇[M]．北京：人民出版社，2014：4．

学生、学生和文本之间高度的认同感，产生语文审美磁场，将课堂推向高潮的过程。王君老师在字词的品读上有深厚的审美引导力和创造力，她能运用多种教学策略，帮助学生学会鉴赏美，引起学生和文本的情感共鸣。

在《散步》一课咀嚼“田野”的板块中，王君老师先通过整容式诵读，让学生通过诵读进入“田野”，紧接着采用以诗解文的方法对“菜花”“桑树”“鱼塘”三个典型意象进行赏析，让学生进入审美意境，感悟文字中所蕴含的春天的气息和幸福的心境。“菜花”“桑树”“鱼塘”这样三个词语出现在散文当中，实在太过普通，难以引起学生的审美感知。可当王君老师用以诗解文的方法将其变成古典诗词中的经典意象时，这些词就带上中国传统的田园风味，变得更加厚重了，学生也就自然而然地开始了审美鉴赏活动。当学生自然而然地回答出“向那菜花、桑树、鱼塘走去，就是向和谐、快乐、幸福、美满、红红火火的生活走去”时，情感的共鸣出现了，课堂的一个高潮到来了。

文眼向来是文本解读的重点关注对象。王君老师也善于从文眼切入去指导学生感知和描绘文本，把源于直觉的美感扩展成一幅画卷，引起学生的情感共鸣。在《老王》一课中，她用“活命”一词撑起整堂课的教学，让学生感知了老王和杨绛两人的“活命”状态。在《散步》一课中，她抓住了“我们在田野散步”这么一句话引起学生对一家人，对乡村田野，对散步的共鸣。在《台阶》一课中，她用一个句号撬开了整篇文章，让学生感受到了人生虽处困境却不断地追求的状态。在《社戏》一课中，她以一个“好”字架起全文，让学生体验了文本中露出的童真、童趣、童言。在《喂——出来》一课中，她以“洞”作为切入点，让学生从文本中洞察了人生。

三、审美转折：激活争鸣

对文本的深度挖掘使得王君老师在引导学生进入审美共鸣后又创造性地激发出学生审美争鸣的状态。有序的课堂争鸣能充分调动学生的主观能动性。她的课上，学生会在相互讨论、相互否定与自我否定之中看到文本所蕴含的隐性信息，会在探究之中将自己的审美拔高到一个新的境界。

（一）填补空白，体验联想美

审美是具有个人色彩的、多元的。课堂却以大多数人的审美倾向为主体，很难照顾到个体的审美倾向。为了激活学生的审美个性和敏捷的思维能力，教师在课堂上要尽可能地照顾到各个学生的创造力。此时，对文本空白部分的挖掘就是一个很好的兼顾大众的方式。王君老师在课堂上就设置了多种多样的填补空白形式，她给了学生一个进行审美创造的支点，让他们试着撬起自我的审美世界。

在《散步》一课中，王君老师让学生填写“这个孙子真________！”的句式，学生们通过不同角度的词语填空，把握了文中孙子的人物形象，同时也锻炼了逻辑思维能力和审美应用能力。紧接着，为了深入文本，挖掘文中妻子的人物形象，王君老师又设计了一个小活动，让学生帮助妻子设计一句话。这个活动实际上就是一个语言情境的运用：一家四口出行，老母亲和孙儿出现分歧时，丈夫遵从老母亲的心意走大路，在外面总听从丈夫的妻子会说些什么？这样的设计让课堂和实际生活紧密联系在一起，打破了语文无用论。这种空白的填写生活气息更浓，对学生审美的实际运用更有效，也给了学生审美个性迸发的时机。当学生结合文本回答出夫妻相处之道时，这节课的亮点之一就出来了：学生将文本和生活实际密切地联系在了一起。这节课上，王君老师还设计了一个填补空白的活动：田野上的一切，使作者想起了一样东西——生命，而书内书外的这一切，又使你想起了哪些东西呢？当学生回答责任、传承、温暖、担当、爱的时候，真善美便从心而出，这节课也从课堂走向人生了。

（二）材料补充，拓展外延美

它山之石，可以攻玉。在开放的语文教学体系中，课外材料的补充不是游离于语文教育过程之外的“点缀”，而是在学生与文本之间架设的一座沟通的桥梁，在课堂中及时有效地穿插，能够降低学生的学习难度，激发学生的学习兴趣，帮助学生积淀尽可能多的语感经验，不断丰富学生的内心世界，有效地促进学生对文本的审美感知，学生也能带着这样的审美走进生活。①

在《喂——出来》一课中，王君老师引入沈从文和鲁迅关于作品和人性的思考，带学生从人性角度审视文本，让学生看到了人性愚昧和阴暗的一面。

① 朱学清.“大语文”教育文集5方法篇[M].北京：生活·读书·新知三联书店，2015：181.

只有将人性的弱点赤裸裸、血淋淋地呈现在正在成长的初中生面前，才能让他们在今后的人生中时时刻刻警醒自己。课堂上可以揭示人性的阴暗面，但不能只沉浸在阴暗里，光明、希望、美好才是主流意识。为此，王君老师带着学生进行了人性的争鸣。她引入汶川地震时的救灾纪录片让学生看到了人性的真善美。这样的材料引入，引导着学生从课内走向了课外，从文本走向了人生，这样的审美鉴赏才是面向人生的审美教育。

恰当的课外材料的拓展能让学生结合文本感受到生活的外延美，而不是只局限于课本一隅。优秀的文学作品是将对真善美的追求浓缩于文字当中的，读者可以透过文字见自我、见天地、见众生。而王君老师在课外资料的引入中，成功地引导学生通过文字见自我、见天地、见众生相。

四、审美和合：戛然而止，余音绕梁

俗话说得好："编筐编篓，全在收口。"所以在唤醒学生的审美状态，推动学生的思维进入与文本的共鸣，激发其争鸣后，课堂还需要一个完美的收束。一个好的课堂结尾能起到升华学生情感的作用，让学生把在这节课中感受到的所有情感都能与今后的生活相融。王君老师在《老王》一课的悟课当中这样写道：我要让他们毫无准备地轻轻松松地出发，然而，越走越艰难，越走越凶险，残阳如血，日暮穷途，最后戛然而止，余音绕梁。① "戛然而止，余音绕梁"该是最适合用来评价王君老师的收课艺术的词了。她总是挖空心思让学生完全沉入文本，再将学生从文本中一下子解放出来，让他们在文本、课堂、生活三者中久久回味。

在《谈生命》一课的"创读创悟"环节中，她让学生制作生命卡片送给杰出的人物，或送给亲人朋友，同学们将讨论后经过"整容"的诗句充分运用起来，也明白了生命的意义。紧接着，她设计了一个环节：制作一张"生命卡"送给十八岁的自己。这样的收尾让"生命"这个概念不再大而空虚，而是将学生在课上悟到的流动生长、顽强不息、循环往复、朝气蓬勃等生命特点融入他们的情感血液当中，让学生在感受到生命的庄严和灿烂后，自主萌发了对待生命要珍之爱之的念头。

---

① 王君．听王君讲经典名篇[M]．北京：人民出版社，2014：37．

“让生活与文本互证”是王君老师在《谈生命》一课中的课堂特色之一，也是她所有课的最大特色。王君老师的收课以自己对文本的感悟为主，但她不是将自己的感悟强硬地灌输给学生，而是希望借此给学生一些启迪，希望学生能在人生路上慢慢品。经历的多了，回首往事时，也便能回味出一些新的东西，稳稳地向前走了。

作为一位课堂充满激情、对文本有着自己深刻解读的语文教育者，王君老师的课堂设计充满青春活力，能在激情中提高学生的审美能力，这是值得每一个教师学习的。但在学习借鉴王君老师的教学设计的同时，每位教师都应该要有自己对文本的理解，对设计的创造。每一位教师都应该立志成为一位教育的艺术家，而非一个教书匠。

（作者现任教于杭州市濮家小学教育集团。该文经叶黎明老师修改后，发表于《中学语文》2018年第10期）

第　四　编

文本解读

《桃花源记》主题探析

中文2013级　黄永其　张小青 等

摘　要：《桃花源记》选自《陶渊明集》，是东晋文学家陶渊明的代表作之一。作为我国中学语文教材里的经典名篇，《桃花源记》历来承担着语文"定篇"的重要功能。综观一线教师对于这篇文本教学内容的选择，主题探析是永远绕不开的话题。本文通过文献研究，梳理并概括了学术界关于《桃花源记》主题探析的几种代表性观点，以期为中学语文教师确定教学内容提供参考。

关键词：《桃花源记》；桃花源；文本解读；主题探究

一

中西文化中历来都有构建理想社会的传统，例如西方的柏拉图曾构建过哲学家为王的"理想国"，奥古斯丁则论及了永垂不朽的"上帝之城"。在中国，儒道二家在先秦时代便提出了种种理想社会的政治蓝图，例如《礼记》的"大同社会"、孟子的王政之国、老子的"小国寡民"以及庄子提出的"无何有之乡"与"广之野"。而这些思想经过后世的继承与不断阐发更是成为民族特有的精神符号，不仅对人们的精神，甚至对政治制度也产生了实质影响，例如清末康有为重振今文经学以及当代新儒家的政治儒学，都不同程度地影响了国家建设。

鉴于中华文化特殊的阐释学传统，经典往往会在被后世不断阐释的过程中产生新的意义（魏晋玄学与宋明理学的发展即是如此）。因而对《桃花源记》的考察便不能只局限于文本内部。总的来说，桃花源这一理想社会的构建，不仅体现出陶渊明对儒道政治理想的继承与发展，更内在地关乎他个人的精神诉求，经过后代如苏东坡等学者的不断阐释，成为一种特殊的精神符号。

（一）从政治理想的角度看

儒道两家都强调社会的物产丰盛。儒家中尤为明显的是孟子，其民本思想的重点之一是“恒产说”，《滕文公上》载滕文公问为国，孟子对曰“民事不可缓也……有恒产者有恒心，无恒产者无恒心”，加之《梁惠王》篇中“五亩之宅，树之以桑”云云，很明显可以看出孟子重视发展农耕、丰富物资的倾向。而道家尽管主张节欲和回归自然，但同时认为物产丰盛是与之补充的另一面，例如老子就认为治理人民要“虚其心，实其腹。弱其志，强其骨”。

《桃花源记》中的桃花源正切合这种观点，“土地平旷，屋舍俨然。有良田美池桑竹之属”，正为物产丰盛、人民安居乐业的深切表现。同时，从“阡陌交通，鸡犬相闻”以及“余人各复延至其家”的细节来看，桃花源的面积并不大，完全是一个封闭的自给自足的社会单元。儒道两家并不强调甚至反对领土扩张，对孟子来说，王霸之别不在领土大小和士卒多少，而在于仁政的施行与否，所以“汤以七十里之地王天下，文王以百里之壤而臣诸侯”。至于老子，则明确反对领土扩张而宣扬小国寡民，在他看来“民至老死不相往来”乃是最佳状态。

也可以发现，桃花源之中“往来种作，男女衣着，悉如外人”，而“设酒杀鸡作食”等细节又与《论语》中荷蓧丈人招待子路的细节十分相似，陶渊明描绘的桃花源毫无疑问是人世而非仙境，“武陵人不复得路”只是对其理想的封存，而非刻意为怪。

在桃花源之人究竟是不是仙这一点上，学者历来有所争论，我们则坚持认为桃花源是人世而非仙境，从文学史角度来看，“淡乎寡味，理过其辞”的玄言文学占据了东晋文坛，汉魏以来由《古诗十九首》、建安风骨以及上溯《诗经》发展起来的现实主义传统在此中断。陶渊明继郭璞之后，彻底洗尽玄言风气，他田园诗的主要题材不是仙幻而是自然风光，至于其咏史、咏怀诗常用神话故事，其根本目的仍然在于寄寓情感。桃花源是人世而非仙境，这是符合文学发展的规律和陶渊明自身创作实际的。

从根本的角度说，儒道两家的政治理想极其强调“和谐”，而“和谐”反映出浓重的内圣外王与天人合一之思想。在两家看来，个体修养与国家构建具有一致性，而生命的最高境界，又势必导向群己自然的高度统一。观《桃花源记》"黄发垂髫，并怡然自乐"云云可知，桃花源高度切合儒道二家的政治理想，个体之"我"被纳入"大我"的群体关系中，村民以一整体面貌出现（"咸来问讯""各复延至其家"等等）而无特立独行之人，其先人避乱带着"妻子"与"邑人"尤其显示了这一点。

值得注意的是，儒道两家都为自己政治理想的实现提供了具体措施：前者认为社会和谐的实现必须依靠礼乐的教化作用，而礼乐是道德规范这一理性本质的外化。但是陶渊明并没有，或者说他没有兴趣详细论述桃花源在现实中实现的途径和方法，从这一角度讲，若是仅仅从现实维度理解《桃花源记》，认为它仅仅是一幅政治蓝图，是有问题的。

（二）从精神诉求的角度看

通过比较可以发现，儒道两家的政治哲学，最终目标始终在于群己关系，政治思想的展开，又涉及个人修养等多个维度，但设立一种普遍的行为规范，则是两家的共同要求，这一规范在儒家体现为仁义礼乐，在道家体现为自然法则。而当政治哲学提升到终极关怀层次，又将走至天人合一的形而上学。从这个角度说，陶渊明作《桃花源记》，其着眼点不仅仅在于国家、国民，更是自我精神的诗意田园构建，以为个体价值的安放提供场所。

换言之，与桃花源联系更加紧密的，是陶渊明的精神诉求而非政治理想。"自然"不仅是陶渊明诗文的题材与境界，更是其立身行事的标准，因而如何对抗外物异化、保持人的自然本性，就是他思考的一个重要问题。庄子在《逍遥游》中构建了"无何有之乡"与"广袤之野"以全其本性，对他来说从物欲中解放出来、保全自己的自然本性，完全可以通过物我差别的泯灭、有用与无用之辨而实现，其根本途径在于消除物欲、全性避害，以先验完满的"道"作为形而上基础扫除人生阴霾，因而在自我的精神世界中"彷徨乎无为其侧，逍遥乎寝卧其下"便成为可能。陶渊明的《桃花源记》当然不具备像庄子那样深刻的思辨色彩，但在保全本性、获取至乐的诉求方面却有一致性，以庄子的精神旨趣解说《桃花源记》乃是可行的，作为符合人类生活理想的自然国度，桃花源正是陶渊明本人精神境界的外化。

尽管如此，《桃花源记》仍蒙上了陶渊明自身潜藏的凄怆色彩。陶诗诚然以自然淡泊取胜，如果说“采菊东篱下，悠然见南山”中的“我”尚在有无之间，那么“此中有真意，欲辨已忘言”则全是无我之境，而“无我”意味着情感消弭、天人合一，物我对立消失，《饮酒（其五）》代表的是陶诗的最高境界。但其他作品却显露出陶渊明不够决绝的一面，抛开其“金刚怒目”式的作品不谈，《杂诗（其二）》所谓“欲言无予和，挥杯劝孤影。日月掷人去，有志不获骋”分明带有正始之音的影子，其诗寄托遥深正与阮籍咏怀相类，“念此怀悲凄，终晓不能静”与“徘徊将何见，忧思独伤心”（《咏怀（其一）》）表达的是同一种幽深缥缈的悲伤。

如果承认陶渊明并未完全独立于尘世之外，《桃花源记》中便有许多隐喻与象征之处，桃花源忽现忽隐本就让人怀疑，于是产生了聚讼千年的仙人之争，而靖节先生超然高举、潇洒出尘，何以为此怪异之事？以桃花源寄托精神理想，固然是一次自我情感的宣泄，一如庄周化蝶、李白梦游天姥。但有意让桃花源处于真幻之间，使武陵人、刘子骥迷失在外，又何异于理想的破灭或自觉封存？更重要的是，庄子与其“无何有之乡”始终保持一体圆融，但武陵人之于桃花源，始终保持客观审视的状态，而非融入其中，这种主客对立岂非与陶渊明诗文的一般境界不符？诚然，我们并不能直接将武陵人视为陶渊明本人，“处处志之”与“诣太守”也显示出其动机不纯的一面，但陶渊明偏偏又要点出一个刘子骥，岂非正暗示着桃花源之不可求？因而桃花源忽现忽隐，正是陶渊明现实性品格的一退一进，而这进退之间究竟体现出陶渊明于经略之志未能彻底忘怀，还是于人生现实有着悲观的一面，我们则不得而知。（中文132　黄永其　曾愉惜　胡焕焕　邬嘉辉　方圆媛　张昕钰）

二

相比于强调陶渊明该作是为讽刺当局黑暗政治的政治立场说，或是为普天苍生创立理想国的人民立场说，我们更加赞同从陶渊明个人的角度来分析《桃花源记》一文的主旨。下面从文本解读、个人际遇、社会风气三个角度来具体阐述陶渊明是如何在文中创建了一个自我灵魂的安栖地。

(一)从《桃花源记》文本看

陶渊明在精神世界中创设了一个自我灵魂的安栖地——桃花源,他在那里找到了生活的快乐和心灵的慰藉。文中对桃花源的环境做了详尽描写:“土地平旷,屋舍俨然,有良田美池桑竹之属。阡陌交通,鸡犬相闻。其中往来种作,男女衣着,悉如外人。黄发垂髫,并怡然自乐。”这个世界里,人们自给自足、怡然自得、老有所养、少有所依,这充满人间生活气息的乐土,正是陶渊明脑海中重建的世界。

我们可以发现,陶渊明的桃花源极富诗意想象:芳草鲜美处,落英尽缤纷。这样的外在形式极契合海德格尔“诗意栖居地”的表述,恍若人间仙境,而其内质却更契合老子“小国寡民……邻国相望,鸡犬之声相闻,民至老死不相往来”的理想之境。陶渊明便吟咏着“春蚕收长丝,秋熟靡王税。荒路暧交通,鸡犬互鸣吠”,隐遁在自设的桃花源里,在自己建构的精神世界中“沉醉不知归路”。

陶渊明以武陵人为线,编织起整个桃花源梦境。武陵人“忘路之远近”时,“忽逢桃花林”,就此开梦。而通往桃花源之路被如此描写:“林尽水源,便得一山,山有小口,仿佛若有光。便舍船,从口入。初极狭,才通人。复行数十步,豁然开朗。”隐蔽曲折,充满奇幻色彩。陶渊明如此设计至桃花源的路程,烘托了桃花源的神秘,令其有了别样的瑰丽色彩。

然而梦境安宁的背后却带着一丝苦味。关于桃花源人隐居桃花源的原因,《桃花源记》中写道:“自云先世避秦时乱,率妻子邑人来此绝境。”而诗的开篇则更详细地提到了原因:“嬴氏乱天纪,贤者避其世。黄绮之商山,伊人亦云逝。”显然,桃花源人是为了躲避秦朝末年的战乱才逃到桃花源山谷中,选择一种男耕女织、自给自足、怡然自乐的美好农耕生活的。在这里,我们仿佛能窥见陶渊明筑梦的背后似有无奈——哪一种自我精神世界,不是对外在世界的反叛?

结尾写寻桃花源而不得,“处处志之”却“不复得路”,“欣然规往”却依然“无果”。陶渊明愿寻一片安栖之所,为自己铸造了一个美梦,却在最后瞬间倾覆,只留下梦醒时分的怅惘,然后扼腕叹一声“归去来兮,桃源无路”。

（二）从陶渊明的个人经历看

袁行霈在《陶渊明集笺注》中说到陶渊明“自幼修习儒家经典，爱闲静，念善事，抱孤念，爱丘山，有猛志，不同流俗”。可见他从小就有平淡自得、孤而不群的生活态度。

二十岁时，为了谋生路，陶渊明开始了他的游宦生涯。他先是出任了一些低级官职，在二十九岁出任江州祭酒时，因不堪吏职辞官回家。不久，州里又召他做主簿，他辞了此事，依旧在家闲居。他母亲死后，三年丁忧期满，陶渊明怀着“四十无闻，斯不足畏”的观念再度出仕，十余年间先后出任镇军将军刘裕参军、建威将军刘敬宣参军以及彭泽令，但在看透、厌倦了官宦生活后，他最终还是选择解印辞官，正式开始了他的归隐生活，直至生命结束。这期间，檀道济曾赠以粱肉劝他出仕，但陶渊明还是拒绝了他，粱肉也没有收下。

多年的游宦生涯让陶渊明明白了做官并不是他内心的真正所往，游宦期间，他生活的快乐和心灵的慰藉处于一种缺失的状态，于是他不得不改变自己的生活现状，因而屡屡辞官。这些我们都可从他的诗作中看出，如他辞去彭泽令之后的第二年春天，写下了《归园田居》五首名作。《归园田居（其一）》中提到：“少无适俗韵，性本爱丘山……久在樊笼里，复得返自然。”“适俗韵”即逢迎世俗、周旋应酬，这种钻营取巧的本领是诗人从来没有学会的东西。作为真诚率直的诗人，其本性与淳朴的山林、宁静的自然有共通之处，所以“爱丘山”。年少时的诗人，曾想出去闯一番事业，但发现官场虚伪，淳朴风气已失，于是他选择回归田园。诗人把平和散淡的田园风物和自己在官场的亲身感受融为一体，隐寄了诗人对社会现实的不满。

陶渊明的心已然无法在官场与世俗间安放，他唯有为自己创设一个灵魂的栖息之所，来使自己的心灵熨帖，并将此地命名为“桃花源”。

（三）从当时的社会风气看

在西晋之前，文人有着极为浓厚的入世情怀。“修身齐家治国平天下”是当时文人的终极人生追求与价值目标。随着汉朝的解体，长期以来占统治地位的儒家思想日趋衰微，以虚静为主的道家思想取而代之成为当时的思想主流。魏晋时期出现了中国历史上的一个隐逸高峰期，这一时期被正史立传的著名隐士就有80多人，可见当时隐逸风气的兴盛。这一现象的出现是由多方面的原因造成的，但社会政治黑暗，统治腐朽，文人们无法施展自己的才华，把隐逸田园当作自己最好的归宿是重要原因之一，而这一风气流传到了东晋。陶渊明的“桃花源”也许就是他为自己构想的人生归宿和灵魂的安栖地。如果说陶渊明的栖息地与西晋的那些名士有什么不同的话，那就是陶渊明并没有把自己的灵魂寄放于由道家学说虚构的神仙上，而是把可以想象的日常生活中的幸福场面固态化、永恒化。因此，我们认为陶渊明的“桃花源”是当时社会上隐逸平和风气的一种个性化呈现，而不是像教参里描述的那样“是为了反映当时人民厌恶战争的情绪和追求和平劳动生活的愿望”。

再者，魏晋时期的玄学吸收了儒家、道家的思想，主张道法自然，对儒家传统的礼教等核心概念提出了质疑和反对，可以说是传统思想的“异端”，是儒家思想的“叛逆”。陈立旭《葛洪思想对〈桃花源记〉的影响》从抱常守朴的思想、安分知足的处世态度、归隐著书的价值观念三个方面说明了陶渊明在《桃花源记》中抒发的山野之乐、闲逸之情与葛洪远离世事、追求清静闲适一生的主张是一致的。“桃花源‘鸡犬相闻’，乃安静之所在也，是归隐著书的好地方。桃花源中人的往来、种作、生活，和睦并怡然自乐，乃远离是非之所在，是归隐著书的好地方，这种地方正是陶渊明所追求的。”陈立旭还认为“从陶氏的《桃花源记》中可以看到作者描绘了一个恰似神仙居住的地方，处处清静、悠闲，是适合归隐者著书并继之以得道的环境。由此可以看出陶渊明及刘宋时期许多士大夫所追求的归隐著书→修德→达道的思路对《桃花源记》的影响”。因此，与其说桃花源寄托了陶渊明的社会理想，不如说这里只是陶渊明个人的灵魂栖息之地，与其说是天下人的桃花源，不如说是陶渊明自己一人的桃花源。（经亨颐文科131 陈冰冰 王玲茹 杨鹏程 何碧瑞 郭文嘉 赵徐婷）

三

“桃花源”不是陶渊明“厌恶官场”的原因，也不是他“辞官归隐”的动机。“桃花源”只是“渡尽劫波”后的陶渊明从道家层面上的“看透”与“轻松”。首先，陶渊明早年的从政经历为我们的观点提供了一定的支持。陶渊明时代晋朝有桓玄集团和刘裕集团两个政治阵营，而陶渊明投身了桓玄集团。但是晋元兴三年(404)，桓玄集团却意外地被刘裕集团消灭了。作为覆灭的桓玄政治集团的余党，陶渊明必须妥善处理好与刘裕集团的关系。而后，陶渊明出任刘敬宣的建威参军，随后“求为彭泽县令”，最后选择“辞官归隐”，从而使自己从容淡出了政治斗争的旋涡。因此陶渊明从官的经历可以说是“政治高压之下岌岌可危的人生命运中的良苦用心和巧妙安排”。而他也正如范子烨先生所形容的是“一条在大军阀刘裕的政治大清洗中侥幸逃生的小鱼”。

往深处看，“明哲保身”构成陶渊明行为背后的巨大动机，而当陶渊明躲过了刘裕的政治清洗后，他才找到了这片非政治的“桃花源”。所以，在陶渊明后来创作的《归去来兮辞》中，我们能看到他内心充满了轻松和喜悦，他是从心底高唱出了“归去来兮！田园将芜，胡不归?”他“归园田”的夙愿也终究压倒了“逸四海”的猛志，他终于找到了自己的“桃花源”。可以说，陶渊明心中的“桃花源”，是躲过政治“刀光剑影”后的坦然与释怀。要知道，这时的他毕竟已“辞官归隐”十六年了，而且在写出《桃花源记》后几年便离世了。应该说，此时，陶渊明已经完全放弃了他的政治理想，皇权下官场的清算已与他再无干系，因此，他对死亡已经看得非常平淡自然，他的“死去何所道，托体同山阿”可作为明证。他用道家情怀去遥想美丽的“桃花源”，才有了“渔人”的逍遥与刘子骥的出场，才有了脍炙人口的名篇《桃花源记》。(中文132　张小青　朱慧　余佳佳　魏丹；中文133　雷靓　潘晨昕)

四

《桃花源记》通过对桃花源的描绘，鞭挞了黑暗的现实社会，幻想出了作者理想中的社会——既是一个体现儒家文化尽善尽美的“大同社会”，又带有老子超功利的、逍遥自得的“鸡犬相闻”“小国寡民”的影子，那里无君无臣，没有苛捐杂税、没有兵荒马乱，甚至还有一种若即若离的非一般俗人所能领会的禅意。

桃花源是作者精神上的寄托。在陶渊明生活的时代，“六籍无一亲”，世俗之人为了功名利禄天天驱车奔竞。面对这种现状，诗人虽“不为五斗米向乡里小儿折腰”，但无法改变现状，只得在脑海中创造出一个完美的、理想的、虚无的世界。诗人想把这份美好的遐想传递给后人，一则是对后人充满希望，乐观地希望后人能够创建出这样的社会；二则是留下一个没有剥削、没有压迫、财产共分的“乌托邦”世界，让后世失意的知识分子有一方净土安息。

这体现出陶渊明对“道”的向往与追求。陶渊明的一生常常陷入饥寒交迫的窘状，安贫乐“道”无疑给了诗人极大的心理安慰，同时又促使诗人在污浊的现实中保持着他的清高节操。而他生活在晋宋易代之际，这样的社会是不可能有“道”的，陶渊明却一直在苦苦追寻着“道”，桃花源就是他心目中“道”的象征。（中文133　黄莉）

五

桃花源带给我们的是梦幻般的审美体验和家园式的精神寄托。对于个体读者来说，审美愉悦成为阅读的第一印象。无论是探寻桃花源之路的奇妙，还是桃花源美景的诱人，或是人人和美的欢乐，抑或是重复寻觅的无果，都能让人在这个文学作品中获得很大的审美乐趣。现今对《桃花源记》主题的解读可以从个体的精神家园的视角切入。正如戏剧《暗恋桃花源》中所传达的那样：生活在武陵的人的精神是荒凉的，但是有些人内心里有一方桃花源，那里是理想栖息的地方，也是精神鲜活存在的地方。“灯光昏暗的时候是武陵，灯光照耀的就是桃花源。”（中文131　徐雯宣　童佳颖　韩放放　赵丽君　朱倩菲；经亨颐文综131　曹妤琪　李泽青　黄虞琳）

六

文章题目为《桃花源记》，陶渊明所描述的“桃花源”，其自然环境是美的，百姓的生活状态是好的。作为读者，我们不得不联系陶渊明所生活的时代背景来考虑这篇文章的主题。他所生活的环境大背景是兵荒马乱的，自己又过的是隐居生活。我认为“对现实生活的不满和对和平生活的向往”是文章主体思想的一部分，但是我们分析该文时，并不能只局限于这一点。桃花源生活有着不可能性，这是一种封闭的小国寡民的生活方式，从“武陵人回去便找不到桃花源”中可以看出，世界上并没有桃花源，它只是人们心中的一种理想状态，是一个乌托邦社会。所以《桃花源记》便也有了一丝哲学意味，作者带

着强烈的无奈创造了一个理想环境来告诉自己这个理想是不可能实现的，告诉自己要正视现实。（中文133　梅舒影）

七

《桃花源记》写的是一个理想的、乌托邦的世界。“阡陌交通，鸡犬相闻”蕴含着老子《道德经》中“邻国相望，鸡犬之声相闻，民至老死不相往来”的思想，《桃花源记》将老子朦胧的思想与现实相结合，人与人之间没有矛盾，人与自然之间也能和谐相处。陶渊明把“理想”这个境界写得如此真切生动，但同时这个神妙的世界又是不可复入的——“不复得路”，美好的理想无意得之便轻而易举，有意追求就是缘木求鱼了。（中文132　彭煜夏）

八

他虽“心远地自偏”，但“猛志固常在”，仍旧关心国家政事。元熙二年（420）六月，刘裕废晋恭帝为零陵王，改年号为“永初”。次年，刘裕采取阴谋手段，用毒酒杀害晋恭帝。这些不能不激起陶渊明思想的波澜。他从固有的儒家观念出发，产生了对刘裕政权的不满，对现实社会更加憎恨。但他无法改变，也无力改变，只好借助创作来抒写情怀，塑造一个与污浊黑暗社会相对立的美好境界，以寄托自己的理想与美好情趣。《桃花源记》就是在这样的背景下产生的。（中文133　俞璟烨）

苏轼的承天寺"同乐"与张岱雪夜独行之比较

中文141　韩雨晌

摘　要:飞雪与月色向来是勾起文人探访之欲的绝佳景色。当苏轼选择携友同揽明月之姿、闲看藻荇交横之时,张岱却孑然一身,独游雪夜。文人们这两番选择的背后究竟有何奥秘?本文将从二人所"痴"境界、社交路线与行为背后的驱动力这三个方面详细挖掘如此选择背后潜藏的深意。

关键词:《记承天寺夜游》;《湖心亭看雪》;携游;独行

文人赏雪,力求身旁三五好友能够惺惺相惜,吟咏对唱,好不得意。正如元丰六年(1083)十月十二日夜,苏轼与张怀民携游揽月,共赏庭下奇景,这样的倾向在张岱《西湖七月半》一作中也可见一斑。那么究竟是何缘由使得张岱于大雪三日后、更定无人时独游湖心亭?笔者试图剥离厚重的历史外壳向内转,从文人自身因素入手解开这一疑问。

一、痴人"痴"几许:由痴景到痴静

人教版八年级上册的语文教科书将《记承天寺夜游》与《湖心亭看雪》二文收入同一单元,单元导语如是说道:"古人云,'仁者乐山,智者乐水'。山水景物引起古人情思,激发他们创作出大量歌山咏水的优美篇章。"而于这些隽永文字中,我们也可浅窥文人各异的山水情怀。诚然,《记承天寺夜游》与《湖心亭看雪》属随性偶发,并非文人着力之作,却被誉为"写景双璧"、一幅卷轴上的两笔浓墨重彩,两者必是存在许多相通之处。诚然,若要解读苏轼与张岱之文,离不开朝代,离不开历史,但倘若能跳出复杂的背景,将苏轼与张岱作为纯粹的文人独立比较,二者的选择便开始明朗起来。

"痴人",乃《湖心亭看雪》一文中"舟子"对于张岱的评价。对美景执着的追求与热爱，对美好人生的着迷与眷恋，在世人眼中以“痴”来形容真性情的张岱是再恰当不过了。可东坡，又何尝不是个痴人？林语堂曾于《苏东坡传》中评价道：“苏东坡是个无可救药的乐天派。”我们且探寻在创作《记承天寺夜游》前，东坡在贬谪地黄州留下的缕缕墨迹：元丰五年(1082)春，归途遇雨，竹杖芒鞋轻胜马(《定风波》，1082)；元丰五年九月，醉归无人，倚杖听江声(《临江仙·夜归临皋》，1082)。另有《念奴娇·赤壁怀古》《赤壁赋》等文均可例证：东坡虽被贬黄州、身无实权，却是实实在在地达到了精神的解脱自由。一如当年从乌台诗案中死里逃生，自由的空气轻拂其脸庞，东坡全然忘却了自己的诗词可能会带来的百般危险，仍就不断创作。对此，东坡自嘲道：“我真是不可救药！”因此，若要说“痴”，虽时代不同，但东坡与张岱二人的痴气不相上下。

由“痴”入手，则承天寺的澄澈月夜与西湖雪后之声色是这两位痴人绝不会错过的美景。那么二人在痴景时做出的不同选择又该如何解释呢？于苏轼而言，携友人同揽月色实属一种常态。《苏东坡传》第十六章中写道：“他有一群朋友，像他一样，身上金钱不多，身边空闲不少。”①在黄州无限闲暇的时光里，东坡将自己交付美酒、交付美景、交付好友。无论是记牛肉与酒的一篇小文，还是吓坏监视太守的《临江仙·夜归临皋》，抑或是流传千古的赤壁泛舟、《记承天寺夜游》，无不透露了一点，东坡甚喜与好友夜游，且当地人尽皆知。

如果说东坡携友夜游是一种常态，那么张岱于《湖心亭看雪》中的行为可谓是一反常态。由《陶庵梦忆》《西湖梦寻》两部作品可见张岱是一写山描水的圣手。其少为纨绔子弟，极爱繁华。西湖大雪三日后的那般景色必是令他心驰神往的。这时便出现了反常之一：赏雪时间。张岱也喜夜游，《夜航船》《西湖七月半》等名篇可显，但他遗留下来的大多作品中未表现出强烈的喜夜游倾向，且《湖心亭看雪》文中无论是“天与云与山与水，上下一白”，还是“雾凇沆砀”“长堤一痕”之景，放到白天观赏都更令人惊叹。但在1632年，张岱却选择在大雪三日后的更定时分，也就是晚上八点左右出游西湖。接着便出现了反常之二：赏雪行为。据《陶庵梦忆》一书，张岱交游往来甚广，陈洪绶、王月生、朱兆宣等体己好友，数不胜数。身为富家公子的张岱，好成群出游，也

① 林语堂.苏东坡传[M].长沙：湖南文艺出版社，2018：447.

并非身旁无人，为何选择在这个雪夜独游湖心亭？张岱与东坡的“痴景”在这时便出现分歧了。《湖心亭看雪》文中曾提到这样一个细节：“余强饮三大白而别。”由《陶庵梦忆》最后一卷中收录的《张东谷好酒》一文可知，张岱不胜酒力，且《自为墓志铭》中提及自己那么多的“好”，也未涉美酒。不胜酒力却强饮三大白，可证其遇上亭中二人的喜悦之情。明明喜悦，最后却依旧选择离去，由此我们可以推测，张岱痴迷的不仅是绝美的雪景。从他雪夜独游、强饮而去的举动来看，说他“痴静”也许更为恰当。正如沈从文所说，在这个世界上，所有有真性情的人，想法总是与众不同。更定无人时独赏雪景，山水之景不过是映衬，这种天地空旷下的渺渺静谧感才是真性情的文人张岱所痴迷的境界。

二、“农夫”与公子：文人的引力与斥力

鲁迅说过，人类的悲欢并不相通。同样，身处不同朝代背景下的苏轼与张岱在截然不同的处境下记下了这两篇小品文，携游与独行的选择也许从二人的身份、地位与处境方面解读更为合适。先来谈谈东坡，他从乌台诗案的鬼门关走了一遭，为生活与官场形势所迫，化身一位有气质的“农夫”谪居黄州。黄州位于长江边上，是一个穷苦的小镇，东坡在此安定下来，并于元丰四年(1081)正式务农，且竹杖芒鞋的他与市井之民相交甚欢。《苏东坡传》中写道：“苏东坡的邻人和朋友是潘酒监、郭药师、庞大夫、农夫古某；还有一个说话大嗓门儿、跋扈霸道的婆娘，常和丈夫吵嘴，夜里像猪一般啼叫。”[①]可见东坡的朋友并非只局限于朝堂之上或文人之间，他的交友从布衣到才子、从凡夫俗子到古怪之人，甚为宽泛。而东坡在与他们交往的过程中更是不拘小节，屡屡为朋友们作诗、取幽默典故之类。用现代话语来说，东坡在当时是一位走“平民路线”或“接地气”的文人。而东坡这样的性格与过人的才情决定了他作为一位伟大文人所拥有的强大吸引力。

张岱的交友则与东坡截然相反。在其所做文章中我们常能窥见当朝才子佳人之风貌，其笔下同游之人也都是些达官贵人、名妓闲僧。如张岱至交陈洪绶，考《陶庵梦忆》，其曾反复出现于卷三《白洋潮》《陈章侯》，卷六《水浒

---

① 林语堂.苏东坡传[M].长沙：湖南文艺出版社，2018：433.

牌》，补遗《鲁王》中。陈洪绶以书画见长，作品《〈西厢记〉插图》《水浒叶子》至今为世人传道；再说《陶庵梦忆》卷八《张东谷好酒》一文中的张东谷，他是常来张岱家“蹭饭”的熟络朋友。张东谷好饮酒，是个名副其实的酒徒，若酒徒有多种类型，东谷当属趣味型酒徒，其出语滑稽，令人忍俊不禁，但面对酒道失传和衰落的现实，他“悒悒不自得”，这种由小处窥大的哲思和反省历史时的真诚，若非性情文人的胸怀与见识，实在无法实现；另有《陶庵梦忆》卷一《钟山》的太常朱兆宣，卷一《木犹龙》、卷三《白洋潮》、补遗《祁世培》均有所记的御史祁彪佳等，这些由张岱作品考证的他的至交好友，无一不是才者贵者。不过也难怪，张岱出身累世显宦之家、祖孙几代都工诗擅文，他兼纨绔子弟的豪奢享乐习气和晚明名士文人纵欲玩世的颓放作风于一身，张岱还撰《自为墓志铭》坦言：“少为纨绔子弟，极爱繁华，好精舍，好美婢，好娈童，好鲜衣，好美食，好骏马，好华灯，好梨园，好鼓吹，好古董，好花鸟。”这样一位文人的身上是存在富家公子难以褪去的傲气的，因此张岱交友的准则与界限就不像东坡那么随意了。

在时间的长廊里，金戈铁马的宋朝与繁盛一时的明朝孕育了截然不同的两位文人。生在不同朝代、不同环境、不同阶层、不同背景下的东坡与张岱沿着各自的人生轨迹，渐渐形成了各自鲜明独特、独树一帜的个性。很明显，东坡性格更亲民些，尤其是在被贬黄州期间为保生活自降“农夫”之后，而张岱是在烟火气息里成长却又“出淤泥而不染”的高洁冰雪。东坡能够屈居现实放下身段，脱去文人长袍、摘下方巾，与凡人一道做名自由快乐的“农夫”，换作张岱，是绝没法子做到的。如若把二人比作磁铁，那么东坡的磁极上必是人潮汹涌、挨挨挤挤，而张岱的则是冷冷清清。所以，东坡举难时“四邻相率助举杵，人人知他囊无钱”，平易近人的苏轼天生就具备了一种文人的吸引力与呼朋唤友的天性。于是元丰六年(1083)十月十二日的那个月夜，蒙受同等境遇的好友张怀民自然而然出现在了他的身边。与之相反，高高在上的张岱纵使再真性情，其交友门槛却始终居高不下。相比东坡的引力，奉行“人无癖不可与交，以其无深情也；人无疵不可与交，以其无真气也”的张岱有着更为严格的交友准则，对于常人或脾性不投之人，我们能嗅到张岱身上那一丝“斥力”的味道。这样的味道已经驱散了张岱周围的平常人，更何况大雪三日后，世间出现这样一个安宁平和，允许文人默默无言、与天两相对望的冰雪世界，张岱又岂会冒着被性情不投之人破坏意境的风险轻易邀他人进入？这也就是苏轼与张岱的不同，一位自带吸引力、平和易近，一位满身冰雪傲气、眼界极高，携游与独行之别便由此而来。

三、解锁心灵密码：行为背后的驱动力

《记承天寺夜游》作于元丰六年十月，此时已是苏轼被贬黄州的第四个年头了。在侥幸未死后，政治理想折戟沉沙，苏轼急需在黄州完成暂时的安顿与自我心灵的重塑。在这段时间里，苏轼为求内心的真正安宁，寄居寺院，转向宗教。经历了三年的深思与沉淀，到元丰五年左右，在《定风波》一文中我们可以发现，苏轼基本实现了内在精神的突围，买地沙湖，安安心心地想在黄州盛放自己的余生。内心已安定下来，只是偶尔还会涌上一些愁绪，那么就让愁绪现于字里行间，用自嘲的方式一笔带过。正如《记承天寺夜游》一文的文眼“闲”字，既包含了与怀民同游月夜的悠闲，又代表了此阶段的闲适态度，更带着一份被贬官后清闲度日的自嘲。携怀民夜游的行为究其根源还是文中的一句“念无与为乐者”。苏轼被贬，好友怀民亦被贬；苏轼深夜未寝，怀民亦未寝。论共赏月夜谈天解忧，携怀民同游是绝佳选择。“与怀民共同为乐”，这是苏轼携友夜游行为的意义。

元丰六年五月，苏轼作《满庭芳》，“蜗角虚名，蝇头微利，算来著甚干忙。事皆前定，谁弱又谁强。且趁闲身未老，须放我、些子疏狂”。当时苏轼的众多朋友或怕株连，或避嫌疑，纷纷疏远了他，使他备感世态炎凉。然而，他的同乡陈慥却蔑视世俗，仍与其过从甚密，五年中竟七次来访。元丰六年五月，“弃官黄州三十三年”的王长官因送陈慥到荆南某地访东坡，得以与东坡会晤，此作才得以诞生。由此可见，苏轼虽与黄州人民相交甚欢，却也承受着世俗情谊叛离的压力。在这样的情况下，如《挪威的森林》里直子所说，“一个人的夜晚，会把人孤单死的”。于是我们可以猜想，此次夜游赏月行为的意义也许就在于“相与为乐”“相与解忧”，因此即使怀民就寝，苏轼也会寻他人一同揽月。

那么张岱为何选择独游呢？这还得从他的人生与所处朝代说起。一方面，比起苏轼辗转黄州、惠州、儋州的一波三折的人生，张岱的前半生则平坦开阔得多。前面也说到了，张岱出身于累世显宦之家，每日的生活就是一场场锣鼓喧天的大戏。《湖心亭看雪》所记之行发生在崇祯五年(1632)，此时的

张岱正值青年，精致优雅而又放浪形骸地活着。他的二三十岁潇洒恣意，没有生活的困顿使之烦忧，没有大起大落的仕途相扰，只管尽情地享乐，做自己所爱之事。这也直接铸就了张岱随性随意无所拘束的性格。并且，他有来自家庭的强有力支撑，有底气做出任何一种人生选择，携游与独行这样的选择实属小事。独游湖心亭这一行为或许不过是张岱在那个夜晚的选择罢了，也许无目的、无意义，只是这位文人的随性之举。或者说，雪夜独游，是张岱天性使然。

另一方面，也有学者说，从《湖心亭看雪》中能读出“天人合一”的味道。若是能够达到“天人合一”的境界，那么人与“天”之间必是已构建了心灵相通的联系。若要说有谁能对明朝人事景物的眷恋如此之深，甚至能与时空对话交流，那么只有张岱。湖心亭看雪之时，张岱尚且恣意享受着明朝带给他的繁荣，纵容他才情四溢。他对明朝也极为亲近的，仿佛与这个朝代，与他所处的世界融为一体。有何证据能证明张岱此时是如此彻底地浸润于明朝繁华中呢？我想明亡后他的两部著作足以证明。常有人说，读《陶庵梦忆》与《西湖梦寻》，深觉张岱笔下尽是凋零的繁华。也只有真实历经二朝，享尽富贵又经历家财散尽的人，下笔才能如此睿智、冷峻，却又不显刻薄、不失闲趣。

衣食无忧的张岱在明朝繁华中浸润得太过彻底，丝毫不知晓他的理想世界正在渐渐土崩瓦解。崇祯年间，民变频发，后金军队也突破长城，五入关内，内忧外患夹杂的明王朝危在旦夕。公元1644年，大顺军队终于攻占北京，崇祯帝自缢，明朝灭亡。自此之后，张岱笔下，笔笔皆破碎，连一个完整的梦也无法拼凑。其亡国之痛愈深，愈能证明他浸陷明朝之深。当这样的张岱遇上难得的大雪三日，他需要的或许只是与他所爱朝代美景的安静交流与用心感受，而不是他人相扰。

文人们坐拥各异的山水情怀，却也在山川河流间关照自我。两种朝代，两个夜晚，两番奇景。在飞雪与月色下，无论携游或是独行，都是二人真性情的显露。月夜与怀民安放了孤独闲者苏轼的忧愁，大雪与湖心亭盛满了性情中人张岱的痴情。

（该文经叶黎明老师修改后，发表在《语文教学通讯》初中刊，2018年第5期）

一人的雪，二人的月，不一样的精神对话

中文152　黄芹芹

摘　要：张岱雪夜独游湖心亭，苏轼则叫上好友一起欣赏承天寺上空的明月。一个独行，一个携友同行，取决于他们二人不同的审美况味、精神世界和赏景的目的。张岱夜游湖心亭，是一场他与西湖的心灵对话；苏轼与张怀民同游承天寺，则是一次快乐的简单释放。

关键词：张岱；苏轼；文本解读

一、一人的雪

当黄州上空的一轮明月升起时，苏轼“念”无与为乐者，于是起身去寻张怀民，张岱没有“念”，他压根儿没有想过要找人同行，而是直接决定要独往。“是日更定矣”，给人感觉他是从“大雪三日”一开始就在策划、期待这场一个人的夜游，一直耐心等到万籁俱寂，夜来更定，才将其付诸行动。为了这次夜游，张岱还备好了毳衣炉火，由此可见，这应该是一次有目的、有策划的赏雪行动。

张岱是冲着景去的，不是为着什么人，也不是为着什么情，一去就直奔湖心亭。他和西湖得有多熟！他像是赏景的“老饕”——在西湖最美最美的时候，精准出击，就像一个吃货，在鲈鱼最肥美的时候去最心仪的餐馆大快朵颐，道理是一样的。那为什么不叫上一批人一起？张岱曾说：“人无癖不可与交，以其无深情也；人无疵不可与交，以其无真气也。”（出自《陶庵梦忆·卷四·祁止祥癖》）这与袁宏道所说“世人但有殊癖，终身不易，便是名士”（《与潘景升书》）如出一辙。别人看西湖，呼朋唤友、簇拥而去，他偏不；此刻的他，避人如仇，避俗如仇，避喧哗如仇，这就是张岱，这是他的癖好。一个人的雪西湖，你能懂张岱独特的审美况味吗？

二、两人的月

如果说张岱是有目的、有策划的出行，那么苏轼这场“月下之旅”可以说是心血来潮、说走就走了。他在“解衣欲睡”之时，忽见“月色入户”，于是临时起意“欣然起行”，事先没有准备。所以他才会在“欣然起行”之后才开始“念”起来，自己竟然一个人就这么走出来了，孤单寂寞无以为乐啊。但是为什么月色入户就能吸引他出门？那天的月亮除了澄明还有什么不同？十二日的月亮是比较亮，但是每个月都有十二日，他自己也说过“盈虚者如彼，而卒莫消长也”，所以吸引他的真的是月光吗？

我想月光是一部分原因，但是月光只是个楔子、借口或者说导火索。“月色入户”，一个“入户”把月光写活了，像是一个朋友来家里找他。他欣然跟着这个“朋友”起行之后自然而然地想到了自己的另一个朋友张怀民。我认为，和张岱冲着景去的目的不同，苏轼真正的目的是想遣兴。一轮明月，忽然令他兴致勃勃，忽然让他觉得今晚十分美好，这样的美好，他需要与人分享，独乐乐不如众乐乐，于是他起身去找张怀民。张岱夜游湖心亭，是一场他与西湖的心灵对话；苏轼与张怀民同游承天寺，则是一次快乐的简单释放。

三、不一样的精神对话

对张岱来说，此时此刻的湖心亭是他的精神家园。世界如此空旷，“天与云与山与水，上下一白”；人是如此渺小，“余舟一芥，舟中人两三粒”，不过是宇宙间的一粒尘埃，那么世俗中的得失又算得了什么呢？夜晚的湖心亭给他这样的感觉。天地间仿佛只剩下一个人，就像这个世界只是他一个人的世界，是他精神世界的实体和外化。而这个世界的中心是湖心亭，在湖心亭上他又恰好遇上了一个金陵人。金陵就是南京，明朝国都。他乡忆故都，时过念旧朝，所以他偶遇金陵游客的时候是那么开心，“余强饮三大白而别”。湖心亭这样一个隐秘的世界，正好与他的精神世界相契合，雪夜干净寂寥苍茫的西湖，最适合开启一场孤独的精神之旅。我们猜测，那一晚的张岱，是在和西湖，不，确切地说，是在和自然对话，说尽他对半世浮华半世隐的人生彻悟。

苏轼出游的时候身边总是有人的，他广交好友，习惯了有人陪伴的出游。

《赤壁赋》里他有吹洞箫的客人，《江城子·密州出猎》有“倾城”相随，到了《记承天寺夜游》，他是“念”无与为乐者，才去找张怀民的，可见他心中还是“念”了一下，潜意识里还是希望有人一起夜游的。

世间的规则常是如此：孤独适合一个人呷饮，而快乐适合与朋友们分享。寻常的月亮，唤起了苏轼的闲情逸致，他必须得找一个人同自己一起分享。而这个人，只能是朋友，必须是朋友。因为他们那一晚所分享的，是非常简单非常朴素非常原始的快乐，是纯粹精神层面的交往，无关物质。从这个角度来说，哪怕读者完全不了解张怀民，但仍然可以确定：张怀民一定是与苏轼境遇相似、志趣相投、心灵相通的好友，非好友不能同乐。“庭下如积水空明”，“空明”的不仅仅是那一晚的月色，更是他们共同的精神世界。明净、澄澈，面对月光，仿佛在面对自己的内心，面对虚空和寻常，因为知己相伴而无比充实。

张岱“独往”与苏轼“携游”原因初探

中文 152　姚庆华

摘　要：张岱在《湖心亭看雪》中选择一人在万籁俱寂之时独自前往西湖赏雪，而苏轼在《承天寺夜游》的“月色入户”之际却选择寻好友一道赏月。同样是欣赏绝美好景，二人的选择却各不相同。“独往”体现出青年张岱身上放荡不羁的公子气，表现出张岱对于浩渺静谧境界之“痴”。“独往”是张岱对于梦中理想乐园的缅怀。“携游”是境遇相同的二人的无声交流，也是苏轼淡然旷达心性的体现。

关键词：张岱；苏轼；文本解读

张岱在《湖心亭看雪》中选择一人在万籁俱寂之时独自前往西湖赏雪，而苏轼在《承天寺夜游》的“月色入户”之际却选择寻好友一道赏月。同样是欣赏绝美好景，二人的选择却各不相同，是什么造成了这种差异？以下即为具体分析。

与人教版课本配套的教师用书中这样写道：“独往湖心亭”，一个“独”字，“充分展示了作者遗世独立的高洁情怀和不流俗的生活方式”。这种解释未尝不可，但也不尽如此。

“独往”体现出青年张岱身上放荡不羁的公子气。《绍兴县志》中这样记载张岱：“凭借家世通显和富裕，张岱前半生过着游山玩水、落拓不羁的生活。”这与张岱自己写的《自为墓志铭》“少为纨绔子弟，极爱繁华，好精舍，好美婢，好娈童，好鲜衣，好美食，好骏马，好华灯，好烟火，好梨园，好鼓吹，好古董，好花鸟”不谋而合。“更定”时分，独行看雪，恰体现出张岱作为一个文人雅士独有的狂放与不羁，这与“高洁情怀”相去甚远。

“独往”表现出张岱对于浩渺静谧境界之“痴”。“痴”是文中的“舟子”对张岱的评价。张岱本为富家公子，交游甚广，身边好友无数。本应呼朋引伴、风光出行的他，却偏偏选择在寒冷雪夜一人出行，去欣赏“天与云与山与水，上下一白”“雾凇沆砀”“长堤一痕”等在白日观赏会更加秀丽的景致，这不可不谓之“痴”。《湖心亭看雪》中有这样一处细节：“余强饮三大白而别。”“强”为“勉力，竭力”之意，明明不胜酒力的张岱在遇到亭中二人后仍旧强饮三杯，欣喜之情溢于言表。尽管喜悦，最终却依旧离去，由此观之，张岱真正痴迷的并不完全是单纯的雪景，更是苍茫天地中这种浩渺静谧的境界。

“独往”是张岱对于梦中理想乐园的缅怀。张岱有着深厚的西湖情结。他曾说：“阔别西湖二十八载，然西湖无日不入吾梦中，而梦中之西湖，实未尝一日别余也。”西湖之于张岱，已然不仅仅只是一处简单的自然风光，更像是承载他得志时的繁华与靡丽的理想乐园。关于创作《陶庵梦忆》的初衷，“自序”中有这样的文字记载：“鸡鸣枕上，夜气方回，因想余生平，繁华靡丽，过眼皆空，五十年来，总成一梦……遥思往事，忆即书之，持向佛前，一一忏悔。”我们不难看出，这种梦想或回忆，更像是一种“遗民的叹息”，作为一个亡国遗老，“既不能聊生，也不能觅死”，在追忆往昔风雅逸事时，内心隐痛。张岱当时是否真的“独往”已经不得而知，但是在垂暮回忆之时却落笔为“独往”——“独往”赏雪，可能也是一个没落文人回忆里最后的慰藉，他不愿别人染指这方他心目中的洁净之地，惟愿自己沉浸其中。

而同样境遇凄惨，因乌台诗案遭受贬谪的苏轼，却选择夜晚寻张怀民去赏月。苏轼的“携游”，从以下角度来分析，也许是可以理解的。

“携游”是境遇相同的二人的无声交流。两人际遇相同，同为贬谪到黄州的“天涯沦落人”。张怀民到黄州后寓居在承天寺，并在寺旁筑一亭，苏轼题名为“快哉亭”，苏轼的弟弟苏辙还写了篇《黄州快哉亭记》，称赞张怀民“不以谪为患，窃会计之余功，而自放山水之间”，由此可以看出张怀民也是一个寄情山水，不以贬谪为念的旷达之人。面对与自己有相同境遇而又志趣相投的人，苏轼在皎洁月夜中自然想要与之结伴同游。

“携游”也是苏轼淡然旷达心性的体现。被贬谪却不因此消沉，缺衣少食却不因此沮丧，他带月荷锄归，享受大自然的美好；他高歌吟唱，体验生活的真谛。正是在这样的心态与生活中，他愿与人同游共赏美景，也乐与人同享生活中的平凡美好。就如他贬谪黄州时写的《定风波》中的语句那样：“莫听穿林打叶声，何妨吟啸且徐行。竹杖芒鞋轻胜马，谁怕？一蓑烟雨任平生。”永远淡然随和，永远豁达开朗。

文章出自人之笔，出自人之心，也出自人之品。不同的生活境遇造就了不同的心境体悟，也指向了不同的价值选择。深入文本，尝试跨越时空的界限，与作者交流，倾听历史的心跳，聆听时代的脉搏，做最敏锐、最真实的语文人。

（作者现为英国爱丁堡大学研究生）

张岱独游湖心亭与苏轼携友同游承天寺心理探秘

中文 2015 级　陈书悦　苏智玲　杜林云 等

摘　要：张岱在《湖心亭看雪》中选择独自前往湖心亭赏雪，而苏轼在《承天寺夜游》中却选择与张怀民一道赏月。同样是出游赏景，二人的选择却各不相同。本文从两人不同的性情、遭际、生活态度与交友状况等入手，分析行为背后隐秘的心理。

关键词：张岱；苏轼；文本解读

一、张岱为何选择"独往"湖心亭？

（一）独特的文人性情

张岱在《自为墓志铭》中提及："蜀人张岱，陶庵其号也。少为纨绔子弟，极爱繁华，好精舍，好美婢，好娈童，好鲜衣，好美食，好骏马，好华灯，好烟火，好梨园，好鼓吹，好古董，好花鸟。"如此多的"好"，说明张岱在年少时确是一位"纨绔子弟"，十分恣意放纵，随心所欲。那么在大雪三日，"湖中人鸟声俱绝"的情况下，仍自由随意去看雪，也是正常的。（中文 151　张鹰云）

"独往"不在于独身，而是独心。他觉得繁华盛景缥缈，想避开世间纷扰，不欲同世俗之辈有交集。世间纷扰太多，他不想理会。他有自己的世界，有不同的心境。无尽的白色天地之中，茫茫宇宙下，他显得分外渺小，像是能够融于其中。冥冥之中，他就像拥有了这一切，可以在这幽静之中获得内心的释放，找到可以安顿内心灵魂的地方。（中文 174　王慧慧）

张岱选择寒冬更定时分，独往西湖观雪，可领略西湖之别趣。张岱对美有着个性化的认识和独到的审美眼光，追求“以独特的眼光、角度提出独到新颖的见解，以幽独情思观照大千世界万物众生的活泼生机”。独坐舟中，上下一白，物与我在天地间皆渺茫一粟，意境空旷深远。在雪景幽赏、“独与天地精神往来”中，张岱生成了独特的审美体验与审美享受。（中文151　陈书悦）

（二）关于西湖的个人情结

张岱在《西湖梦寻·自序》中说：“余生不辰，阔别西湖二十八载，然西湖无日不入吾梦中，而梦中之西湖，实未尝一日别余也。”张岱曾长期寓居杭州，对西湖有独特的情结。张岱曾将西湖比作名妓，春夏时节，门庭络绎，十分热闹；秋冬时节则寒风萧瑟，十分凄清。张岱正是了解游人的心态，不想与他人拥挤、凑热闹，于是特意选择在“人鸟声俱绝”的更定时分独自来赏湖。（中文151　张鹰云）

“大雪三日，湖中人鸟声俱绝。是日更定矣”，确保西湖无人的时间“独往湖心亭看雪”，原因是张岱不愿去的时候有世俗之人的喧嚣惊扰他对西湖梦一般的幻境。此时此刻，张岱只需要安静的环境独自与西湖对话，诉说心事。而平日里游西湖的人不会有与他相同的心境，张岱避之。（中文152　伍津晓）

通常时段，西湖边上人潮涌动，摩肩接踵，人们看到的不知是怎样的西湖，恐怕连全貌都难以看清。而真正爱西湖之人，会避开人群，避开杂物，宁愿独自一人赏这美景。（中文174　王慧慧）

（三）身边无友相伴

最开始，我对张岱“独往”湖心亭的行为提出的推测是：张岱为人孤僻，不喜交友。而在查阅了张岱年谱和记载有张岱事迹的文献后，这个推测被推翻了。孟子曾言：“颂其诗，读其书，不知其人，可乎？是以论其世也。是尚友也。”张岱曾祖张元汴是隆庆五年（1571）的状元，万历中为左谕德兼侍读，祖父张汝霖为进士，曾任兵部主事，因此张岱出身仕宦世家，称得上富贵。这样的家庭背景使张岱少时爱好颇多，又喜游历，结纳海内胜流。佘德余教授所撰的《张岱交游录》中列举了数十个有资料可循或有记载的张岱好友。张岱的《西湖梦寻》和《陶庵梦忆》中也有多则文章提到与友人同游西湖。《湖心亭看雪》中张岱意外看到湖心亭中的两人,“强饮三大白而别”也可佐证张岱并非不喜与人交往。

张岱在《西湖七月半》中写了五类人,行文看似客观,实则暗含褒贬。张岱交友奉行“人无癖,不可与交,以其无深情也;人无疵,不可与交,以其无真气也”的信条,而他晚年在《祭周戬伯文》中也写道:“余独邀天之幸,凡生平所遇,当多知己。”可见张岱交友交的都是“知己”。《张岱年谱简编》记载:崇祯四年(1631),张岱义伶夏汝开因疾病而死,好友祁彪佳入京,仲叔联芳到京补河南臬幕。同样在这一年,李自成起义,明王朝踏入了最后历史阶段,社会动荡不安,而年谱中记载张岱在崇祯五年(1632)与好友往来的记录也少之又少,因而张岱“独往”湖心亭可能是因为当时身边没有知己陪伴。(中文 151　杜林云)

二、苏轼为何选择与友“携游”承天寺?

(一)持乐观旷达的人生态度

赏月因欣然而携游。“元丰六年十月十二日”是苏轼被贬黄州的第四年,虽然被贬,但此时作者的心情是平和的,“月色入户,欣然起行”。“欣然”有喜悦之意,这种欣然是经历了贬谪生活的大风大浪之后才拥有的一种平静。“念无与为乐者”,进而想到无人共赏月色,不忍辜负如此良辰美景,就去寻找张怀民一同分享这份欣喜。携游共赏显露了苏轼与友同乐、旷达闲适的心境。尽管一生坎坷,频遭贬谪,壮志难酬,但苏轼选择随遇而安,看清官场险恶后清空名利,乐观处世。(中文 174　鲍一秀)

苏轼因乌台诗案被贬黄州,这是苏轼人生的转折点,也是他创作风格转变的开始。乌台诗案后的苏轼开始向佛道两家靠近,不复“持节云中,何日遣冯唐”的雄心壮志,作品日益表现出空灵隽永、质朴清淡的风格特征,寺庙多次在诗文中出现,诸如黄牛庙、安定城寺、承天寺等,禅、经、道等字眼也经常可见。也因此,苏轼在形容月光明亮时,会用一个“空”字,正是受到了佛道两家思想的影响。苏轼性格旷达乐观,读《记承天寺夜游》也可看出他在排遣自己的苦闷,然而即使他努力靠近佛道思想,儒家思想对苏轼的影响是不可磨灭的，文章结尾一个“耳”字暴露了苏轼内心的不甘与苦闷。不过，苏轼的愁是为个人遭遇而愁，尚可通过与友人知己的交流而排解一二。（中文 151　杜林云）

虽然苏轼遭遇贬谪，但他也能很快地调整好心态，敞开胸怀去接受这样的“闲”。这正是他性格中所具有的能够自我排解的深层力量，随性且睿智，透彻而豁达。他在失意的时候，只一句“天地之间，物各有主，苟非吾之所有，虽一毫而莫取”便将烦恼抛开，使之随水东流。认清生活之后，他依然热爱生活。（中文 151　苏智玲）

依据希波克拉底对气质类型的划分，苏轼属于“多血质”的性格气质。所以当苏轼遇到烦恼的时候，或者说当他看到“月色入户”内心欣然的时候，按照苏轼的性格，他一定会找一个人，分享自己的喜悦或忧愁，将自己的心事诉说排遣。当他把“闲”的烦恼与好友一说之后，他的心情自然会得到治愈和安慰。故苏轼选择“携游”。（中文 151　苏智玲）

苏轼所处的年代为宋代，对当时的文人墨客来说，观览山河大川、吟赏烟霞皎月带有特定的文化意蕴，倾向于协同共赏。比如在《前赤壁赋》中提到“惟江上之清风，与山间之明月，耳得之而为声，目遇之而成色，取之无禁，用之不竭。是造物者之无尽藏也，而吾与子之所共适”，可见苏轼是乐于去分享美景的，因此在“月色入户”时，他“念无与为乐者”，想“至承天寺寻张怀民”。文如其人，苏轼的作品很少自怜自艾，文风豪放，可见苏轼生性洒脱。钱穆评价道：“苏东坡的儒学境界并不高，但在他处艰难的环境中，他的人格是伟大的，像他在黄州和后来惠州、琼州的一段。”因此，在面对人生低谷时，苏轼也能“为乐”，也能与人共乐。（中文 151　陈书悦）

（二）有志趣相投的知己为伴

苏轼于元丰二年（1079）被贬黄州，张怀民于元丰六年（1083）被贬黄州，两人遭遇相同。苏辙《黄州快哉亭记》谓张怀民：“今张君不以谪为患，窃会计之余功，而自放山水之间，此其中宜有以过人者。”可见怀民品格之清高超逸，与苏轼的性格志趣相投。从文中的一个“亦”字也可看出两人的友情深厚与心有灵犀。（中文 151　杜林云）

当时苏轼因乌台诗案获罪被贬，名为贬官，实则流放。众人都有意回避他，甚至避之唯恐不及。而张怀民也是个失意之人，被贬在黄州这一偏僻处。同为天涯沦落人，两个孤独的人便聚在了一起，互诉内心苦闷。张怀民，虽只是个佐吏之类的小官，但他心胸坦然，以山水怡情悦性，处逆境而无悲戚之容，是个有过人自制力、品性清高的人。二人情趣相投，志同道合，便惺惺相惜。可见苏轼不是随意找的“为乐者”，而是心中早有人选。这“为乐者”既不是同行游玩足矣的人，也不是交谈取乐便罢的人，而是像张怀民这样的“沦落人”。（中文 174　王慧慧）

《使至塞上》主旨教学问题探析

中文 152　陈珂珂

摘　要:《使至塞上》是王维代表作之一,作为一首经典的五言律诗,在中学语文课堂上,此诗并没有得到恰当的解读与传授,这体现在导入、释义及教学流程三个方面。导入固化单一,释义片面有错漏,流程不够新颖,这些问题使得关于该诗的主旨探究逐渐偏离正轨,多数教师将此诗看作诗人的愤懑、抑郁之作,这可能是一种误读。

关键词:《使至塞上》;古诗教学;文本解读

《使至塞上》是唐代诗人王维最负盛名的诗歌之一,被收录在部编版《语文》教材八年级上册中。作为一首经典古诗,语文教师对其应该仔细研读、重点教授,但纵观诸多教学设计与教学实录,发现大多存在一个共同的问题——主旨探讨有失偏颇,甚至是南辕北辙。课堂如何恰当导入?诗中各类意象是何意义?教学流程应该怎样安排?这些是探究诗歌主旨的关键问题,许多教师却不假思索,未进行深入探究,教学内容采取"拿来主义",教学方法走"形式主义"。

一、导入固化,限制思维

导入环节,大多数教师都以作者介绍开场,而且重点介绍了王维出塞缘由。这里存在两个问题:第一,解读方式的一元,用社会学的政治功利价值观去解读作者的创作动机。第二,导入内容单一俗套,基本上都以讲授诗人创作背景、生平经历和边塞诗含义为主要内容。这都不利于学生真正走进这首诗的细节与主旨。

(一)对诗人出塞缘由的过度关注

教学中,不少教师选择以“知人论世法”导入此诗,在课堂伊始直接介绍《使至塞上》的创作背景,大致如下:

> 737年春,河西节度副使崔希逸在青涤西大破吐蕃军,王维奉唐玄宗之命,赴西北边塞慰问。实际上是借慰问之名,将王维排挤出朝廷。本诗即写此次出使所见的边塞风光。

“将王维排挤出朝廷”被众多教师着重强调。这么做的假设是,以王维出使的性质做铺垫,可以使学生对诗歌创作背景有初步的了解,从而把握诗歌的情感基调——感伤、孤独、抑郁、激愤等。这显然是对“知人论世法”的错用。第一,就算知道了王维此番出塞是明派实逐,也不能就此推断他的心情一定是抑郁的、激愤的,不能用朝廷官员被排挤的“普遍性的抑郁”来代替王维作为独特个体面对排挤时心情的“特殊性”。第二,就算王维此番出塞是抑郁愤懑的,也不足以证明《使至塞上》的思想情感一定如此。因为人的心情是变化的,影响人的心情的因素也是多种多样的。换言之,一个政坛上失了意的人,难道在任何时间、任何地点、面对任何人事景物,都必须拉着一张苦瓜脸,来不得半点欢脱吗?

在导入环节过于强调王维出使的原因,先入为主,带来的很可能是“遮蔽”,“遮蔽”了师生对这首诗真正的创作意图的发现。诚然,王维出使是受朝廷排挤所致。唐朝宰相张九龄曾拔擢王维为右拾遗,开元二十五年(737)四月张九龄被贬,王维按理也应受到牵连。但是这种牵连是否体现在《使至塞上》一诗中呢?我们可以根据这一背景就断定此诗的主旨吗?显然不行。陈友冰、孙桂平等大量学者从王维在此前后的诗作、王维与河西节度副使崔希逸的关系、诗中描写景观的特征及地理位置关系等方面考证发现:

《使至塞上》是王维已在塞上(河西节度使幕府)安顿之后的诗作;

从此次战事告捷的重要性、监察御史的职位等因素证明了朝廷对王维的信任;

王维早年就对边塞与大漠有向往之情,有“誓辞甲第金门里,身作长城玉塞中”(《燕支行》)之言。

这都证明了所谓的“排挤”并没有对王维的政治生涯带来巨大的伤害,使他“抑郁”和“愤懑”,全诗情调是乐观积极的。由此可见,知人论世类的导入,要谨慎,既要做到对作者、对时代背景全面透彻的理解,更要重视方法论,避免以普遍性代替特殊性,以一元解读代替多元理解。

(二)内容雷同、形式单一,本末倒置

诉诸各教学案例,导入部分大同小异,生动不足,僵硬有余,有生搬硬套之嫌。一方面,导入未能考虑对学生学习兴趣的激发;另一方面,这种直接讲授创作背景、文学常识的形式,有意或无意地限制了学生的思维。以下是某教师在导入环节对边塞诗的介绍:

> 唐代自开国以来,各方面的蕃夷部落不断侵入,唐政府不能不加强边防,以应付战事。有时也乘胜逐北,有扩张领土的意图。开元、天宝年间,有许多诗人走进了守边高级将帅的幕府,做他们的参军、记室,于是边塞风光和军中生活成为盛唐诗人的新题材,这些诗人把他们在边塞上的所见所闻写成诗歌。这一类诗,文学史上称为“边塞诗”。

且不论八年级学生能否明白“幕府”“记室”及各种年号的含义,这种导入本身,在教学上只能称作硬性的文学常识植入。之所以说是“硬性”,是因为这种对边塞诗的“普遍性”的知识介绍,看不出对学习王维边塞诗的“特殊性”有什么帮助;也看不出对理解“这一首”具体的诗歌有什么帮助,所以,这样的导入在教学环节中是孤立的,导入目的是不明确的,是为介绍而介绍。其次,教师在导入环节,一上来就知人论世,属于强势引导,打压了学生解读文本的主体性和能动性。学生在还没有读诗的情况下就已经形成了固化思维,想象的大门就此“啪”一声关上了。学生甚至不需要读诗,就“知道”了此诗的思想内容。久而久之,学生就会形成读诗的怠惰性和依赖性。笔者以为,学生在读诗的过程中,对诗歌主旨有了自己的想象或猜测,并对作者和创作背景产生了强烈好奇的时候,教师适时适量地抛出“知人论世”的材料,推进学生的思考,也许更为合适。与其“导而牵之”,不如“助而推之”。

二、诗句错解，查证不足

如果不合适的导入使得诗歌主题教学偏离了正轨，那么对句意的错解、情感的歪曲则使整节课在歧途上越走越远。试选取其中一例：

我轻车简从前往边塞去慰问官兵，途中路过了居延。

像随风而去的蓬草一样出临边塞，像振翮北飞的归雁一样进入边境。

浩瀚沙漠中醒目的烽烟挺拔而起，长长的黄河上西下的太阳圆圆的。

到了边塞，只遇到骑马的侦察兵，原来守将们正在燕然前线。

这些解释的错误集中在“单车”“属国”“居延”以及“征蓬”“归雁”等词。

先看“单车”。上述课例中，将“单车”释为“轻车简从”，也有的直译成“一辆车”。一个“单”字，让许多教师如获至宝，他们认为自己可以通过这个字品读到背后的情感。其实“作者在这里暗用了汉代的一个典故，‘单车’为历史上出使绝域的使者的代称”①，西汉李陵《重报苏武书》云：“且足下昔以单车之使，适万乘之虏。”王维在诗中将“汉”比“唐”，表现的可能是当日出塞的盛世豪情。盛世豪情与抑郁之情截然相反，如果只择其一而教学，那从这一步就开始了对诗歌主题的误导。

再说“属国”。“属国”到底指的是人还是国家？一说是“属国”为秦汉官名“典属国”的省略，在此处是使者的代称，也就是指“我”；一说是特指居延属国，是地名。上述课例是将“属国”解作人，但前句中“单车”同样指使者，明显重复了，解作地名应该更为严谨。“居延”也有不同解读。多数人解读为地名，有失偏颇。居延在今内蒙古与蒙古国交界处，离都城长安1000余千米，而王维赴往的河西节度使治所距离长安仅有480多千米。王维没有理由到居延去，故此处同下文“燕然”一样应属于用典，用汉代防范匈奴的边关名称“居延”指代前线，实为虚指。如此一来，“过”释为“经过”似可商榷，释为“超过”

① 孙振涛．王维《使至塞上》新解[J]．北华大学学报(社会科学版)，2015(2)：68—71.

也未尝不可——“属国”象征的大唐疆域之广阔远远超过了“居延”象征的汉代。“属国过居延”,字里行间皆是慨当以慷的激情,主旨自然也与传统观点有所不同。

“征蓬”与“归雁”的含义更值得探讨。几乎所有教师都认为这两者是作者的自比,以此烘托漂泊、激愤之感,从而进一步曲解了诗歌主题。受曹植《吁嗟篇》影响,“征蓬”大多被解读为与客子孤游有关的意象,但王褒的《出塞》等诗却将其理解为随心所欲自由无拘的状态。再加上诗人此次考察及慰问边疆的出使任务是十分明确的,不应有漂泊之感,说明第二种“征蓬”意象的解读更适用于王维的这首诗,作者极有可能是化用了前人的诗意:战争胜利后,我骑着马无拘无束地在广阔的大漠中前行。除了“征蓬”,课堂上对“归雁”同样有误读:认为“归雁”是指秋天大雁南飞,引起诗人思乡之愁,故而诗人把“归雁”比作了自己。但结合生活常识可知,“归雁”如果是指秋季从北归南的大雁,“胡天”又是塞外的北方,岂不矛盾?可见,这种解读语焉不详,未经深入思考,见归雁即是思乡,见柳树即是惜别,说明有些教师在解读意象时容易陷入思维定式,或喜欢概念化的解读。既然背景介绍时提到,河西节度副使崔希逸在青涤西大破吐蕃军,王维此番是前去慰问的,那么,“征蓬出汉塞,归雁入胡天”,也可能表达的是作者踏上大唐新开拓的疆土时那种自得与自豪之情。

虽说诗无达诂,但语文课堂是工具性与人文性的统一,学生应形成良好的语文素养,对中国传统经典文化有基本的了解与认识。语文教师应该有强烈的存疑意识与批判精神,引导学生读懂古诗,读对古诗。经过历史的、深入的考证后,我们可以发现,将此诗的情感基调解为雄浑壮大、昂扬振奋是完全可行的。学界对此诗的释义存在多种解读,语文教师们几乎都选择了其中一种,而且还是同一种,这难道只是一种巧合吗?究其原因,是教师没有对教材进行充分研读,没有对各种文献材料进行充分利用,导致个性化的解读明显不足。《使至塞上》的教学案例只是一扇反映中学古诗词教学现状的窗户,管窥一斑,背后折射的可能是整个中学语文课堂的发展问题,不容小觑。

托马斯·福斯特曾说:“我们越多地意识到所读文本与别的文本之间对话的可能性,就越可能注意到它们之间的相似性与对应性,文本就变得鲜活生动。”①古典诗歌是一种互文性很强的文体，诗句对化用、用典、风格、意象的文化意味的传承，以及对语言的高度凝练所导致的背景信息的隐藏，都在提醒读者，古诗阅读，要注意寻找那些能对“这一首”诗歌阅读起到参考、印证或其他帮助作用的“互文”，开展“互文性”的对话，这样才能丰富和加深对文本的阅读体验。所以，针对古诗教学内容雷同的现象，我们可用一句话揭示其症结所在：还是书读少了。

三、流程固化，忽略重点

许多教师依照首联、颔联、颈联、尾联顺序依次解释字词及诗句，按部就班。语文学科与别的学科不同，教学组织形式与教学内容有很大的选择空间，尤其是教学内容的选择，不仅是对语文教师的挑战，也给了教师施展才华的巨大空间。教学内容的不确定性，使语文课堂有了更广阔的创造空间，教师可以对教学内容进行加工与重构，经过增删、提炼、整合、更换后，同样的课文由不同的语文教师来上，可以有迥然不同的效果。教《使至塞上》，一些教师在几次朗读之后就开始解释诗句意思，而且无一不按照首联、颔联、颈联、尾联的顺序墨守成规。更有甚者，将对诗句的解释作为整堂课的主要内容，解释完成后就草草收尾。试问这样的语文课，究竟能培养学生怎样的语文素养呢？

少数教师会根据自己的理解，对诗歌内容进行重组，比如福建省中学语文特级教师应永恒老师，他在教完首联、颔联、尾联后，再教学颈联。这样，就把诗人出使边塞的事情作为一个背景，烘云托月般地凸显了千古名句——“大漠孤烟直，长河落日圆”。这种处理是比较妥帖的，不仅突出了重点，加深了学生对教学重点的印象，而且充分发挥了学生的审美能力与感悟能力，使其自然而然地走进诗句，走近作者。

总体上看，《使至塞上》这首诗，从教学流程上看，几乎没有哪个教师自觉地把诗歌多重意义的主旨探究纳入教学环节，其潜在的假设是：这首诗表达什么，根本不是一个问题。这本身就是一个大问题。

王夫之在《唐诗评选》中评价《使至塞上》说：“右丞每于后四句入妙，前以

① 托马斯·福斯特．如何阅读一本书[M]．王爱燕，译．海口：南海出版公司，2016：42．

平语养之，遂成完作。一结平好，蕴藉遂已迥异。盖用景写意，景显意微，作者之极致也。"可见，《使至塞上》的主旨确实难以把握，这就需要教师投入更多的时间和精力认真研读，才能让学生真正读懂诗歌主题。

（作者现任职于杭州市萧山区委组织部）

散文之重，重在思想

——《一滴水经过丽江》教学思考

中文 152　章佳萍

摘　要：阿来的散文，写景中饱含丰富的情感与思想力。部编版新课文《一滴水经过丽江》以清丽自然、空灵纯净的轻的话语表达自然本真、历史流变、民族融合、文化共生等厚重的意蕴，在独特的散文景观中呈现出一种散文之重。

关键词：阿来；散文之重；散文教学

文艺批评家谢有顺说："阿来的散文，从某种程度上说，就是一种多维度交织的散文，一种有声音的散文，也是一种重的散文。它的重，就在于他那干净的文字后面，从来没有停止过对世界、人生与存在的追问。"①诚然，阿来散文创作是因灵魂表达的需要而非散文写作的需要②，他在"多种文化观念共同建构"的文化生态视野下，坚守民间写作立场，努力寻求着一种"雄伟的存在"与"大声音"。这种独特的创作观使其散文的内在价值变得丰富而沉重、宽广而深刻，充满浓郁的地方特色与厚重的人文底蕴。

《一滴水经过丽江》是部编版语文新教材八年级下册第五单元"江山多娇"中的新课文，属于自读课文。从创作初衷来看，这是阿来应丽江市政府所邀，以期编入中小学教材而用心写就③的一篇精美游记。他采用第一人称与拟人手法，选择一滴水的独特视角，运用神奇的想象和诗性的意象，在诗情画

---

① 史为昆，主编. 当代文学作品阅读经典：名家名篇美文精选[M]. 北京：人民日报出版社，2007(7)：98—102.

② 相静. 散文创作艺术论[M]. 沈阳：辽宁大学出版社，2009：14.

③ 阿来.【大家】小资与艳遇概括不了真正的丽江[EB/OL]. (2016-3-14)[2018-3-14]. https://cul.qq.com/a/20160314/059062.htm? pc.

意中让人感受丽江古城的壮美秀丽、悠久历史与灿烂文化。在这篇佳作中，阿来将散文的轻重关系处理得非常恰当，在清丽自然、空灵纯净的文字中表达自然本真、历史流变、民族融合、文化共生等厚重的意蕴。正是这些丰富的思想力，使这篇散文呈现出一种散文之重。

一、自然本真

阿来在《怎样注视自然》一文中提到“自然”问题，当大多数人都把自然当作抒怀的对象的时候，你会发现，那个被彻底遗忘了的自然本真才是自然的“重”之所在。面对雄奇、华美的自然景观，阿来比我们更能体察到自然的力量与情感。他用自己独特的感受力与丰富的内在体验，用自己诗性而富于哲理意味的语言顽强地表现出它的异质，以及天成。①

在藏族寨子里长大的阿来自小就热爱亲近自然，三十岁时曾漫游若尔盖大草原。是故乡的雪山与草原拓宽了他对生命原始的认知，形成自然本真的美学观念。《丽江记之二》中，阿来就谢绝朋友关于玉龙雪山的神话介绍，说：“我就想来看一座拔地而起雄踞于蓝空下的山。看一座沉默无言的山本身。而不想多听那些把山人格化或者神格化的传说。”“山就在那里，我只要看见山。看见冰、雪和岩石直接构成的雄伟庄严。”②在《一滴水经过丽江》中，作者也是以浪漫的诗意语言，表现出自然生命本真的雄伟存在。

该文首先表现在以一滴水这个独特的视角来开篇叙事。“我是一片雪，轻盈地落在了玉龙雪山顶上”，这滴水是多么自然灵动而富有生命。它甚至也有前世今生，会在高空的雾气里化为一片雪，又凝成一粒坚硬的冰，在阳光下融化成一滴水。作为丽江自然风光的一部分，它又见证着自然。这一滴水从丽江的源头玉龙雪山出发，沿途所见最先是田野、森林、瀑布、树木、鲜花，然后才经过驿道、纳西族村庄、草甸、落水洞、黑龙潭、四方街、纳西人院子，最后奔流到金沙江边。朱献华称赞阿来写作的角度新颖，构思奇特，虽然本文采用了拟人的写法，而且沿途描绘了大量的人文自然风光，但全文游踪清晰，

---

① 王妍．追寻大地的阶梯——阿来传[C]．中国现当代文学博士论文，大连：辽宁师范大学出版社，2012.

② 阿来．丽江的报春花无需外国人命名——丽江记之二[EB/OL]．(2015-3)[2016-3-15]．https://cul.qq.com/a/20160315/050684.htm.

主次分明，行文灵活却不紊乱。[①] 其实只要阅读过《丽江记之二》，便会发现草甸和落水洞指向九子海的山间小盆地，这种行踪构思其实与三山为屏、一川相连的丽江地形构造，与丽江古城的城市空间、充满生命力的水系相关。所以与其说阿来的散文是想象的构思，不如说是来自对自然生命尊重与崇敬后的灵感馈赠。

其次表现在诗意的灵动中。采用第一人称与拟人手法，将一滴水人格化，以亲历者的眼光去观察与叙述，从而让自然更加富有情感魅力。如对著名的玉龙雪山景色描写："晶莹夺目矗立在蓝天下面。潭水映照雪山，真让人目眩神迷啊。""目眩神迷"强调了雪山令人震撼的美。阿来本色是诗人，他的文字清新自然，就像从玉龙雪山上飘下来的风，里面还夹着冰冷却动人的温柔。[②] 结尾倒数第二段"在宽广的丽江坝中流淌，穿越大地时，头顶上是满天星光。一些薄云掠过月亮时，就像丽江古城中，一个银匠，正在擦拭一只硕大的银盘"这一句就极具"冰冷却动人的温柔"，能让读者感受到空灵干净后的丰富内蕴，感受到自然本真的恒远、超然之美。把自然还给自然，这似乎一直是阿来写作中的内在愿望。[③] 而他，也正是一直基于此在创作。

二、历史流变

阿来也尊重历史，曾潜心钻研过地方史多年，其笔下的风土人物与历史典故，都客观真实经得起推敲。作为一个写作者，他认为："历史总会用某种方式，向我转过脸来，让我看见，让我触摸，让我面对过去的时代、过去的生活，建立一种真实的感觉。这种资源一直都是我最宝贵的写作资源。"[④]因此阿来的散文也给人一种真实客观的历史感。

丽江古城作为国家历史文化名城，呈现出独特的地域特色与风土人情，其深厚的民族文化底蕴无疑是阿来创作《一滴水经过丽江》最为重要的养分。从阿来《丽江记》可知，在创作期间他曾广泛搜罗材料并实地考察，《云南史料

---

① 朱献华．一次美丽的精神之旅——《一滴水经过丽江》赏析．美文欣赏与解析[M]．北京：中国文联出版社，2015．

② 同上。

③ 史为昆，主编．当代文学作品阅读经典：名家名篇美文精选[M]．北京：人民日报出版社，2007(7)：98—102．

④ 阿来．灵魂之舞[M]．北京：人民文学出版社，2012．

丛刊》、杨福泉《纳西族与藏族历史关系研究》、顾彼德《被遗忘的王国》、洛克的相关著作等都给予他宝贵的历史滋养，让他能够以文学创作方式走进历史深处。

从文本内容来看，作者主要是以时空变化来展示历史。以一滴水的纯净与灵动，相遇与离别，穿行于传统与现代，连接着过去与未来。这许多年的沉睡与某一天的醒来在云淡风轻的语言中，铺垫出历史的遥远与悠长。当“我”跌入落水洞睡去，再次醒来，时间又过去了好几百年。这里代表着历史的时间已如涓涓细流，和缓平静地流淌与更迭。在这样安然的时间长河中，浓墨重彩的历史也成了简单质朴的人文风景。马帮来往的驿道、纳西族的村庄、明代木氏家族建造的四方街、徐霞客的丽江游记，这一切作者都没有加以赞颂或评判，没有特意去突出民族文化的伟大，而是在评判主体消隐的“零度情感”下去客观叙述历史的发生与发展。当“我”想看东巴文的水字如何写时，当“我”在一分为三的玉河前稍作徘徊时，总是来不及停下就被推着前行。可见历史虽平静深沉，但也如这滴水般会流淌消逝，奔向未来。

若从空间变化来看，脉络清晰的游踪中有一处鲜明的对比。经过纳西族村庄时人们都在说：丽江坝、丽江坝。那真是一个山间美丽的大盆地。等到几百年后再次醒来，发现在不同的语言里，那个词仍频频出现：丽江、丽江。这时的丽江已经是一座很大的城了。从“纳西族村人”到“不同的语言”，从“丽江坝”到“丽江城”的称谓变化，展现了丽江由封闭古老的村庄变为开放的世界著名旅游城市的历史变迁。这种城乡变化使民族的历史增添了世界性的光彩，让传统融进了现代。

三、文化共生

阿来时常强调：“我是一个用汉语写作的藏族人，从童年时代起，一个藏族人注定要在两种语言之间流浪。”①他承袭了藏文化的精髓，那是一种渗透在他灵魂与血液里的本质，但同时他又采用了汉文字的表达工具，吸收了汉文化的内蕴与意义。汉藏文化的共同建构让阿来跳出了民族文化和地域文化的窠臼，在较大程度上拓展了创作空间，深化了作品的内涵意蕴，并在文化

① 阿来，姜广平．我是一个藏族人，用汉语写作[J]．西湖，2011(6)．

的层面上展现出大气度和大格局，从而使作家的创作表达具有了更普泛的意义和价值。①

在《一滴水经过丽江》中，阿来以开放的文化格局寻求着一种“大声音”，实现了丽江古城中传统与现代、民族与世界多种文化的和谐共存。

史籍载称：“云南诸土司，知诗书，好礼守义，以丽江木氏为首。”几代土司“以文藻自振，声驰士林”②。可见文化共生在文本中首先表现在纳西族与汉民族历史文化的融合；纳西族的首领木氏家族与徐霞客之间的交往，体现出中华各民族间文化的和谐共处。

其次，在黑龙潭翻出水面时，“看到很多不一样的人，黑头发的人，黄头发的人。黑眼睛的人，蓝眼睛的人”，这里以不同的外貌特征展示出一种民族与世界相互包容的文化格局。阿来对本族本土的理解，尽可能从整个世界文化的格局来返观，③所以他在自身文学创作中也将民族性包含到世界性之中。

再者，对丽江最具有地方特色的四方街的描写，展现出传统历史文化与现代文化之间的融合。那叮叮当当敲打着银器的小店、挂着水一样碧绿的翡翠的玉器店、售卖东巴象形文字的字画店、演奏古代音乐的白须垂胸的老者们……这店面中的饰物、文字、音乐体现着纳西人的文化修养与审美情趣，体现着地方的民族宗教、美学与文学等多方面的文化内涵，展示着历史文化的深厚与丰富。与此同时，作为店铺售卖的商品，它们又体现着全球商品经济发展下的文化经济理念，是文化产业中的重要组成部分。对古城的灯红酒绿、茶馆酒吧的欢声歌唱这些现代消费娱乐文化，以“他们的心像一滴水一样晶莹”暗示出认可包容的态度。

在纳西人三坊一照壁的院子里，也展示出多种文化和谐共存。“楼上的客人与楼下的主人大声交谈。客人问主人当地的掌故。主人问客人远方的情形”这一幅主客交流图描绘出在丽江古城中，人们在历史与当下、民族与世界之间积极地进行着文化沟通。正如阿来自己所说：“我相信，这种众多声音的汇集，最终会相当和谐、相当壮美地带着我们的心中的诗意，我们不愿沉沦

---

① 张莹. 浸淫与构建——以阿来为例看当代藏族作家创作的文化意义[C]. 陈思广，主编，阿来研究第 2 辑，成都：四川大学出版社，2015(5)：162.

② 阿来.【大家】藏族人为什么能在丽江当大哥[EB/OL]. 2016-3-1. https://cul.qq.com/a/20160301/025172.htm.

③ 阿来，姜广平. 我是一个藏族人，用汉语写作[J]. 西湖，2011(6).

的情感直达天庭。”

通过对《一滴水经过丽江》中散文之重的分析，我们发现阿来散文的“思想力”主要在于对自然本真的重视，对历史真实的尊重以及对不同文化间和谐共生的祝愿。值得注意的是，这篇优秀散文所在单元的写作模块恰是“学写游记”。游记为散文概念下的分属，写游记，是散文教学的一种延伸与应用，教师可以引导学生从自然、历史或文化中选择任一角度，写一写自己的家乡。

（作者现为南京师范大学2019级语文学科教学硕士生）

第 五 编

教学设计

运用矛盾法让故事变得曲折生动

——记叙文写作教学设计及解析

中文 121　狄家吏

摘　要:思维导图是锻炼学生抽象思维能力的一种很好的工具。近几年,思维导图在写作教学中日益盛行,其形式、内容都更加多样、富有新意,为写作教学提供了更为强大的助推力。在记叙文写作中,学生也可以借助思维导图将叙事的波折性等展现出来。本设计借助思维导读,让学生学会用矛盾法制造叙事的波澜,既完成了知识教学,又实现了过程指导,学生学有所得,收到了较好的教学效果。

关键词:记叙文写作;矛盾法;思维导图

一、设计背景

(一)叙事写作教学现状分析

1. 知识教学浅显

语文教材中并不缺乏记叙文写作知识(如表1所示),教师在讲授写作知识时却往往停留在浅显的层面,认为学生了解了写作知识即可,忽略了知识运用的指导。长此以往,写作教学便陷入了“多讲授,少实践”“多知识,少方法”的困境。同时,由于知识多且繁杂,真正有效的写作知识极易被淹没其中。

表1 记叙文写作知识

记叙文	顺序	顺叙、倒叙、插叙
	线索	人线、物线、事线、时线、地线、情线
	人称	第一人称、第二人称、第三人称
	六要素	时间、地点、人物,事件的起因、经过、结果
	写作对象	写人、叙事、写景、状物
	常用表达方式	记叙、描写、说明、议论、抒情
	中心与详略	材料与中心、材料的详略安排

2. 过程指导缺失

叶黎明认为"教师一般只进行写前动机的激发与写后的评价反馈,缺乏写作过程中的介入性指导"①。在初中语文叙事写作教学中,部分教师会在学生写作前进行简单指导,而大多数教师往往指定一个记叙文作文题目(如:生活中温暖的事、不该发生的事……),让学生当堂完成或课后完成,之后进行批改、反馈。教师并没有直接参与学生的记叙文写作过程,自然也无法提供有效的过程指导。

3. 评价标准模糊

受主观或客观因素的影响,教师在评价学生作文时很难做到绝对的公平公正。部分教师形成了诸如"成绩好的同学各方面都好"的惯性思维,在批改作文时会"因人给分"。此外,记叙文写作练习目的各有侧重,有的可能指向语言,有的可能指向事件是否波折生动,有的可能指向情感,等等,但教师在评价时,大都凭经验或语感,没有清晰、客观、具体的评价标准,无法有效发挥评价的作用,不利于提升学生记叙文写作的能力。

(二)初中语文叙事写作教学变革方向

1. 紧扣核心知识

部编版初中语文教材同样强调写作知识的重要性,并尝试以核心写作知

① 叶黎明. 写作教学内容新论[M]. 上海:上海教育出版社,2012:3.

识为支点，改进写作课堂。那么，什么是记叙文写作教学的核心知识？叶黎明指出，在记叙文的知识开发上，可能要做到两个“恢复”和一个“突出”，要教关于叙事的知识要素和描写的知识要素。①

2. 加强过程指导

在部编版初中语文教材正式投入使用后，写作教学愈来愈受关注且重视过程性指导。章新其提出了写作教学过程指导的基本路径：萃取并确定具体的微化的核心知识→提供必要的不同形式的学习支架→实施具体的教学训练。许多一线教师在写作课堂中多采取这一基本路径，加强对学生写作的过程性指导。

3. 探索评价量表

要提高学生记叙文写作的能力，准确而客观、操作性强的评价必不可少。近两年来，各类写作评价量表已经频频出现在初中语文写作课堂中。学生成为“小老师”，学习对照评价量表修改作文，之后教师再进行二次批改。教师可结合课标与实际学情来设计评价量表，如：叙事是否有波折？叙事的语言够不够生动？情感是否打动人？要想切实帮助学生对作文的修改，这样的引导还过于宽泛，教师还要对上述的问题进行细化，才能制订出真正具有操作价值的评价量表。

4. 巧借思维导图

《义务教育语文课程标准（2011 年版）》提出“在发展语言能力的同时，发展思维能力，激发想象力和创造潜能”②。思维导图是锻炼学生抽象思维能力的一种很好的工具。近几年，思维导图在写作教学中日益盛行，其形式、内容都更加多样、富有新意，为写作教学提供了更为强大的助推力。在记叙文写作中，学生也可以借助思维导图将叙事的波折性等展现出来。

---

① 叶黎明. 写作教学内容新论[M]. 上海：上海教育出版社，2012：106—107.

② 中华人民共和国教育部.《义务教育语文课程标准（2011 年版）》[S]. 北京：北京师范大学出版社，2017：5.

二、教学设计

(一)教学目标

1. 梳理已学课文的故事情节,根据文本思维导图寻找矛盾。
2. 独立思考指定片段,补充完成思维导图。
3. 围绕给定主题,尝试制造矛盾并绘制写作思维导图。

(二)教学过程

1. 电影导入,引出矛盾

(1)回顾影片内容

导入:前段时间,同学们和爸爸妈妈一起走进影院观看了《寻梦环游记》,并完成了观后感。这部影片给大家留下了深刻的印象。那么请同学们回想影片,用一句话来说说为什么它会让你印象深刻。

预设:立意深刻,死亡不是生命的终点,遗忘才是;家人是比梦想还重要的事;电影戳到了泪点;影片的波折和反转让人意想不到,紧紧抓住了我的心,我的情绪跟着人物起伏。

(2)找出影片矛盾

戏剧学认为:矛盾冲突是情节发展的根本,没有矛盾冲突就没有情节。《寻梦环游记》之所以能让人印象深刻,主要原因之一是情节一波三折。而推动情节起伏发展的关键因素是矛盾。接下来请同学们思考:这部影片中有哪几处重要的矛盾?这几处矛盾又是如何推动情节发展的?(学生回答后,呈现PPT,如表2所示)

表2 《寻梦环游记》情节矛盾

米格的音乐梦想	VS	家族的音乐禁忌	→	误闯人亡灵世界
回家后参加音乐比赛	VS	不碰音乐才送他回家	→	找热爱音乐之人
曾祖母记忆消退	VS	埃克托照片丢失	→	唤醒曾祖母记忆

小结:矛盾让电影情节变得曲折、有新意。其实,写作也一样。如果想把一个普通的故事写得曲折、生动,设置矛盾不失为一个妙计。今天,我们就一起来学习“矛盾法”,看看如何运用“矛盾法”让我们笔下的文章变得波折、生动。

2.师生共读,发现矛盾

我们先一起来看一篇学过的课文——《走一步,再走一步》。请大家看任务一的思维导图(如图1所示)。它已经帮我们概括了课文的主要情节:冒险——遇险——解救——脱险。我们的任务是找出每个情节中的矛盾。以“冒险”为例,这一处存在的矛盾发生在“我”与同伴之间,表现为“同伴要去登山,我却犹豫”。根据这个范例,请思考并填写后面的三组矛盾。

明确:“遇险”的矛盾是同伴和“我”之间的矛盾,表现为“同伴登山上下自如,我却爬到一半不敢再爬”。“解救”的矛盾发生在父亲和“我”之间,表现为“父亲淡定、安慰地让我下来,我却大哭、怒吼不敢下来”。“脱险”的矛盾发生在“我”和自己之间,表现为“我不敢下来,但又非下来不可”。

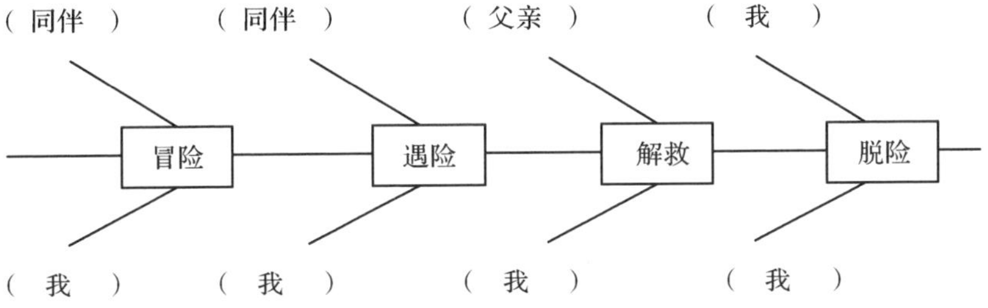

图1 任务一 学生范例

小结:《走一步,再走一步》通过设置“我”和同伴、“我”和父亲、“我”和自己等多处矛盾,让一次普通的冒险情节变得生动波折。

3.独立思考,寻找矛盾

请同学们运用刚才分析《走一步,再走一步》的方法,完成《散步》的思维导图(如图2所示),找出并概括其中存在的矛盾。

明确:全家散步——产生分歧——解决分歧——温馨散步。

“全家散步”:我们要去散步,母亲不愿去——我们和母亲的矛盾。

“产生分歧”:母亲要走大路,儿子要走小路——母亲和儿子的矛盾。

“解决分歧”:我说一起走大路,母亲却说走小路——我和母亲的矛盾。

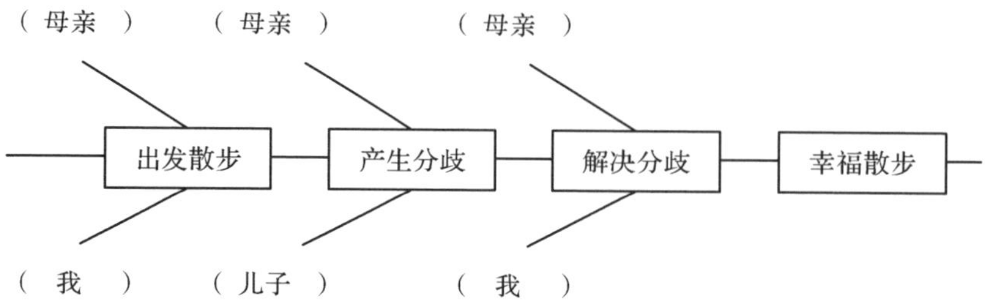

图 2　任务二　学生范例

小结：因为有了我们和母亲、儿子和母亲、我和母亲之间的几处矛盾，一次普通的散步变得不再普通。

4. 小试牛刀，编写矛盾

(1)添枝加叶，扩写片段

在平时的随笔中，老师发现其中有一件事很值得写，但是小作者写得平淡了些。所以想请大家当一回老师，用我们今天学的“矛盾法”来改一改（如图 3、4 所示），看看怎么能让这件平淡的事变得生动波折。

（PPT 呈现）事件：我要报名参加校合唱团。入团后，我们紧锣密鼓地为两个月后的市合唱比赛做准备。两个月后，我们拿了一等奖。

（选择两至三位学生发言，生、师评价）

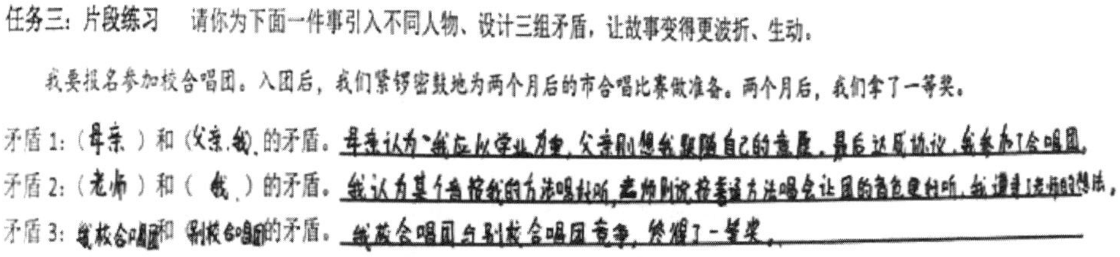
任务三：片段练习　请你为下面一件事引入不同人物、设计三组矛盾，让故事变得更波折、生动。

我要报名参加校合唱团。入团后，我们紧锣密鼓地为两个月后的市合唱比赛做准备。两个月后，我们拿了一等奖。

矛盾 1：（母亲）和（父亲，我）的矛盾。母亲认为“我应以学业为重，父亲则想我跟随自己的意愿。最后达成协议，我参加了合唱团。

矛盾 2：（老师）和（我）的矛盾。我认为某个音按我的方法唱好听，老师则说按普通方法唱会让团的音色更好听，我遵守了老师的想法。

矛盾 3：我校合唱团和别校合唱团的矛盾。我校合唱团与别校合唱团竞争，终得了一等奖。

图 3　任务三　学生范例一

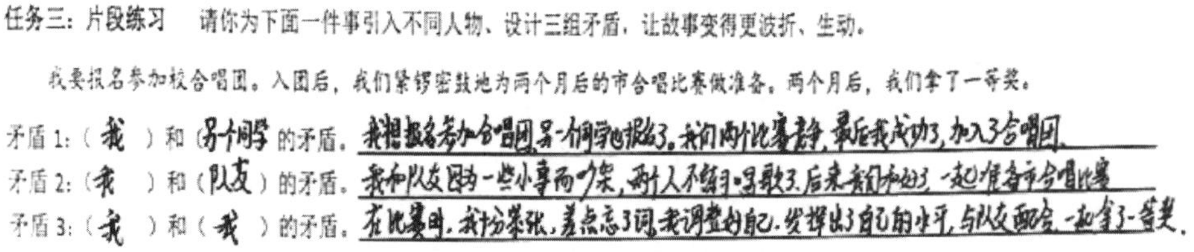
任务三：片段练习　请你为下面一件事引入不同人物、设计三组矛盾，让故事变得更波折、生动。

我要报名参加校合唱团。入团后，我们紧锣密鼓地为两个月后的市合唱比赛做准备。两个月后，我们拿了一等奖。

矛盾 1：（我）和（另个同学）的矛盾。我想报名参加合唱团，另一个同学也报名了。我们两个比赛竞争，最后我成功了，加入了合唱团。

矛盾 2：（我）和（队友）的矛盾。我和队友因为一些小事而吵架，两个人不能好好唱歌了。后来我们和好了，一起准备市合唱比赛

矛盾 3：（我）和（我）的矛盾。在比赛时，我十分紧张，差点忘了词。我调整好自己，发挥出了自己的水平，与队友配合，一起拿了一等奖。

图 4　任务三　学生范例二

(2)回归生活，独立创作

记叙文的写作离不开叙事，而能作为最佳写作素材的事件必定来源于生活。同时，矛盾在生活中几乎是无处不在。所以，运用“矛盾法”来叙事可以说是再合适不过了。接下来就请同学们以“一次展示”(如演讲、朗诵、主持、班队、特长、阅兵式等)为主题，结合真实的生活体验，运用“矛盾法”绘制属于你自己的写作思维导图，如图5、6所示。(小组讨论2分钟，选择三个小组进行展示，生、师评价)

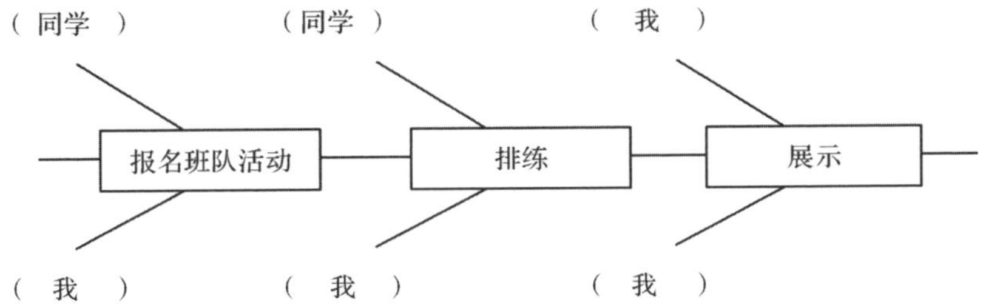

图5　任务四　学生范例一

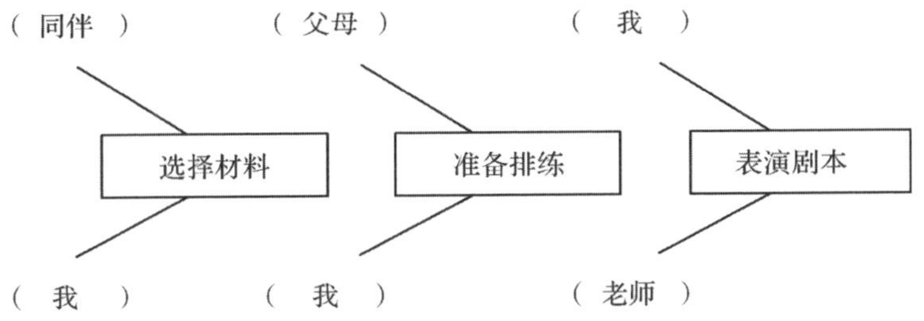

图6　任务四　学生范例二

总结：这堂课，我们通过回顾影片与学过的课文，发现矛盾能使情节变得生动、波折；又通过扩写片段、绘制个性的写作思维导图当了一回设置矛盾的小作家。希望同学们在之后的记叙文写作中，能常常运用“矛盾”这一锦囊，让你的文章变得与众不同。

三、课后反思

本堂课的重点在于教会学生如何运用“矛盾法”进行记叙文写作。尽管笔者在布置课堂任务时基本做到了要求具体、明确，但并未在课堂上出示评价量表。在批改作文时，笔者也进行了反思：可以在课堂上呈现评价量表，先由学生依据量表进行自评、互改，之后再由教师在此基础上进行二次批改。基于此，笔者设计了如表3所示的评价量表。

表3 “矛盾法”叙事的评价量表

层级	评价标准	评价层级(√)
C级	1. 字数400字以下，书写不够整洁；2. 设计了二组以下的矛盾；3. 矛盾的设置突兀，过于简单。	
B级	1. 字数500字以下，书写较美观整洁；2. 设计了两三组矛盾；3. 有矛盾的设置，但描写不够细腻，不够感染人。	
A级	1. 字数600字左右，书写美观整洁；2. 设计了三组矛盾；3. 矛盾的设置巧妙、细致、引人入胜。	
学生修改意见		
老师的话		

(作者现为天杭实验学校的教师)

《回忆我的母亲》教学设计

中文151　林浣楠

摘　要:《回忆我的母亲》是朱德悼念母亲的散文,语言平实,情感真挚。本设计以“感受母亲形象及作者在平实叙述中饱含着的深情;研读文章中议论性语句,体会其内涵与作用”为教学目标,采取扣词品析法,从副词、数量词和动词等词语入手,聆听文本细响。该篇是部编版教材中新加入的与红色经典主题相关联的单篇,联系本学期必读名著《红星照耀中国》,以朱德的领导才能和个人魅力导入文本,以追求教学设计的生本性与创新性。

关键词:《回忆我的母亲》;教学设计;扣词品析

一、教学目标

1. **重点**:扣词品析,感受母亲形象及作者在平实叙述中饱含着的深情。
2. **难点**:研读文章中议论性语句,体会其内涵与作用。

二、教学步骤

(一)回顾名著,激情导入

1. 屏显本学期必读名著《红星照耀中国》中的“朱德篇”部分内容。

在南方的这些岁月里,朱德指挥全军,打了几百次小仗,几十次大仗,经历了敌人的五次大围剿,……不论如何估计他的胜败,必须承认,就战术的独创性、部队的机动性和作战的多样性而言,他再三证明自己胜过派过来打他的任何一个将领。

他部下的军队在西藏的冰天雪地之中，经受了整整一个严冬的围困和艰难，除了牦牛肉以外没有别的吃的，而仍能够保持万众一心，这必须归因于纯属领导人物的个人魅力，还有那鼓舞部下具有为一个事业英勇牺牲的忠贞不贰精神的罕见人品。

朱德爱护他的部下是天下闻名的。自从担任全军统帅以后，他的生活和穿着都跟普通士兵一样，同甘共苦，……在长征途中，他把马让给走累了的同志骑，自己却大部分步行，似乎不知疲倦。

2.学生浏览以上文字，教师导入：不论是在红军眼里，还是在敌人眼中，朱德都是神一样的存在。然而朱德说“我应该感谢母亲”，在他的心目中，自己能有这样的成就，是他的母亲培养了他，造就了他。今天我们就来学习《回忆我的母亲》，走近这位开国元勋的母亲——钟太夫人。

（二）初读课文，感受母亲形象

1.学生默读课文，说一说“我读出了一位________的母亲”。

2.对比延安追悼会上党中央与各个领导赠送的挽联内容，思考：为什么朱德的母亲能获此殊荣？

八路功勋大孝为国，一生劳动吾党之光。——中共中央

为母当学民族英雄贤母，斯人无愧劳动阶级完人。——毛泽东

钟太夫人，姓钟。太，古有“大”意。太夫人即为大夫人，是对逝者的敬称。钟氏就是这样一个平凡得连名字都没有的女人，可是她却被授予“吾党之光”“劳动阶级完人”如此高的头衔。你觉得她担得起吗？

（三）细读文本，体会母子情

1.**教读**：学生细读课文第4段，教师指导学生从文段中的副词、数量词和动词等词语入手，掌握文本细读之扣词品析法，品味文本关键点。

母亲是个好劳动。从我能记忆时起，总是天不亮就起床。全家二十多口人，妇女们轮班煮饭，轮到就煮一年。母亲把饭煮了，还要种田，种菜，喂猪，养蚕，纺棉花。因为她身体高大结实，还能挑水挑粪。

(1)从我能记忆时起、总是——关于劳动时长的表述，说明母亲不只是从早忙到晚，更是长年累月连轴转地忙碌。

(2)还要——关于家务数量的表述，突出母亲的辛劳，也包含了“我”的心疼之意。

(3)还能——关于劳动能力的表述，表现母亲劳动能力之强，十分能干，有赞叹也有自豪。

明确：本段通过回忆母亲的勤劳能干表达了对母亲的敬佩和心疼。

2. **自读：**学生四人组成一个小组分组讨论，运用扣词品析法，研读第5段和第6段，五分钟后推选小组代表上台解说，并板书关键词，如勤劳简朴、任劳任怨、贤惠能干等。

第5段：词语替换，悄悄换成默默？——主动与被动之别，以“我”的懂事来衬托母亲的任劳任怨。

第6段：抓强调意味词句，看也不看、有铜钱那样厚、接着穿还穿不烂——体现母亲的心灵手巧。

明确：在家里生活物资极度匮乏、勉强能够活命的情况下，母亲依然把这个家的生计给维持下来了，并且让我们的生活过得有滋有味。凸显了母亲的心灵手巧、聪慧能干和勤俭持家，也满含着作者对母亲的感激、赞美与敬爱。

3. **教师总结：**经过以上三段的精读，我们可以感受到，《回忆我的母亲》语言是质朴平实的，情感却是深切的。半生戎马、睥睨千军的朱德总司令把他的一腔柔情都藏在了这篇文章的字里行间。这样的文章，我们可以说——语淡而又情深。

(四)深读母亲，体味伟大

1. 归纳第8—12段大意，思考：这是一篇回忆母亲的文章，为什么作者会花大量的笔墨来记叙当时的社会背景和“我”参加革命的历程呢？

找到文中原句并齐读：

母亲沉痛的三言两语的诉说以及我亲眼见到的许多不平事实，启发了我幼年时期反抗压迫追求光明的思想，使我决心寻找新的生活。

明确：(1)“不平事实”是指“乡间豪绅地主的欺压”和“衙门差役的横蛮”，中国农民在旧社会中不得不遭受的悲惨命运。(2)宽厚仁慈、爱憎分明和面对压迫时的坚强不屈是“我”从母亲身上获得的宝贵的精神财富。

2. 对比阅读第 9 段和第 10 段，思考为什么母亲对于“我”离开家乡，远走云南，参加新军和同盟会的这一举动不但不反对，反而给了“我”许多慰勉呢？

那时乡间豪绅地主的欺压，衙门差役的横蛮，逼得母亲和父亲决心节衣缩食培养出一个读书人来“支撑门户”。……这个时候的学费都是东挪西借来的，总共用了二百多块钱，直到我后来当护国军旅长才还清。

……

那时新旧思想冲突得很厉害。我们抱了科学民主的思想，想在家乡做点事情，守旧的豪绅们便出来反对我们。我决心瞒着母亲离开家乡，远走云南，参加新军和同盟会。

明确：“新旧思想”“科学民主”“新军和同盟会”这些词汇对一个没有受过文化教育的农妇而言，无异是天方夜谭。但是母亲依然支持“我”，因为“我”所做的事会让“守旧的豪绅们”出来反对。在母亲粗浅的认知里，“豪绅”代表着压迫，是劳动人民不幸命运的根源，而“我”与他们对立，就是在做一件正确的事。

教师总结：当时正逢动乱，把孩子送出去，很多时候便是有去无回了。当“我”要远走云南，投身革命。母亲对于“我”这样的举动不但不反对，反而鼓励。古有岳母刺字，今有朱母勉儿。朱德的母亲，实在是深明大义，识大体，顾大局。这样的母亲，我们可以说——平凡而又伟大。那么，现在大家觉得，她配得上那样高度的评价了吗？

3. **过渡**：《回忆我的母亲》是朱德在得知千里外的母亲逝世之后，因无法及时赶到老母身旁，而怀揣着悲痛的心情写下的一篇悼文。在这样的一篇叙述抒情类文章中，作者穿插了一些议论，请学生找出来并思考它们有什么作用。

明确：第 1 段、第 3 段第 3 句、第 4 段首句、第 7 段倒数第 3 句、第 13 段首句、第 15 段末句、第 16 段第 2 和 3 句。

结合悼文的文体特色，理解议论在文章中的作用。

（五）课堂总结，朗读小诗

1. **教师总结**：1944 年 2 月 15 日，劳累了一生的朱德母亲钟太夫人仙逝，享年 86 岁。由于战争期间邮路受阻，这个噩耗传到延安已是阳春三月。铁骨铮铮的朱德将军念完报丧的家书，热泪肆流。“子欲养而亲不在”，逝者已去，何以报恩？朱德把这份小小的对母亲的爱升华到对中国千百万劳动人民的爱，升华到对整个中华民族的爱，于是这份爱便成了永恒的大爱。

2. 师生共读余光中小诗《今生今世》，配乐《神秘园之歌》。

今生今世

我最难忘的哭声有两次
一次在我生命的开始
一次在你生命的告终
第一次，我不会记得
是听你说的
第二次，你不会晓得
我说也没用
但这两次哭声的中间
有无穷无尽的笑声
一遍又一遍
回荡了整整 30 年
你都晓得，我都记得

三、作业：课后阅读，名家忆母

胡适《我的母亲》

邹韬奋《我的母亲》

老舍《我的母亲》
孙犁《母亲的回忆》
琦君《髻》
席慕蓉《失母》
贾平凹《写给母亲》

四、板书设计

朱德《回忆我的母亲》板书设计参考，如图 1 所示：

图 1　板书设计范例

五、设计说明

《回忆我的母亲》是朱德悼念母亲的散文，本文主要回忆了母亲勤劳的一生，述其事，颂其德，寄其哀，同时表明了自己要以尽忠于民族和人民、尽忠于党来报答母亲深恩的决心。语言平实，情感真挚。

教参上的教法是先根据文章内容进行段落划分，明确本文以时间为序的叙事结构；再围绕母亲“勤劳一生”这一主线，以“教给我与困难做斗争的经验”“又给我一个强健的身体，一个勤劳的习惯”和“教给我生产的知识和革命的意志”三方面为依托，寻找文中具体事例，探究分别体现了母亲什么样的品格；最后研读文末议论性语句，体会其内涵与作用。

因为文章篇幅较长，且写作年代距今久远，常规的教法不易激发学生的兴趣。于是在传统设计的基础之上，我加入了“余光中小诗配乐朗读”这一环节，试图丰富课堂。然而这只是锦上添花的东西，并非雪中之炭。在收集学生课前预习问题时，我看到大部分学生的困惑是为什么这么一篇语言直白的文章中竟然会饱含着作者的深情，为什么回忆母亲到最后会上升到革命事业的高度上。不以人物形象和作者情感为主要抓手，文章很难读懂。因此在第二稿中，我推翻了原有的设计框架，借鉴南帆先生的“文本细读就是沉入词语”，以文本细读作为重点教学内容，从副词、数量词和动词等词语入手，扣词品析，聆听文本细响。为了突出学生的主体地位，先教读，师生共同研读；后自读，学生分小组批注阅读。此外，我还注意到本文是部编版教材中新加入的与红色经典主题相关联的单篇，联系本学期必读名著《红星照耀中国》，决定以朱德的领导才能和个人魅力进行导入，最终完善了本篇教学设计。

（作者现为温岭市大溪四中的教师）

《再别康桥》教学设计

中文161　应少艾

摘　要:诗歌教学的要义是要让学生在声、韵、律中去感受和体悟诗人的情感。本教学设计意在引导学生准确把握诗歌的情感基调和内在节奏,以读促赏;品味丰富多彩的意象,体会个中情韵;知人论世,深入诗人的心灵世界,把握诗歌的情感起伏。

关键词:《再别康桥》;教学设计;诗歌教学

一、设计理念

《毛诗序》说:"诗者,志之所之也,在心为志,发言为诗,情动于中而形于言。"诗歌是诗人情感的外化,字里行间最值得揣摩咀嚼的就是诗人的情志。《再别康桥》的情感含而不露,语言简洁平易,因此在具体的教学过程中,教师可以将诗歌交给学生自己去探究,让学生自己去揣摩作者的情志。因此本教学设计注重对学生自主探究活动的安排,教师只是一个导学者的身份。

同时,本设计利用一个曲线图串联课堂教学板块,给学生惊喜,构建一个奇思妙想的课堂;在教学过程中立足文本,聚焦语言文字本身,进行深入的文本解读;在学生探究发言的过程中,通过诚恳机智的对话,力求教师智慧与学生智慧的交锋、碰撞、融合与升华。

二、课标分析

1.高中语文新课标对"审美鉴赏与创造"这一语文学科核心素养的阐释是:学生在语文学习中通过审美体验、评价等活动形成正确的审美意识、健康向上的审美情趣与鉴赏品位，并在此过程中逐步掌握表现美、创造美的方法。

2. 新课标在“文学阅读与写作”学习任务群的学习目标中提到：根据诗歌、散文、小说、剧本不同的艺术表现方式，从语言、构思、形象、意蕴、情感等多个角度欣赏作品，获得审美体验，认识作品的美学价值，发现作者独特的艺术创造。可见，诗歌教学必须采用符合其文体特征的教学方法，“依类定教”，如加强诵读，在诵读中感受和体悟作品的意象及其传达的情感内涵。

三、学情分析

新高一的学生接触的现代诗歌并不多，对于现代诗歌的风格、意象以及作者的情感都比较陌生。在现代诗的朗诵上，也缺乏必要的朗诵技巧。同时学生的诗歌鉴赏能力较弱，对诗歌的鉴赏容易停留在语言和内容的表层。

四、教材分析

《再别康桥》是人教版语文必修一第一单元的一篇诗歌，是 20 世纪一首出色的现代离别诗。现代觉醒者的寻梦意识和一个富有个性的诗人对于美和自由的强烈追求，让“别离”这个古老的主题获得了新的内涵。诗歌记下了诗人 1928 年秋重返英国，再别康桥时的情感体验，表现了一种“怨而不怒，哀而不伤”的离情别绪。

五、教学目标

1. 把握诗歌的独特意象，如“康桥”“金柳”“水草”等，品味诗歌的意境，领会作者离别时的思想感情。

2. 通过诵读感受诗歌的节奏、韵脚和句式，体会诗歌形式和内容的统一。

六、教学重难点

1. 在反复诵读与品读中把握诗歌情感起伏的脉络。

2. 揣摩诗中独特意象对诗歌意境塑造的作用。

七、教学过程

(一)课前预习

1. 了解徐志摩的生平及《再别康桥》的创作背景,为课堂中更好地理解作者在诗中传达的情感做铺垫。

2. 朗读诗歌,自主解决疑难字词。

(二)课堂导入,朗读激趣

导语:“有这样一座桥,风景秀丽,闻名遐迩;有这样一个人,风流倜傥,才华横溢;有这样一首诗,清新空灵,含蓄隽永。”这节课就让我们跟随诗人徐志摩的脚步,去欣赏这座桥,走近这个人,感受这首诗。首先请大家自由朗读一遍诗歌,想一想这首诗的情感基调是怎样的。

(板书:再别康桥　徐志摩)

设计说明:课前播放舒缓的音乐,教师有感情地导入,激发学生学习文本的兴趣,并做好上课的心理准备和情绪准备。

(三)解题定调,把握意脉

1. **提问:**初读这首诗后,大家说说它的情感基调是怎样的?

活动设计:学生分小组探讨,学生分享后,师生共同探讨。

预设:忧伤、惆怅、惜别、眷恋……

明确:《再别康桥》是一首离别诗,全诗似乎处处是景,却又处处是情,离别前的哀伤和惆怅漂浮在每一个细微处,而那愁绪是来自诗人心底对康桥的依恋和痴爱!但是,志摩的诗愁是有度的,它不是苏东坡“十年生死两茫茫,不思量,自难忘”的深沉,也不是柳永“执手相看泪眼,竟无语凝噎”的恣肆,而是有一种节制感情的理性在里面,是“挥一挥衣袖,不带走一片云彩”的风轻云淡,是“哀而不伤”的。

（板书：怨而不怒，哀而不伤）

2. **活动**：学生朗读文本，绘制情感变化曲线。而后请一位同学在黑板上展示、解说。

过渡语：定好感情基调只是读好一首诗的前提。接下来请同学们再朗读一遍诗歌，注意把握诗歌的内在节奏，也就是它情感起伏变化的脉络。朗读后请用曲线加以描绘，并明确各节诗在曲线中所处的位置。

提示：如“轻轻的我走了，正如我轻轻的来”这样的诗句富有倾诉意味，在诵读时需要读出作者的情意；“但我不能放歌，悄悄是别离的笙箫，夏虫也为我沉默，沉默是今晚的康桥！”诵读这样的诗句，需要体会作者的情感与第一节相比起了怎样的变化，需要在语气语调上读出情感的变化。

明确：《再别康桥》一诗存在这样的情感变化过程：来时轻快——沉醉眷恋——淡淡的忧伤——激昂——悄悄地沉醉——去也潇洒。来时轻轻地招手，心情轻快；在黄昏美景中的康桥回忆过往，沉醉其间，产生无限的眷恋之情；而后“彩虹似的梦”被“揉碎在浮藻间”，流露出淡淡的伤感；撑一支长篙，纵情寻梦，情感浓烈激昂；而后出现转折，营造了一种极度静谧的告别环境，回归平静；去时悄悄挥手，什么都不带走，心情洒脱。总的来说，诗人并无太多离别的愁苦，更多的是一种轻快潇洒的、个人独享的甜蜜的轻愁。整个情感脉络类似两端不完全对称的“马鞍形”曲线，如图1所示。

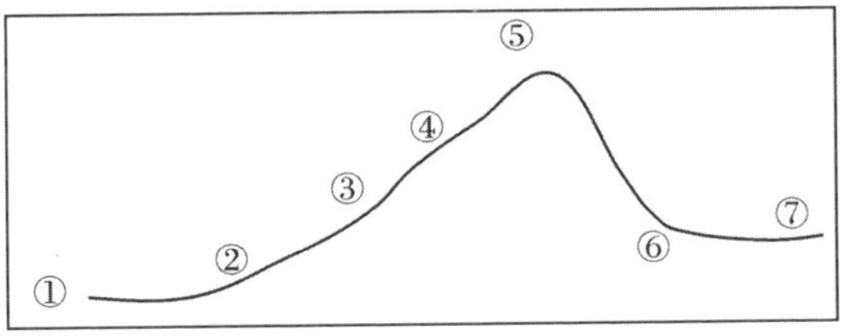

图1　曲线图板书

3. **诵读诗歌**：感受情感的强弱起伏。

活动：学生自由朗诵诗歌，鼓励学生“开口读”。

（四）赏玩意象，体味情韵

1. **活动**：学生自由品析意象，小组讨论后发言，教师在学生回答的基础上加以点拨指导并追问。

过渡语:同学们读得有板有眼,情感真挚。但真要读好一首诗,我们在朗读时一定要学会进入角色,倾情投入。接下来,就让我们一起品一品这首诗。这首诗为我们"锦列式"地展示了康桥的三幅美景,美不胜收,这与作者精心选择的意象是分不开的。所谓意象,是指凝聚着作者主观感情的物象。那你更欣赏这三组意象中的哪一组呢?试着描述一下。(屏显:2—4 节诗歌内容)

(1)"金柳艳影图"品析

提问:"金柳"能换成"细柳"吗?"细柳"不是更能表现柳树婀娜多姿的特点吗?

明确:开放式问题,鼓励学生理解"金色"所传递的情感。

(2)"柔波青荇图"

提问:"招摇"是个贬义词,用在这里合适吗?"我"为什么会甘心做康河里的一条水草呢?

参考:水草在招摇,就像个小姑娘,有了柔美的身姿、调皮可爱的性格,贬词褒用,体现诗歌的张力。"我"甘心做康河的一条水草,更体现出"我"对康河的赞美与眷恋。

(3)"榆荫清泉图"

提问:潭水就是清泉,作者为什么要否定,并说它是"天上虹"呢?

参考:这个潭是"拜伦潭",诗人把它说成"天上虹",表达了他对拜伦短暂而又热烈的生命的歌颂,也体现出作者对英式文明的追求与向往。同时,作者在拜伦潭发生的一些过往在作者的心中也如"天上虹"一般美好。

2. **拓展**:补充徐志摩与林徽因的故事,并结合三个意象一起体会诗歌内涵。

活动:观看《你是人间四月天》小视频。

教师补充:20 年代初期,徐志摩和林徽因在康桥相识、相恋,但出于种种原因,林徽因最终和梁启超的儿子梁思成走到了一起,并远赴美国的宾夕法尼亚大学学习建筑。1928 年 3 月,林徽因和梁思成结婚,11 月,徐志摩写下本诗。

讲解:夕阳有相思的意味,如马致远《天净沙·秋思》中的"夕阳西下",温庭筠《望江南》中"斜晖脉脉水悠悠"等。这里"夕阳中的新娘"是一个永远离去的新娘,林徽因于徐志摩而言,终究还是永远失去了,只能回忆、相思。

《关雎》中:"参差荇菜,左右流之。窈窕淑女,寤寐求之。""青荇"这个意象有伊人在水一方的味道,也展现了诗人那颗为心爱的女子而荡漾的心。

"彩虹似的梦",绚烂缤纷,象征了诗人深埋在心中的那段美好而又隐秘的爱情。可彩虹易逝，梦易醒，一切的美好终将消逝，诗人徐志摩借助这一意象去追忆自己那段稍纵即逝的爱情。

这三个意象放在一起，表面上看是和康桥的美景告别，实际上是诗人在和心爱的那个女子告别，和自己记忆中美好的回忆告别。

3. **活动**：朗诵诗歌第2—4节。

(五)深入情感，分析起伏

1. **活动**：学生以小组为单位任选一个问题探究，教师提示学生通过反复的诵读去体味。

过渡语：刚刚我们聚焦诗歌的第2—4节，对诗歌意象进行了细致的分析。大家再看我们一开始绘制的曲线图。为什么5、6节之间的情感会陡然直下？为什么开头和结尾的情感会不在同一水平线上，有什么不同？请同学们以小组为单位，自由选择一个问题进行探究。

学生发言分享，教师加以适当的点拨和指导。

明确：(1)为什么5、6节之间的情感会陡然直下？(屏显：5、6节诗歌内容)(2)为什么开头和结尾的情感会不在同一水平线上，有什么不同？(屏显：1、7节诗歌内容)

参考：(1)诗人"向青草更青处漫溯"，追忆往昔的美好生活，那点点滴滴的过往就如同灿烂的星辉一般，在记忆的长河中闪闪发光，作者的情感也达到高潮。可当作者从回忆中抽离，发现过去已逝，离别已至，心中离别的愁肠瞬间填满心头。正所谓"伤心深处是无言"(柳永《雨霖铃》"执手相看泪眼，竟无语凝噎"。苏轼《江城子·十年生死两茫茫》"相顾无言，唯有泪千行")，这突如其来的沉默更能形成反差，表达出作者无奈压抑、惋惜惆怅的情绪。(2)诗人"轻轻的"来到康桥，又"悄悄的"离开，忘情地反复吟诵，使得诗篇结构不仅成熟而且精致，还为离别营造了一种特别的气氛。首段中"轻轻的我走了，正如我轻轻的来"，诗人的情怀是自如的，他只是准备来与康桥、与母校、与往昔告别；末段的"悄悄的我走了，正如我悄悄的来"，诗人的心情就稍显沉重。他在告别的过程中追忆往昔，到最后虽然身姿潇洒地离开，但心中的不舍与无奈之情是不断累积的，因而末段的情感会比首段更为复杂。

(六)收束课堂,布置作业

1.**活动:**配乐朗诵。

过渡语:徐志摩在《我所知道的康桥》一文中写道:“我这一辈子就只那一春,说也真可怜,算是不曾虚度。就只那一春,我的生活是自然的,是真愉快的!”让我们带着徐志摩的情感,配上音乐,一起和他最爱的康桥告别。

2.**布置作业:**以徐志摩等人为代表的“新月派”是中国现代文学史上一个重要的诗歌流派。它特别强调新诗创作要追求“三美”,即“音乐美,绘画美,建筑美”。课后请结合这一理论,赏析《再别康桥》的艺术特点,写一篇不少于300字的小短文。

八、板书设计

《再别康桥》教学的板书设计参考,如图2所示:

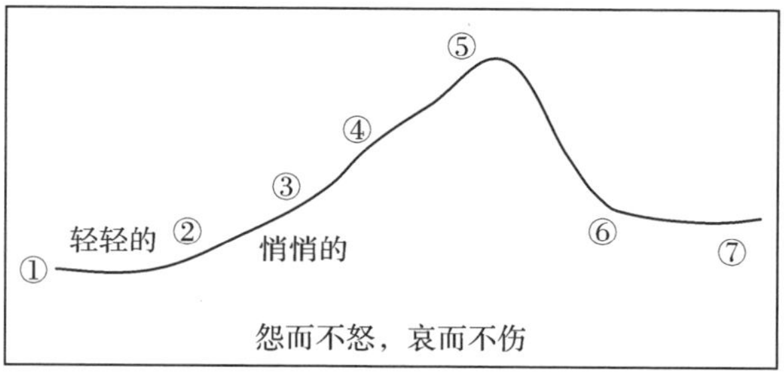

图2 板书设计范例

名著导读:经验、策略与反思

中文162 林铭涵

摘 要:当下社会普遍认同名著阅读的价值,关于名著阅读的课程化,统编教材已经做了有益的探索,但中小学语文教师究竟应当如何实施名著导读呢?面对课程要求与教学困惑,本文从《小王子》教学设计中,归纳总结出名著导读教学实施建议,并在实践经验中思考名著导读教学所面临的难题,为名著导读提供一些启发。

关键词:名著导读;教学设计;《小王子》

为何要进行名著导读?首先,名著阅读是整体阅读,意味着学生将进入一本书的世界。学生将与经典文本进行长时间的对话,在对话中思考宇宙人生,在思考中培养自我独立意识,在独立意识的培养中唤醒终生学习的内在力量。其次,学生读得少、不会读。受中国应试教育的影响,在以往的教学中,从教师至家长再到学生个体均忽略名著阅读。教师、家长把重心放在应试上,学生在这一导向下逐步失去阅读兴趣,即使有阅读兴趣也苦于缺少阅读门道,与名著之间始终存在隔阂感。再次,随着教材改革,每册初中语文教材均安排两次"名著导读",并配置相应的名著介绍、阅读方法指导、专题探讨等内容,借此彰显名著阅读的重要性。在时代浪潮下,名著阅读的课程化已走上探索之路。但是对教师来说,具体应该如何在教学中进行操作呢?这正是本文力图说明的。本文分为三个部分,分别是《小王子》教学设计、名著导读教学实施建议、实践反思。

一、经验:《小王子》教学设计

(一)教材分析

《小王子》是一部情节简单、意蕴丰富的童话故事,作品中成人视角与儿童视角碰撞,在“童真”的母题下,探讨了“成长与童真”的关系。本教案的教学对象为七年级学生,旨在以“童真”作为关键词,在名著导读课上与学生一起探讨作品中所阐释的“成长与童真”的关系。

(二)课型

初读后的导读。

(三)教学目标

1. 梳理情节,解读大人形象。
2. 通过角色扮演,分析小王子的形象并理解其象征意味。
3. 通过对飞行员形象的解读,探讨“成长与童真”的关系。

(四)重难点分析

重点:理解小王子象征着“永恒童心”。
难点:探讨“成长与童真”的关系。

(五)教学方法

讲授法、角色扮演法

(六)课时安排

1 课时

(七)教学过程

1. 关键词导入

教师 PPT 展示：小王子、绵羊、B612 星球，让学生猜出自哪部名著。

2. 名著研读

(1)学生齐读序言，回答为什么作者要修改题献。

献给蔡翁·维尔特

请孩子们原谅我把这本书献给了一个大人。……因此我把题献改为：献给还是小男孩的蔡翁·维尔特。

(2)解读小说中的大人形象。

教师呈现原文：

他们就是这样。不必怪他们。孩子应该对大人多多原谅才是。

提问：为什么孩子要原谅大人？

学生快速浏览《小王子》，回答：文中有哪些大人？他们是一种什么样的形象？

参考回答：醉心于权势的国王；孤芳自赏的爱虚荣的人；自相矛盾又自我麻醉的酒鬼；唯利是图的商人；忠于职守却因循守旧的点灯人；只知道埋头写作却不注重现实的地理学家。

教师呈现原文，学生齐读。

地球可不是普普通通的行星！它上面有一百一十一个国王(当然，黑人国王也包括在内)，七千个地理学家，九十万个商人，七百五十万个酒鬼，三亿一千一百个爱虚荣的人，总共大约有二十亿个大人。

教师小结：看来地球上这样的大人更多。其实星球之旅中遇到的国王等人是一种象征，在书中，这些人有一个共同的名字，叫作大人！

(3)解读小王子的象征意味。

教师提问:作品中的大人我们已经知道有哪些了,那么孩子呢?

教师追问:小王子是孩子还是大人?请在作品中找到依据。

参考回答:均可。孩子:形体、童真、文中狐狸和飞行员以及小王子的话、很爱哭;大人:因为小王子的星球很小,一天过得很快,老得也快。

教师提问:“你说话就像那些大人!”这句话如何理解?

安排活动:角色扮演,读出小王子的愤怒语气!

教师提问:小王子几岁?

教师追问:为什么作者不直接用小王子的年龄来表明小王子的孩童身份?

参考回答:因为小王子是一种象征,是永存童心的理想的化身。

(4)解读飞行员的形象,探讨“成长与童真”的关系。

教师提问:飞行员是大人还是孩子?

参考回答:大人,拥有飞行员的职业、和小王子说话时像是一个大人、在照顾小王子;孩子,有童心、能看到大人看不到的东西。

教师提问:如何理解“我也许已经有点像那些大人了。我一定是老了”?

参考回答:“有点”,说明飞行员还能够区分童心的模样。“老了”,既是指年纪大了,更是指童真的丧失。

(5)①教师呈现作者生平材料,让学生认识其创作初衷。

圣•埃克苏佩里(1900—1944)飞行员与作家:

1921—1923 年在法国空军服役。

1926 年加入航空公司,开始邮航事业。

1939 年二战前夕返回法国,参加抗德战争。

1940 年流亡美国,侨居纽约,埋头文学创作。

1943 年参加盟军在北非的抗战。

1944 年二战期间在执行一次任务时失踪,一去不回。

②学生齐读创作背景:《小王子》创作于第二次世界大战期间,当时作者流亡美国。执笔时作者在异国他乡饱受思乡之苦,独自忍受着寂寞艰苦的相思岁月,同时怀念着遭受蹂躏的祖国,怀念家乡、妻子、家人。作者在这种煎熬中反观自己的人生,从自己迫降沙漠的真实经历虚构了该故事。

3. 小结和作业布置

小结:其实成长与童真并不矛盾,可惜的是,在我们成长的过程中,我们往往会因为某些外在的东西,比如说财富、权力等而忘记了生命最初的模样,也就是说失去了童真!

作业布置:给大家分享一个阅读的秘密,"只有用心才能看见。本质的东西用眼是看不见的",课后希望大家可以再仔细地阅读一遍《小王子》,把自己的所思所想记录在读书笔记中。

(八)设计说明

教师围绕"童真"的母题,从"孩子"和"大人"两方面展开,借助略读、精读、浏览、角色扮演等方法,旨在让学生理解"成长与童真"的关系。

二、策略:名著导读教学四法

结合近年来名著导读的优秀教例,以及笔者设计《小王子》名著导读的经验,归纳出以下四点名著导读教学策略。

(一)确定有意义的教学目标

"有意义",指能够体现名著本身具有的魅力,具体来讲就是名著围绕母题所展开的包括文学艺术手段、文本内容在内的全部内容。比如说《小王子》的母题是"童真",围绕着"童真"生发的叙述顺序、叙述视角、艺术化的语言等文学艺术手段以及故事情节等文本内容就都包含在名著的魅力中。德国阐释学理论家伽达默尔曾强调艺术作品是开放的,随着不同读者的参与对话,同一文本必会生出无数不同的"第二文本"。阅读是具有个性化特征的活动,不同读者在面对同一文本时会存在不同解读,但是有一个东西是永恒不变的,具有跨时代的价值,那便是文学母题。自由、爱情、童真、希望等,没有一个时代不需要,没有一个时代的人不会与之产生共鸣。因此,名著导读教学需要抓住文学母题这一有意义的关键点,以便更好地展开有价值的教学活动。

“确定有意义的教学目标”，即教学目标应当围绕名著本身具有的魅力尤其是母题进行选择与确定。

在当下的语文教学实践中，有的教师把名著导读课当作名著知识点罗列课、名著阅读方法指导课等，可仔细一想，这样的教学有什么意义呢？名著知识点罗列课只是在教知识，可是日后当机器为我们储存了一切的知识以后，我们根本没有必要去死记硬背作者的生平、作品的内容梗概等知识点。而名著阅读方法指导课只是在教方法，是一种阅读方法训练。“授之于鱼不如授之于渔”是很有道理的，但是如果学生对“鱼”根本没有兴趣，那“渔”还有什么用呢？阅读方法只是一个媒介，学生通过阅读方法所到达的文本世界，或许更需要我们去关注。

（二）划分合目的的教学环节

“合目的的教学环节”，即根据教学目标划分的教学环节。教学过程中的每一环节都有相应的任务，随着教学任务的逐一完成，教学目标逐步落实。武健老师的名著阅读课例“《西游记》导读”的教学围绕三个主问题展开，一是“小说是吴承恩写的吗?”，二是“孙悟空应该长什么样子?”，三是“要读古典小说中的诗词吗?”，表面上看似没有联系的三个问题，却既横向构成了教学目标，又纵向说明了“文学创造的动态过程”。可以说，武老师在教学设计阶段进行了合目的的教学环节划分，“三问”层层推进，保证了课堂的有序开展，避开了学生感性思维发散、教师只铺展教学环节却没能挖掘深层次内容等教学问题。

“合目的的教学环节”需要注意学生的学习主体地位。教师在授课过程中，不能以讲授为主，而应该在课堂中预留出学生的自主学习探究空间。武老师执教的“《西游记》导读”成也“三问”，败也“三问”。深究“败”的原因，会发现:“三问”对于学生而言似乎过于学究化，由于知识脱离学生已有的知识范围，所以学生在大多时候只能乖乖地听老师讲解，自主探究性难以发挥。整堂课，武老师都站在一个古典文学批评的高度，在第一问时，就引出《大唐西域记》《大唐大慈恩寺三藏法师传》《大唐三藏取经诗话》，为学生介绍了中国古典小说创作中常见的“滚雪球”的创作方法。接下去的两问也是如此。可以说，这堂课最缺乏的就是学生与文本的对话，老师的讲解似乎是“文学史”范畴的知识，但是学生在接收到教师信息后，没办法及时运用，只好扮演听众的角色。

“合目的的教学环节”允许多样的教学形式，如读书分享会、读书辩论会等。但即使教学形式打破常规套路，教师也应当注重对课堂环节进行合目的的安排，绝对不能让课堂单纯地成为学生的展示课！如在读书分享会前，教师可以设置任务清单，让同学自主选择完成，在读书分享会上可以采取 PK 式策略，通过教师点评和同学的 PK，让学生在看到自己阅读成果的同时，取长补短，提高自己。

（三）选择有代表性的文本片断

“有代表性的文本片断”，即在名著中有目的地选择最能贴合教学设计意图的文本片断。

“选择有代表性的文本片断”，是一种教学示范。《平凡的世界》的执教者李超老师有目的地选择有代表性的文本片断来赏析小说的细节，教会学生如何在名著中通过关注人物的动作、语言、神态、心理活动等来品读细节，在此基础上又进一步提出“批注赏析式读书法”，并在“眼泪为谁而流”环节中提示学生运用此法赏析选段。这种先实践后方法再迁移运用的做法，有利于学生更加灵活熟练地运用“批注赏析式读书法”。无独有偶，在针对“《西游记》导读”的教学设计中，武老师也有意识地选择了具有代表性的文本片断，但武老师的用意和李老师的不同，前者是为学生提供阅读方法，后者是为学生点拨人物形象分析的注意点。在分析“孙悟空应该长什么样子”的时候，武老师选择了孙悟空“哭”的片断，点出孙悟空温柔的一面，提示文本中人物形象的丰满。

“选择有代表性的文本片断”，要避免教师主导全场、学生被动听讲的现象。需要注意的是，教师所准备的文本片断是用来举例分析的，学生也可以根据自己的喜好或凭借自己的分析来自主挑选文本片断。在《小王子》的教学设计中，分析小王子和飞行员形象时，需要学生到文本中寻找依据，虽然执教者事先已经准备好精讲片断，但仍不能略过学生分享答案的过程，应当在细心听取学生想法的同时，帮助其由感性认识向理性认识转移。

（四）预留有意味的教学空间

有意味的教学空间，一为创造学生个性化的活动空间，二为提示尚未在课堂中解决的问题。

创造学生个性化的活动空间，是尊重学生的阅读体验与阅读心得的表现。阅读，特别是阅读一部文学作品，本身就是一个学生与文本对话的过程——每个学生都有不同的人生体验与阅读感悟力，在理解上很可能出现多元化的倾向。如果单一结论出现，一种可能是作品本身缺乏含蓄蕴藉性；另一种可能是学生尚未进入课堂学习中来，只是被老师牵着走，缺乏独立思考的意识；第三是教师在教学设计上没有留给学生自主思考的空间，只是借助提问或活动的外壳掩盖了灌输的本质。所以，教师需要特别留心教学过程中的多元理解。在教学设计时，教师应当预留给学生一定的活动空间，比如小组讨论、自主阅读、独立思考等。但是需要注意的是，活动应当是有目的的、高效的，活动前教师应当给出明确的提示，如以提问的形式等。《小王子》的教学设计中，基本以学生个人的独立思考为主要活动，课堂上采取问答的形式来逐步推进、逐步深入。在解读飞行员形象和小王子形象时，就采用了开放式的提问法，即问题不存在唯一答案，只是学生需要提供文本依据。飞行员和小王子可以是大人，也可以是孩子。两种选择各有各的道理，但是最终却导向一个较为明确的答案，即小王子是永恒童心的象征，而飞行员是在成长过程中坚守童真的大人，二者揭示了“童真与成长”的关系。开放式的提问在尊重学生个性思考的同时，又明确了作品中较为确定的主题。

提示尚未在课堂中解决的问题，主要指教师在教学过程中提示学生换一种思路或者更加深入地品读文中的细节。一般来说，教师会把拓展延伸放在教学的最后进行。《小王子》是一本值得反复阅读的名著，其文学魅力并不是一节课可以言尽的，因此在教学小结的时候，执教者设置了一个阅读方法提示的环节：“只有用心才能看见。本质的东西用眼是看不见的。”虽然这句话不能明确地指明具体的阅读方法，但却非常贴合《小王子》这部富有象征意味的作品。课后学生需要完成读书笔记，教师则在读书笔记中与学生对话，指导其阅读的深入。

三、反思：其他问题

在反思的过程中，笔者又新增了以下两点思考。

（一）关于整体化阅读与碎片化阅读，整体化教学与碎片化教学

名著阅读，是学生进入一本书的世界，属于整体化阅读，而非碎片化阅读。何为碎片化阅读？即利用零碎时间读零碎语段。其优势在于信息摄取高效；劣势在于文字太少且读得太快而难以进入文本世界，读者与文本的对话难以进行。何为整体化阅读？即利用大块的时间进入一个完整的长文本。其优势在于读者能与文本进行长时间的对话，更易深思；其劣势在于不够高效，若缺乏阅读方法，读者就容易拖着耗着读不进去。

针对碎片化阅读和整体化阅读，碎片化教学和整体化教学的概念相应而生。所谓碎片化教学，即精读书中的片断。上海育才中学的段力佩老师曾尝试在语文课堂上边读边议，“但是，这种阅读方式的本质还是精读、片段阅读，与生活中整本书的阅读有很大的距离”①。所谓整体化阅读，即课堂教学有一定的内部逻辑，并非单纯地以一本名著生成的课堂，具体的教学形式有主题探讨等。相对碎片化教学，笔者以为整体化教学更符合当下的时代语境。当下，“知识经济”初见端倪，知识在快速流动、更新。整体化教学需要学生综合运用自己的知识对名著进行合理的解读，既有面的铺展又有点的深入，这有利于培育学生灵活运用已学知识的能力，有利于学生培育对自身知识体系进行更新的能力！

（二）关于阅读中的感性体验与理性认知

一般来说，每个人在读完一本书后都会有自己的感受，我们把这称之为感性层面的阅读体验。不同社会群体读完《小王子》后会有不同的感受，可能有人被其中的蟒蛇情节弄得不明所以，继而直接丧失了阅读兴趣；可能有人

---

① 郑桂华．整本书阅读：应为和可为[J]．语文学习，2016(7)：4—8.

为作品中小王子与玫瑰的故事感到悲伤;可能有人为作品中的大人形象感到悲哀。

如果说上文所提到的感性层面的阅读体验常常发生在普通读者身上,那么与之对应的理性认识则发生在文学批评者身上。文学批评,需要跳出主观认识的狭小范围,用更科学的研究方法对文本进行解读。但是究竟是否有必要对中学生进行文学批评家式的训练呢?答案是有必要的。对于教师而言,既要尊重学生的阅读感性体验,又要引导其生成有逻辑有依据的理性认识。"原生态阅读、批判性理解与转化性写作"①,是上海师大附中的余党绪老师总结出的"整本书阅读"策略。原生态阅读,即不加任何干扰,任凭学生依靠已有认知来阅读名著、感受经典。批判性理解,即以问题重新整合文本、发现深意。转化写作,即学生借助习作表达对名著的批判性认知。可以说,由"原生态阅读"到"批判性理解"再到"转化性写作",成功完成了从"尊重学生感性阅读体验"到"指导学生生成有逻辑有依据的理性认识"的飞跃,其策略值得参考和借鉴。另外需要注意的是,针对不同学段的学生,感性体验与理性认知的教学偏向也有所不同,但不论如何,感性体验和理性认识是血肉同躯的,不可割裂对待。

重视名著阅读,是语文新课改所积极倡导的。名著导读对中小学语文教师提出了新要求,教师应当迎难而上,积极探索,发展与提升自我的教学素养,寻求提升学生阅读数量和质量的良策。

---

① 余党绪."整本书阅读"之思辨读写策略[J].语文学习,2016(7):12—17.

《归园田居(其二)》群文阅读教学设计

2018级　姚姝兰　姚小丹 等

摘　要:《归园田居》组诗是陶渊明的经典之作,也是研究陶渊明必须阅读的一块内容,其表达往往微言大义,这也是这组诗歌的教学困难所在。学生对古代诗歌的文字理解本身就有障碍,所以走进《归园田居(其二)》这篇经典是有难度的。本次教学设计,采取"1+X"的群文阅读教学形式,以该诗为母本"1",再以多个文本作为辅助的"X",试图从文字解码、文学解码、文化解码三个层面出发,设计四大教学活动,帮助学生对该诗及其蕴含的思想有更为全面和深刻的把握。

关键词:《归园田居(其二)》;群文阅读;古诗教学

一、设计思路

(一)教学模式:"1+X"群文阅读

《归园田居(其二)》的教学设计采用"1+X"的群文阅读教学模式,如温儒敏所言:"所谓1+X的办法,即讲一篇课文,附加若干篇泛读或者课外阅读的文章让学生自己读,读不懂也没关系,慢慢就能弄懂,要改变教师大量精讲精读的教学习惯。"[①]所以"1+X"的群文阅读教学模式主要采用课内外衔接的方式,以增加学生的阅读量,拓展学生的阅读视野。

---

① 转引自方东流,王雁玲,黄利梅.基于语文教材群文阅读的"1+X"教学建模——浅谈"1"的定位和"X"的功能[J].教育科学论坛,2018(13):52—57.

1.“1＋X”群文阅读的几种处理方式

《中国教育报》一则关于阅读的研究报告指出：“学生课外阅读量至少要达到课本的5倍以上，才能形成语文能力。”如何理解“1”和“X”，处理“1”和“X”的关系，以及如何在有限的课堂时间内对多文本进行有效的阅读指导，是教师在不断摸索的问题。目前，东方流等学者对课堂上已有的“1＋X”群文阅读教学处理方式进行了梳理和归纳，如表1所示①。

表1　“1＋X”群文阅读的处理方式

1的定位		X的功能	教学模型	操作思路
1a(文本)	例文(示范)	印证求异	1→X	印证强化
				比异统整
	样本(参与)	对比求同	X＋1	单篇群文
				整体阅读
	母本(对象)	以文解文	X→1	文本互证
1b(议题)	任务(目标)	阅读参考		信息提取

首先，对于“1”的理解就有文本和议题两大分类。文本部分，又根据文本的阅读功能划分成三类：作为示范的例文、作为多文本之一的样本、作为学习对象的母本(经典)。其次，“X”根据其对“1”的作用进行分类，主要为三种：第一，求异，发现“1”与其他文本“X”的不同；第二，求同，发现“1”与其他文本“X”的相同之处，得以巩固；第三，互文或参考，阅读“X”是为了更好地解读“1”。

2.本课所采取的模式

本次教学设计，通过多文本阅读最终形成对1篇经典文本或者1个问题的全面、深入的理解。《归园田居》组诗是陶渊明的经典之作，也是研究陶渊明必须阅读的一块内容，其表达往往微言大义，这也是这组诗歌的教学困难所在。学生对古代诗歌的文字理解本身就有障碍，所以走进《归园田居(其二)》这篇经典是有难度的。

本次执教《归园田居(其二)》，以该诗为母本“1”，再以多个文本作为辅助

① 方东流，王雁玲，黄利梅.基于语文教材群文阅读的“1＋X”教学建模——浅谈“1”的定位和“X”的功能[J].教育科学论坛，2018(13)：52—57.

的"X",试图从文字解码、文学解码、文化解码三个层面出发,设计四大教学活动帮助学生对该诗及其蕴含的思想有更为全面和深刻的把握。

(二)教学内容的选择

1.文本分析

《归园田居(其二)》是陶渊明辞去彭泽县令,归隐"园田居"时所作。《归园田居》组诗记载了陶渊明当时在"园田居"的生活,寄托了陶渊明对恬淡生活的向往以及自己的处世态度。《归园田居(其二)》在其中并不是最具影响力的,甚至相对其他诗歌更像是话家常。本诗未入选教材,又因陶诗在宋前散落,版本不一,教学势必面临一个字词如何统一解释的问题,学生在探究不同版本诗歌中意象的差别时,对其会有更深层次的理解。且陶渊明诗歌独具风格,语言清淡,教师在教这篇文章时不妨关注陶渊明诗歌中的意象、清淡的语言风格、诗歌的思想内涵等。

2.课标解读

参考《普通高中语文课程标准(2017年版)》的附录《古诗文推荐篇目》,可将这首诗歌归入选修部分的"中华优秀传统文化专题研讨"。该板块提出在确定专题进行研讨时,要加强学生理性的思考,增强其对我国传统文化的理解,并提出学生应该做读书笔记,提升文言文阅读能力,以及阅读古代典籍等要求。因此教师在教该诗时,应确定好论题,提供必要的研读文章,培养学生的思维能力和阅读文言文的方法和习惯。

3.学情分析

本课以高一学生为教学对象。学生对于陶渊明并不陌生,已学过他的《桃花源记》《五柳先生传》《饮酒(其五)》等作品。对《归园田居(其二)》的学习,学生的困难可能在于:第一,对古代典籍的阅读存在困难,对古诗字词的理解存在困难;第二,对陶渊明渴望的理想生活方式缺乏深入理解;第三,缺乏对陶渊明体现的"自然主义"哲学的当代思考。

综上所述,根据文本特色、课标要求和学生学习困难,确定以下教学内容:第一,了解阅读古籍的知识和方法,以便更好地理解诗歌的内容;第二,把握陶渊明诗歌田园意象和田园诗歌特点;第三,了解陶渊明田园思想及其对现当代的影响。

二、教学设计

(一)教学目标

1.学习阅读古代典籍的方法和策略,推敲比较不同版本的字词差异,加深对具体字词的理解。

2.在多文本的比较阅读之中,借助任务单锻炼比较、分析、判断、归纳等思维能力。

3.通过对田园诗意象、陶渊明资料的比较阅读,能够进一步体会陶渊明的“农耕思想”以及其对理想社会的构想。

4.通过对陶渊明“真隐”和“假隐”的争论以及自然主义作品的阅读,加深对“诗意地栖居”的感悟以及对现代生活的反思。

(二)教学议题及资源

议题:诗意地栖居

材料:1.陶渊明《归园田居(其二)》

2.袁行霈《陶渊明集笺注》

3.王维《渭川田家》

4.孟浩然《过故人庄》

5.陶渊明《五柳先生传》

6.陶渊明《劝农》

7.陶渊明《移居二首》

8.陶渊明《桃花源记》

9.荷尔格林《人,诗意地栖居》

10.海子《面朝大海春暖花开》

11.《陶渊明资料汇编(上册)》

12.朱光潜《诗论》

13.《鲁迅全集》第三卷

14. 梭罗《种豆》

15. 海德格尔，著；孙周兴，译《诗意的栖居》

(三)课型及课时

新授课；2 课时

(四)教学过程

课前预习：学生课前自主疏通诗歌，完成任务单 1(如表 2 所示)的誊写和批注，写下自己的疑问。

1. 第一课时

(1)导入

展现学生找到的不同版本的《归园田居(其二)》，为什么会有这些不同？该以何者为准呢？

(2)解典籍中的诗

结合袁行霈《陶渊明集笺注》(如图 1 所示)引导学生了解古代典籍的特殊注解方式，结合书中前言部分“凡例”中对正文的标注如“笺注”和“析义”，对存在异议的字词给出自己的判断和解释。

①PPT 展示书中的“凡例”和“正文”，教学生使用古籍中提供的各类信息，对诗歌的字词进行考查。

凡例

- 本书笺注力求详明，举凡人物、地名、史实、本事、名物等，均加以笺释，字义、词义、句义、典故、读音等亦有注释，所引书籍一律注出篇名。
- 本书考辨，兼采各家异说，断以己意，力求公允客观。见仁见智，申明理由而已。
- 本书析义，分析作品之含义，偏重评估欣赏。

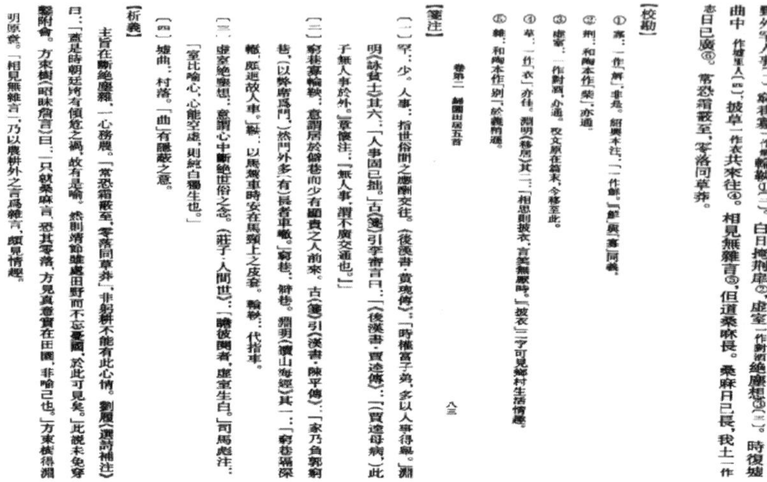

野外罕人事〔一〕，窮巷寡一作鮮輪鞅①〔二〕。白日掩荆扉②，虚室一作對酒絶塵想③〔三〕。時復墟曲中一作墟里人〔四〕，披草一作衣共來往④。相見無雜言⑤，但道桑麻長。桑麻日已長，我土一作志日已廣⑥。常恐霜霰至，零落同草莽。

【校勘】

①寡：一作「無」，非是。紹興本注：「一作鮮。」「鮮」與「寡」同義。

②荆：和陶本作「柴」，亦通。

③虚室：一作對酒，亦通。校文原在篇末，今移至此。

④草：一作「衣」，亦佳。淵明《移居》其二：「相思則披衣，言笑無厭時。」「披衣」二字可見鄉村生活情趣。

⑤雜：和陶本作「别」，於義稍遜。

卷第二　歸園田居五首　八三

【箋注】

〔一〕罕：少。人事：指世俗間之應酬交往。《後漢書·黄瓊傳》：「時權富子弟，多以人事得舉。」淵明《詠貧士》其六：「人事固已拙。」古《箋》引李審言曰：「《後漢書·賈逵傳》：『(賈逵母病，)此子無人事於外。』章懷注：『無人事，謂不廣交通也。』」

〔二〕窮巷寡輪鞅：意謂居於僻巷而少有顯貴之人前來。古《箋》引《漢書·陳平傳》：「家乃負郭窮巷，(以弊席爲門，)然門外多(有)長者車轍。」窮巷：僻巷。淵明《讀山海經》其一：「窮巷隔深轍，頗迴故人車。」鞅：以馬駕車時套在馬頸上之皮套。輪鞅：代指車。

〔三〕虚室絶塵想：意謂心中斷絶世俗之念。《莊子·人間世》：「瞻彼闋者，虚室生白。」司馬彪注：「室比喻心，心能空虚，則純白獨生也。」

〔四〕墟曲：村落。「曲」有隱蔽之意。

【析義】

主旨在斷絶塵雜，一心務農。「常恐霜霰至，零落同草莽」，非躬耕不能有此心情。劉履《選詩補注》曰：「蓋是時朝廷將有傾危之禍，故有是喻。然則靖節雖處田野而不忘憂國，於此可見矣。」此説未免穿鑿附會。方東樹《昭昧詹言》曰：「只就桑麻言，恐其零落，方見真意實在田園，非喻己也。」方東樹得淵明原意。「相見無雜言」，乃以農耕外之言爲雜言，頗見情趣。

图 1 《陶渊明集笺注》节选

②学生根据典籍中的校勘和笺注，自主思考，小组合作完成任务单 1。

表 2 任务单 1

<table>
<tr><td colspan="4">古诗文梳理单</td></tr>
<tr><td colspan="3">诗文誊写</td><td>批注</td></tr>
<tr><td colspan="3"></td><td></td></tr>
<tr><td colspan="4">字词辨析</td></tr>
<tr><td colspan="2">校勘</td><td>注释</td><td>辨析</td></tr>
<tr><td rowspan="3">1</td><td></td><td></td><td rowspan="3"></td></tr>
<tr><td></td><td></td></tr>
<tr><td></td><td></td></tr>
<tr><td rowspan="3">2</td><td></td><td></td><td rowspan="3"></td></tr>
<tr><td></td><td></td></tr>
<tr><td></td><td></td></tr>
<tr><td rowspan="3">3</td><td></td><td></td><td rowspan="3"></td></tr>
<tr><td></td><td></td></tr>
<tr><td></td><td></td></tr>
</table>

续　表

4			

【设计意图】《归园田居（其二）》现存的各版本有差异，课前让学生自行收集整理，有一个基本了解。上课前教师展示学生收集的不同版本的诗文，激发学生的探究兴趣。采用《陶渊明集笺注》中的《归园田居（其二）》展开学习，一方面教学生读“笺注”类文本的方法，另一方面学生可以从本书中了解多种版本的不同含义，自己判断，完成对字词的推敲。

(3)意象与理想生活

探究陶渊明该诗表现的生活理想，把《归园田居（其二）》与王维《渭川田家》、孟浩然《过故人庄》进行比较阅读。

①求同：比较《归园田居（其二）》《渭川田家》《过故人庄》，探究诗歌的相似点。

1)自主思考，小组合作完成任务单2（如表3所示）。

表3　任务单2

	《归园田居（其二）》	《渭川田家》	《过故人庄》
1.交往对象			
2.活动			
3.景物			
4.心情			
5.角色			

2)寻找三首诗歌的共同点，概括田园诗的特点。

待学生形成一定的讨论后，以权威专家概括的田园诗特点进行比较讨论。

> 周锡馥：对“田园诗”的范围，我们定得比传统看法要稍宽一点：凡是描绘村野风光，表现农业性社会生活的作品，都可以基本包括在内。因此，田园诗是“第一产业”之歌。

②阅读《劝农》（节选）、《桃花源记》（节选）、《移居二首》、《五柳先生传》，探究陶渊明的理想生活是什么，完成思维导图，如图2所示。

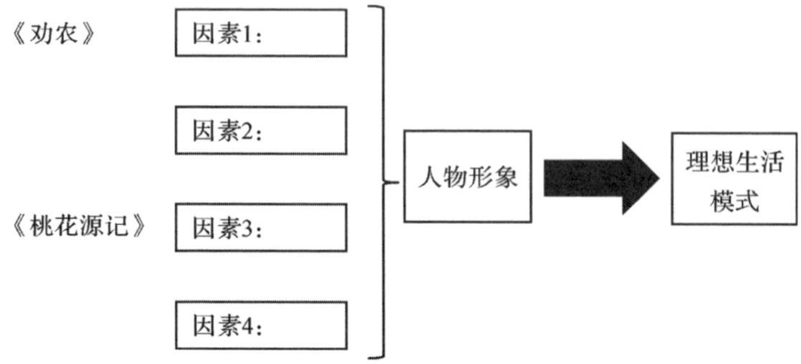

图2　思维导图

结合名家之说，与学生自己思考的理想生活进行比较：

> 朱光潜："自然状况""身当乱世，眼见典章制度足以扰民，农业国家的命脉应于耕作，人生乐趣也在桑麻闲话，樽酒消忧，寄怀于'桃花源'一样淳朴的乌托邦""平常人的家常便饭似的风格"。

③以陶渊明为第一人称写一则日记，描写一天的生活，如活动、心情、所见景物等。在日记旁附上一幅"园田居"的环境图，手绘、照片都可以。

【设计意图】通过田园诗歌的对比，学生求同比异，探究发现田园诗歌的特点。通过比异，学生进一步把握陶渊明独特的理想生活。最后让学生代陶渊明写一则日记，绘制"园田居"，个性化地表达自己对陶渊明理想生活的理解。

2. 第二课时

教学地点：网络教室，每生一台联网设备。

(1)导入

钟嵘在《诗品》当中称陶渊明为"古今隐逸之宗"，但也有学者认为陶渊明"热心""积极入世"，你怎么看待"隐逸"与"入世"？

(2)"真隐""假隐"之争

发放评价陶渊明的资料：《陶渊明资料汇编(上册)》前言、朱光潜《诗论》第13章、《鲁迅全集》第三卷505—507页，比较阅读，探究陶渊明的隐逸。

①小组合作交流：提取资料中对于陶渊明"农耕生活"的看法或观点，每份材料选1—2个观点及对应的论据，完成任务单3，如表4所示。

表 4 任务单 3

观点摘录单		
书目	对"陶渊明农耕生活"的观点	论据(支撑观点的材料)
《陶渊明资料汇编(上册)》	1.	
	2.	
《诗论》	1.	
	2.	
《鲁迅全集》第三卷	1.	
	2.	
其他资料		
其他资料		

②辩论活动

1)资料整合:基于以上梳理,围绕辩题"陶渊明是'真隐'还是'假隐'"展开资料收集,补充在任务单中,可将观点发布于论坛中。

2)每组派 1 名代表加入正方/反方,正反方各 3—4 名代表发言,具体辩论规则和发言形式根据具体课堂需要和学生情况制订。每组再派 1 名同学,随时摘录整理论坛精彩发言,其他同学注意倾听并及时分享观点和资料。

【设计意图】围绕"真隐假隐之争",学生阅读含有不同观点的材料和文章,根据一定材料进行推论形成自己的观点。以辩论的形式展现自己对于陶渊明归隐的理解,多方阐述,学生能对陶渊明有更全面的把握,对士大夫阶层的隐逸情结有更好的理解。

3)诗意栖居的共同追求

比较阅读陶渊明《归园田居(其二)》、梭罗《种豆》、荷尔格林《人,诗意地栖居》、海子《面朝大海春暖花开》、海德格尔《诗意的栖居》。(叶芝《茵尼斯弗里湖岛》也可参考)

提问：《归园田居（其二）》与《种豆》《面朝大海春暖花开》有什么相似之处？理想都得以实现了吗？完成任务单 4，如表 5 所示。

表 5　任务单 4

文本	相似之处	实践情况	原因分析
《归园田居（其二）》			
《种豆》			
《面朝大海春暖花开》			

提问：阅读荷尔格林以及海德格尔的文章，谈谈为什么不同时空和社会环境下，会产生相似的理想生活模式？

（五）板书设计

群文阅读教学的板书设计如图 3 所示。

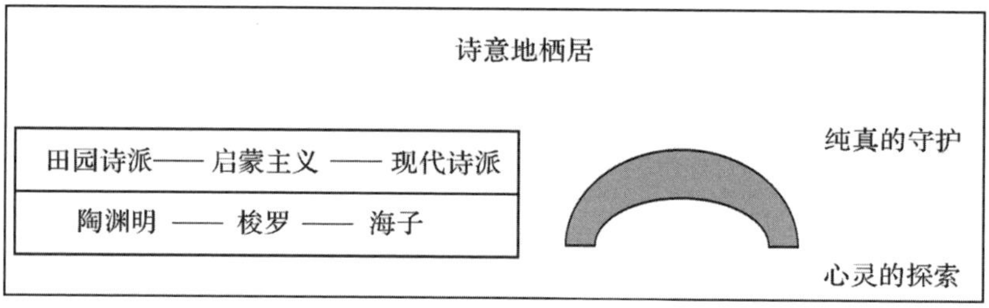

图 3　板书设计

【设计意图】阅读古今中外自然主义相关诗文，对陶渊明的生活方式进一步思考：虽然时代不同、流派不同，但是文人们的诗意生活往往与自然和田园有密不可分的联系，他们都希望借此守护自己纯真的心灵。通过几代人对诗意生活的追求，引发学生对自身理想生活的思考。

（本文作者为杭州师范大学 2018 级语文学科教学硕士生姚妹兰、姚小丹、姚圆、叶菁）

《西游记》名著导读教学设计

中文161　谢宇婕

摘　要：名著导读是部编版初中语文教材中新增的内容。《西游记》导读是七年级上册的教学内容，《西游记》是一部古典长篇小说，对于七年级的学生而言，阅读这样的鸿篇巨著具有一定难度，甚至存在畏难心理，更多学生相较于原著更喜欢看影视剧。为此，在教学设计中，本课以激发兴趣、传授方法、制订规划作为教学目标，引导学生科学合理地进行整本书的阅读。

关键词：名著导读；《西游记》；教学设计

一、教学设计

（一）教学目标

1. 通过竞答、辩论、角色朗读等活动，让学生产生阅读兴趣。

2. 跳读，感知内容、梳理情节；精读，品读人物、赏析语言。

3. 从名著中感受"成长""规范和自由""团队合作"等主旨，学生能多角度地阅读文本。

（二）教学重点

掌握精读和跳读的阅读方法。

(三)教学难点

从名著中感受“成长”“规范和自由”“团队合作”等主旨,能多角度地阅读文本。

(四)课时安排

1课时

(五)教学方法

活动法

(六)教学过程

1. 激趣,走进西游故事

(1)知识小抢答,PPT显示:

《西游记》是一部________,作者是________,朝代是________。

唐僧在________收悟空,在________收白龙马,在________收悟能,在________收悟净。

孙悟空的技能有________,兵器是________。

《西游记》中挑担的是________。

填人名,补歇后语:

________照镜子,里外不是人。

________的脸,说变就变。

________,一计未成,又生一计。

________和________拍大头贴,牛头马面。

________念紧箍咒,苦在后(猴)头。

(2)聊聊西游故事，PPT 显示：

阳光灿烂猪八戒，百变猴头孙悟空，憨厚老成沙和尚，阿弥陀佛是唐僧。漫漫西天取经路，除妖斗魔显真功。若问是谁普此画，淮安才子吴承恩。

让学生以小组为单位，和组员们一起聊聊《西游记》中自己所熟悉的情节、人物和妖怪，最喜欢的角色。

2. 方法，跳读《西游记》

(1)通过跳读，感知内容、梳理情节

①为“五圣”拟一份简单的颁奖词，给出范例，如表 1 所示。引导学生通过跳读，定位至第 100 回封圣部分，截取封圣片段中的有效信息。

表 1　跳读范例

获奖人	白龙马
原来身份	西海龙王之子
犯下罪过	不孝之罪
立下功劳	驮唐僧有功
授予奖项	八部天龙马
拟定颁奖词：白龙马，你本是西海龙王之子，因犯了不孝之罪，西游取经，驮唐僧有功，封你为八部天龙马。	

②选择一位感兴趣的人物，找出他的光辉事迹，让颁奖词更加具体。

引导学生通过跳读、浏览目录，从章回体小说的回目中获取人物和信息，然后快速阅读该回目内容，进行人物事迹概括，丰富颁奖词，给出范例，如表 2 所示。

表 2　人物事迹概括范例

确定人物	白龙马
定位人物相关的回目	第 30 回
跳读回目的内容情节	概括事迹
丰富颁奖词示范：白龙马，你虽然曾违逆父命有不孝之罪，但在西游路上，你默默无闻驮唐僧，在唐僧被变为虎精的时候，你马上挣脱缰绳，显化作龙营救唐僧，功不可没，封你为八部天龙马。	

③给出 8 张西游记动画邮票，如图 1 所示，按照情节发展给画面排序。小组讨论完成。

图 1　西游记故事邮票

明确：25168347，分别对应回目 3，5，5，7，23，27，59，72

④总结“跳读”方法。PPT 显示（课本第 133—134 页）：

> 跳读就是主动地舍弃、有意地忽略，以求更高的效率。
>
> 跳读可以跳过与阅读目的无关或自己不感兴趣的内容，也可以跳过某些不甚精彩的章节。如描写人物外貌、打斗场面、环境氛围、雷同的降妖伏魔的情节等，可以选择跳读。

针对 PPT 内容加以解释：

我们在第一个环节，为五圣拟颁奖词的时候，就可以迅速将目光锁定在最后一个回目“五圣成真”，快速找到如来封五圣的话，并从中筛选有用信息组成颁奖词；我们在第二个环节，要求找到人物事迹并进行概括，可以通过浏览目录，依靠章回体小说中回目的作用，找到自己感兴趣的人物，并通过跳读的方法阅读章节内容，把人物外貌、打斗场面、环境氛围等跳过去，只找起因、经过、结果等来概括情节；我们在第三个环节，为画面排序时，也用到了利用回目检索信息的方式，只需通过梳理情节的发展顺序即可。因此，我们在阅读的时候，可以依据自己的兴趣、时间、目标等，进行合理跳读，“连滚带爬地读”，跳过无关紧要的、不精彩的、很难懂的文字，从而提高我们的阅读效率和阅读质量。

3. 精读《西游记》，品读人物、鉴赏语言

(1)介绍精读方法

过渡语：面对《西游记》这样一部82万字的长篇著作，我们需要用到跳读的方法，刚才大家已经使用了这种方法。但《西游记》作为四大名著之一，里面有许多引人入胜的故事和个性鲜明的人物，都值得我们细细品读，这就要用到另一种阅读方法——精读。

PPT显示(课本第133—134页)：

> 精读指向细腻的感受、透彻的理解和广泛的联想。精读就是细读，精读就是精思，精读就是鉴赏。

过渡语：接下来我们就用这种精读的方法，试着来一起读一读大家熟悉的故事，孙悟空三打白骨精。

(2)找出影视剧和原著的不同

①播放《三打白骨精》片段(剪辑成1分钟)。

②阅读小说第27回“尸魔三戏唐三藏，圣僧恨逐美猴王”中的最后两段，即“那僧在马上……良久方去”的片段。

③让学生比较电视剧中和原著中“悟空被驱逐”片段的差异，引导学生精读原著，细品人物语言。

④精读悟空被逐片段，感悟孙悟空重情重义的形象，赏析小说语言艺术。

片段一(PPT显示)：

> 唐僧见他言言语语，越添恼怒，滚鞍下马来，叫沙僧包袱内取出纸笔，即于涧下取水，石上磨墨，写了一纸贬书，递于行者道：“猴头！执此为照，再不要你做徒弟了！如再与你相见，我就堕了阿鼻地狱！”行者连忙接了贬书道：“师父，不消发誓，老孙去罢。”他将书摺了，留在袖中，却又软款唐僧道：“师父，我也是跟你一场，又蒙菩萨

指教，今日半途而废，不曾成得功果，你请坐，受我一拜，我也去得放心。”唐僧转回身不睬，口里唧唧哝哝的道：“我是个好和尚，不受你歹人的礼！”大圣见他不睬，又使个身外法，把脑后毫毛拔了三根，吹口仙气，叫“变”！即变了三个行者，连本身四个，四面围住师父下拜。那长老左右躲不脱，好道也受了一拜。

1）学生分角色朗读。

2）精读段落，从哪些对话语言以及动作中，读出悟空怎样的性格和他对唐僧的感情？圈画出来。

明确：“师父”“不消发誓”“去罢”“你请坐”“受我一拜”“去得放心”等对话语言；“连忙接了贬书”“软款道”“三拜”等动作；悟空重情重义、懂得感恩等性格；对唐僧的尊敬、感恩、不舍等感情。

片段二（PPT 显示）：

你看他：噙泪叩头辞长老，含悲留意嘱沙僧。一头拭迸坡前草，两脚蹬翻地上藤。上天下地如轮转，跨海飞山第一能。顷刻之间不见影，霎时疾返旧途程。你看他忍气别了师父，纵筋斗云，径回花果山水帘洞去了。独自个凄凄惨惨，忽闻得水声聒耳，大圣在那半空里看时，原来是东洋大海潮发的声响。一见了，又想起唐僧，止不住腮边泪坠，停云住步，良久方去。

3）学生朗读。

4）精读段落，从哪些细节中，你感受到了孙悟空的情感？圈画出来。

明确：“噙泪叩头辞”“含悲留意嘱”“一头”“顷刻”“霎时”“凄凄惨惨”“又想起”“止不住腮边泪坠”“停云住步，良久方去”等。

⑤课后作业：继续精读该片段，进一步思考：

1）从这一回目的其他对话中，又能看出猪八戒、沙和尚、唐僧的什么性格特征呢？

2）你觉得孙悟空的紧箍咒该不该取？

3）你怎么看待唐僧分辨善恶的态度呢？

总结：读《西游记》这样的古典长篇小说，就适合“精读”与“跳读”并用的方法，通过这种阅读方法，我们就可以抓住作品重要内容和精彩片段，加以解读欣赏，而忽略那些无关紧要或并不精彩的内容，从而帮助我们更好地阅读这一类名著。

4. 研读和续读

(1)《西游记》相关评价(PPT 显示)：

> 动物世界、儿童的游戏性、天真的童心与非逻辑的想象，这一切形成了弥散在《西游记》中的童话的气氛。——林庚
>
> 神魔皆有人情，精魅亦通世故。——鲁迅
>
> 我把它看成一部人生教科书，它给人以大眼光、大境界、大省悟、大触动。——贾植芳

(2)以“三打白骨精”片段和“五圣成真”片段为例，给出问题，让学生分小组讨论：

①师徒几人之所以能够克服九九八十一难取得真经，靠的是什么？(团队合作)

②孙悟空从石猴、美猴王、齐天大圣到斗战胜佛，师徒几人也从戴罪之身到五圣成真，体现了什么？(成长历程)

③孙悟空神通广大，为什么不能直接拿到真经？为什么要安排如来的五指山和唐僧的紧箍咒压住他？(自由和规范)

明确：通过学生对问题的思考和讨论，引导学生从“团队合作”“成长历程”“自由和规范”等角度来理解《西游记》的主题，建议学生从这些主题入手去阅读《西游记》，当然也可以从其他角度阅读。

(3)制订阅读规划，如表 3 所示，完成名著阅读。

表 3 《西游记》阅读计划建议表

阶段	时间	章节	任务和活动
阶段一：自主阅读	2019.1.1—2019.1.7	第 1—7 回目。必看。	1.选一位人物，制作西游人物手抄报。 2.精读 2 个感兴趣的故事情节，写赏析或感悟。 3.阅读过程中摘抄《西游记》中精彩片段，及成语、歇后语等。 4.记录下阅读过程中自己的问题或思考。
	2019.1.8—2019.1.20	第 8—22 回目。必看。	
	2019.1.21—2019.2.21	第 23—100 回目。至少看 40 个回目。推荐阅读：23、27、28—31、32—36、37—39、40—42、50—52、56—58、59—61、65—66、68—71、72—73、74—77、84—86。	
	2019.2.22—2019.2.23	第 98—100 回目。必看。	
阶段二：小组活动	2019.2.24—2019.3.15	再读《西游记》，准备小组合作活动。	1.小组合作，制作人物关系图、取经路线图、西游妖魔集。 2.选择一个情节，进行情景剧表演。 3.创作 21 世纪新西游故事。 4.从“取经故事会”“话说唐僧师徒”两个专题中任选一个专题完成。
阶段三：交流分享	2019.3.15—2019.4.1	重温《西游记》，准备班级分享交流。	1.小组成果展示。 2.读书交流会。 3.西游问题辩论赛。

（七）板书设计

《西游记》导读教学板书设计参考，如图 2 所示：

《西游记》导读

古典长篇小说

跳读　　目录、回目　　感知内容、梳理情节

精彩片段、重要内容、提高效率

精读　　读、思、赏　　品读人物、鉴赏语言

团队合作、成长历程、规范和自由……

图 2　板书设计范例

二、设计说明

在名著导读教学设计中，本课把目标分为激发兴趣、传授方法、制订规划三部分。

首先，激发兴趣。《西游记》是一部古典长篇小说，对于七年级的学生，阅读这样的鸿篇巨著具有一定难度，甚至存在畏难心理，更多学生相较于原著更喜欢看影视剧。为了让学生去阅读名著并读下去，必须激趣。基于这点，本教学设计设置了多项活动。

在第一个教学环节“激趣，走进西游故事”中，设计了“知识小抢答”，既调动了学生的积极性，也让学生在抢答中了解了名著知识。通过第四题中“挑担的是八戒”来纠正电视剧的误导，也起到一定的激趣作用；接下来“聊聊西游故事”，是让学生自己聊出情节、人物等，比教师灌输更能激发学生兴趣。

在第二个环节“方法，阅读《西游记》”中，在教授方法的同时，也通过一些活动来激趣，比如通过情景模拟，让学生为西游五圣拟颁奖词；通过给出动画《西游记》的邮票，让学生进行小组讨论，完成对情节的梳理排序；通过播放电视剧片段，让学生和原著文字做比较；通过分角色朗读，来让学生感悟人物形象和欣赏语言艺术。

在第三个环节“精读《西游记》，品读人物、鉴赏语言”中，给出名人评价和几个问题让学生讨论交流，师生共同探讨名著主题和可阅读的方向。

其次，传授方法。《西游记》名著导读是部编版语文教材七年级上册的内容，推荐标题是“精读和跳读”，此书之前收录在人教版八年级下册，导读标题是“一个奇幻的神奇世界”。从这样的调整中可见，部编版语文教材重视名著导读中的阅读策略的指导，而且注重“一书一法”，即一次名著导读课要引导学生重点学习某一种读书方法。对于《西游记》这样一部古典长篇小说，就很适合“精读”和“跳读”并用的阅读方法。基于这点，本教学设计把阅读方法的指导作为重点环节。在“方法，阅读《西游记》”这个环节下，设置了“跳读”和“精读”两个步骤。

一个是“跳读，感知内容、梳理情节”。通过为五圣拟颁奖词，引导学生跳读定位至第100回，快速截取其中封圣片段中的有效信息；接下来让学生选择一位人物找出其光辉事迹，来丰富颁奖词。具体做法是先引导学生浏览目录、从回目中获取人物事迹的信息，锁定回目后翻到相应章节，通过跳读快速概括出人物事迹；在梳理情节时，也指导学生用浏览回目感知情节的方法，快速完成排序；最后总结“跳读”方法。

另一个是“精读，品读人物、鉴赏语言”。首先介绍“精读”的方法；通过比较影视剧和原著的不同，引导学生阅读原著“尸魔三戏唐三藏，圣僧恨逐美猴王”中的精读片段；接着给出“悟空被逐”的两个片段，让学生通过精读人物对话、动作、神态等细节，来感受人物形象，体会语言之妙；最后就这个片段提出相关问题，让学生课后再次去精读思考。

最后，制订规划。首先给出《西游记》的相关评价，指出《西游记》是一部虚构的、但是有现实意义的作品；接着通过三个问题的讨论，引导学生可以从“团队合作”“成长历程”“自由和规范”等角度去阅读《西游记》，给出阅读的思考方向；最后制订阅读计划建议表，给出三个阅读阶段，每一阶段给出建议阅读的时间和章节，以及需要完成的任务和活动，引导学生科学合理地进行整本书的阅读。

微格教学反思

中文 2015 级 张潇涵 李坤荣 等

摘 要：《木兰诗》是七年级下册第二单元的一篇，是我国南北朝时期北朝的一首长篇叙事民歌，记述了花木兰女扮男装，代父从军，征战沙场，凯旋回朝，建功受封，辞官还家的故事，充满传奇色彩。全诗明朗刚健、质朴生动，具有浓郁的民歌情味，同《孔雀东南飞》一起被誉为“乐府双璧”。本文既展示了别出心裁的教学设计片段，也展示了深刻与真诚的教学反思，表达了师范生对语文教学的理解与思考。

关键词：《木兰诗》；微格教学；教学反思

吸取了《项羽之死》的教训，在《木兰诗》的教学设计上我就别出心裁了一些，采用了“花木兰履历表”的形式带领同学们走进文本，走近主人公花木兰。而且因为在之前构思教学设计的时候，我无意间看到一篇中国大陆、中国台湾、美国三个地方关于《木兰诗》的教学对比，发觉我们传统的教学过于死板固执。以往老师讲授这种文言文（包含叙事性古代诗歌）时，都是采用“串讲字词——疏通文意——分析归纳”的思路，虽朴实却无灵气，因呆板而觉费力。所以在《木兰诗》的设计上，我特意换了一个角度，用“履历表”的形式吸睛，带领同学们走近花木兰，了解当时的历史，补充了很多课外知识。这堂课上下来我觉得比《项羽之死》有所进步，其间也没有因为讲得兴起而把手插进裤兜，但是也存在着不足，比如时间上的把控还是不够得心应手，以致有一处课外拓展没有讲到，课堂后半段讲得比较仓促。

在以一个学生的身份参与同组其他同学的教学过程当中，我也着重注意了他们的教学技巧。在《项羽之死》的教学上，陈筱筱给我留下了深刻的印象。她在教学中卖了个关子，让我听得饶有兴味——

师：项羽是在怎样的情况下死的？是走投无路吗？

生：不是的。是在有活路的时候选择了自刎。

师：东城溃围的时候，情况危急，我们从哪里可以看出来？

生：八十对上千。

师：为什么死路选择生，活路选择死，这不是矛盾吗？

从“矛盾”切入，让学生带着探究心理与问题意识走进文本，水到渠成柳成荫，大概说的就是这个道理。自然而然中，同学们就在老师的带领下开始了答案的寻找、文本的解读，这是一种非常巧妙的导引方法，我不禁为此称妙。

关于《木兰诗》，我很喜欢林金壹的教学。她以最近很火的综艺节目《经典咏流传》为切入点，导入课文《木兰诗》。正式导入课文后，她又以“叹”“替”“征”“归”“还”几个字串联起整篇课文，环环相扣，一气呵成，带领同学们梳理了整篇课文的内容，分析了花木兰的性格特点。（中文151　张潇涵）

通过这两次微格教学我明确这样一个观念：绝不可刻意求新，对教师来说某些“套路化”的内容仍是不可回避的教学重点，教师的创新依旧要为学生服务，还没走稳就先不要着急跑，形式的适当创新是为更好地讲授内容。（2015级　李坤荣）

林金壹同学的改写让我眼前一亮：她让学生比较“东西南北市，买骏马鞍鞯，买辔头长鞭”和原文“东市买骏马，西市买鞍鞯，南市买辔头，北市买长鞭”哪个更好，然后引导学生得出“破坏对仗工整，失去紧张节奏”的答案。（2015级　段明月）

当我还在纠结紧张与不紧张时，同学已经在比拼教学切入点与教学设计优劣了，差距就这样明显。但从这些差距中，我看到了两篇课文中许多新的挖掘点，有几位同学的教学片段让我真切感受到课堂中活力的存在，也时常有“原来还能这样教”的感慨。（2015级　杜林云）

一个人的力量是渺小的，但是一群人为完成同一件事，纷纷献出自己的智慧和新意，组合在一起的力量会产生无限量的功效。我从组员的身上看到了合作和分享的益处，这些都会成为我们起步时的巨大财富。一个人或许可以走得很快，但一群人一定会走得很远。（2015级　宋秋泓）

引用刘再复的名言作结，让学生理解《木兰诗》之所以能够成为经典，是因为它重构了英雄的概念。英雄也可以是温情的女子，也可以儿女情长，英

雄不是高高在上的神人，他也有普通人的情感，也只有这样的英雄，才更加真实，更加生动。（2015 级　姚庆华）

备课是辛苦的，但是当自己完美地将其呈现出来的时候又会获得一种巨大的满足；讲课是不易的，但是从中取得的许多收获和经验又是令人愉快的；反思是必要的，使我发现前方还有那么多优秀的同仁在向我们招手。（2015 级　朱喜爱）

我们周围的同学在某一方面或者某种程度上都可以当我们的老师，所以学习万万不可独学，要融入集体，要与人为善，互相沟通、切磋、学习。（2015 级　胡娴静）

课越顺我越不安，教学应当是学生从疑到解疑的过程，学生如果没有疑惑，则反映出教师准备的不充分。（2015 级　王晓丽）

两次微格教学……可以看出大家的教学水平之间的差距是真实存在的，课文的不同并不会让教学有很大的水平起伏，能上好《项羽之死》的也能上好《木兰诗》，无论什么课文，或许都能有新的教学设计亮点出来。（2015 级　杜林云）

自己做得最好的地方就是有教学框架，但最值得警惕的地方也恰恰是它：为了搭建框架，可能会陷入形式主义而舍弃真正值得教学的内容，或是陷入设计模式的僵化。（2015 级　陈书悦）

虽然，看到的教学仅仅是只有十分钟的一小部分，但是，背后整页整页的资料收集与反复多次的练习，与这份闪耀密不可分。我相信讲台上的淡定从容一定经过了数次演练，每一个微笑、每一句过渡语以及每一个自信恰当的手势，都凝结着一个老师对讲台和底下学生的负责与热爱。（2015 级　彭华）

我带着疑问在中国知网下载了两课相关的文本解读、教学设计与教学实录，特地按照时间顺序关注了近三年的新解读、新构思。最终下载了《项羽之死》的相关文献 36 篇（实际阅读 33 篇），《木兰诗》的相关文献 44 篇（实际阅读 12 篇）。参考这些文献的目的不是简单地照搬模仿……而是希望通过大量优秀教师的教学情况最快地熟悉课文，在他人文本解读间试图探索较为新颖的教学切入点。（2015 级　李坤荣）

黄晶晶在我们上完之后，又重新上了一次，但是她这一次的教学设计和之前有很大的不同，她根据其他同学的讲课，对自己的教案做了很大的调整，我们都没有想到这一点。她这种不断学习、不断提高的态度值得我们学习。

（2015级　乐雅婷）

前期备课阶段也挺有意思的，但真的很费脑筋——天下教案那么多，却没有一个符合我心意。完全撇开资料根据自己的理解创造吧，目前又没有那个能力……在参考他人教案时，对于重复出现的教学活动设计本能地反感，就算那份教案还是获奖的名师教案。（2014级　林娜）

上《劝学》时，某同学故意说鲁肃与吕蒙结交是“势利眼”，结果难住了模拟上课的同学。从这个插曲中，我深刻地认识到：教师只有自己对课文有充分、细致的理解，有驾驭课文的信心，才能在面对学生的各种提问时不慌张、不迷茫，将学生引导到正确的轨道上。（2014级　韦天莹）

“新”意味着未被发现，也可能意味着岔路，前方提示此路不通。盲目地在前人已经铺就完好的道路旁挖土开路，造就的不一定是新的阳光大道，还有可能是弯路和错路。

对文本解读的“新”，应该建立在对文本深刻的认识上，“新”得靠谱；对教学设计的“新”，应该建立在对教学目标的清晰认识上，不本末倒置。（2014级　陈佳琪）

一堂好课的标准不该仅仅是对的，更该是经常触动学生、启发学生思维的。

我们明明还只是未走上岗位的教师，就害怕跟权威有所不同。完全附和有时候可能比离经叛道更加让人失望。（2014级　陈逸璐）

或许我的文本分析会有出错和用力过猛的可能，但那都好过直接将别人的上法照搬到自己的教学实际中，我想只有自己对教学有思考，才能使课堂有自己的味道。（2014级　郑鸿鸿）

把课文上成套路，对一个语文老师来说是挺悲哀的存在，因为其中没有灵魂，一堂没有灵魂的课连自己都觉得无力，还怎么去引领学生感受语文的魅力？（2014级　郭文侠）

很多时候，我们被已有的资料束缚，缺少对文本的理解与感悟，也缺乏对文本的追寻和探讨。（2014级　乌佳丽）

微格教学更像是“暴露式训练”，旨在让我们从多样的教学情境中去暴露问题。要达到真正提高教学技能这一目标，暴露问题、发现问题和解决问题是必经的三大步骤。在暴露出来的问题中，能够在短时间内得到解决的根本算不上问题，可怕的是那些需要长时间不断训练才能克服的问题。（2014级

徐佳露）

这两堂课给我最大的感触便是如果你不去上，不去翻看那些名师的课，你永远不知道自己上的课多无趣，自己多无知；如果你不亲自去讲台上站一站，你永远不知道自己平时的一言一行是什么模样。（2014级　苏周）

还有一年的时间，很多（应试教育）的“受害者”就要走出大学校园，走向工作岗位，从“受害者”变成一个“施害者”，这种可能性是让人不寒而栗的，但它也是推动我去思索、去寻找、去改变的动力。（2014级　汤若旭）

这两次微格教学，同学们真真切切地打动了我，“未来的优秀的语文教师”正行进在路上，他们的教学富有趣味，教学活动设计颇有构思，鼓励学生有不同的想法，并且在和学生的交流中，生成了教师不曾预设的正向反馈。（2014级　吴舒倩）

当一名语文教师，具备过硬的基本学科知识是前提，设计丰富有效的教学活动环节是基础，而在不断的备课磨课中仍能不忘初心，保持对这三尺讲台的无限热情，才是干好这一行的保障。（2014级　金毓洁）

在《孙权劝学》和《紫藤萝瀑布》的教学设计中，我似乎摸索到一个比较高效的方式——抓课文标题。课文标题居文之首，勾文之要，是读者捕捉文章信息、窥探思想感情的一个窗口。（2014级　毛岫）

关于填空式设计，教师需要明确，最重要的是设置这个填空的意义在于什么，填空之后学生能够收获什么。这是首要的，也是最困难的。（2014级　高旻燕）

合理掌握介绍背景知识的时机，能够让课堂内容更为深刻，加深学生对课文的理解，拓宽学生的知识面，但是还需要对背景知识深入浅出地讲解。（2014级　周金宏）

把握住教与学“平衡”带来的愉悦，远胜于教师单方面滔滔不绝展示自己才能产生的优越感和成就感。因为这种“愉悦”是教师和学生双向互动生成的，有“共鸣”达成的喜悦。（2014级　孟思宏）

总之，无论教什么，先用学的态度去学，尝试做一名学生，许多问题便会迎刃而解。（2014级　张镭）

第 六 编

课例研究

给教学活动做“减法”

——以《紫藤萝瀑布》的教学设计为例

中文141 吴舒倩

摘 要:在倡导“学生主体地位”的语境下,课堂教学活动的形式越来越丰富,但是这在一定程度上却造成了教学目标的繁杂和模糊。本文以宗璞的《紫藤萝瀑布》这篇课文为例,通过对教学实录、教学设计等进行研读、反思,认为应适当给教学活动做“减法”。一堂好课的教学活动在精而不在多。在达成目标的过程中,提问也应有效、适量。教师要抓住课堂的“生成性”资源,增加一些追问,使教学活动完整、有序、有层次。

关键词:《紫藤萝瀑布》;教学活动;教学目标

怎样的课是好课?这是诸多评课者反复思考的问题。在越来越倡导“学生主体地位”的今天,似乎把课堂完全交给学生就是一堂好课,忘了一堂课的根本目的是什么。丰富的教学活动不一定有助于达成教学目标。更准确地说,连贯、紧密、有层次、有条理的教学活动,才能在整体上实现教学目标。正如王君老师所说:“大凡好课,都是骨骼清奇、眉清目秀的课;而大凡有问题的课,都必然是赘肉横生、眉眼模糊的课。”①

宗璞的《紫藤萝瀑布》是一篇经典的散文,而从我所能看到的教学实录、教学设计来看,好课实在不多。有些课条理不清晰,教学目标太多,因此只能“蜻蜓点水”地涉及一些表象,未能引导学生进行深入探究;有些课的教学活动太过眼花缭乱,最后连教师要教什么都不能明晰。所以,在我看来,一堂好课不需要很多个教学目标,能实现一到两个已经很不错了。同时,教学活动

① 王君.一位青年教师的专业成长之路——王君专业求索笔记[M].北京:中国轻工业出版社,2012:93.

是为实现教学目标服务的，在精而不在多，在内容而不在于形式，因此，要给教学活动多做“减法”。

一、减“目标”

教学活动的目标是“台阶式”教学的终点。但如果一堂课有多个教学目标，而教师却不能很好把握，就会使课堂看起来面面俱到，实质上却什么都只是一笔带过。《紫藤萝瀑布》是一篇抒情散文，文学韵味很强，以特定的历史为创作背景，作者的情感也和时代息息相关。如果一节课内，既要完成对作者感情的领悟，又要品味课文的语言魅力，同时还要模仿这篇散文创作出一篇写景散文，试问这么多的目标如何能在有限的教学时间中一一达成呢？

在质量参差不齐的诸多教案中，最有新意、最有特色的是射阳县初级中学周忠玉老师的“《紫藤萝瀑布》的写作型教学设计”。首先，周老师不是把这篇课文当作“经典”来教，而是当作“例文”来指导学生进行写作训练，这就使这篇课文的教学跳出了“经典”框架的束缚。虽然我们不能简单地对这样的做法下定论，但是如果为了教授“写作技巧”，那么也未尝不可，总比“面面俱到”的教学更能有效地传授知识与能力。“以文本为例，师生共探抒情散文的写法”是周老师为这篇课文拟定的教学目标，他为此设计了一系列的活动。第一步，学生通过朗读直观感悟这篇课文的美感。第二步，师生共探写法。此阶段中，设计的问题是大框架，主要的活动以学生为主体。问题如下：

我在__________看到了藤萝，____________。
你看，宗璞写的藤萝，_______________。
我学到了描写景物要______________________。

在学生回答的基础上，教师适当地总结引导，归纳《紫藤萝瀑布》的写法。

技法小结：从整体到局部的有序展开，想象奇妙的感官调动，匠心独运的比喻拟人，精心锤炼的佳妙词语。

另外，教师设计了“打乱句子顺序”这一活动，让学生梳理作者写作的思路。这样做一方面可以考查学生的分析能力，另一方面也可以让学生更加直观地明白该怎么谋篇布局。

第三步，教师为了让学生“学会抒情散文借物抒情、物我交融的妙处”，在让学生朗读课文的基础上，加入课文的写作背景，总结写作时应该注意的方面。学生在体悟课文的同时，也感受到了应该如何写作、如何抒情。

> 宗璞说：“花和人都会遇到各种各样的不幸。”
> 我在________看到了花的不幸，藤萝花________；
> 我在________看到了人的不幸，________。
> 我学到了抒情要________________。

这个课例的成功之处，就在于减少了教学活动的目标。反观别的课例，有许多教学是为了“引导学生体会作者的思想感情”，可是却不断地设计教学活动让学生去分析、品味文中的语言以及修辞。比如，某教学设计就是由以下六个问题组成的：

> 1.《紫藤萝瀑布》是瀑布吗？这篇课文的写作思路是什么？
> 2.作者是从哪几个方面描写盛开的紫藤萝的？
> 3.作者是怎样描写紫藤萝花的？在描写时使用了哪些修辞手法？
> 4.文中插入一段，写十多年前家门外的一大株紫藤萝起什么作用？
> 5.你在生活中遇到过什么挫折吗？你是怎么面对的？如果在今后的人生道路上遭遇不幸，你会对自己说什么？
> 6.课文对我们写作有哪些启示？

我们无法看出统领这么多问题的教学目标究竟是什么：研究写法？感受作者的思想感情？还是两者兼具？前三个问题似乎是在探讨写法：从描写顺序到怎样描写，再到修辞手法，十分全面。但是这么多方面的探讨，也注定缺乏了一定的深度。散文教学不同于其他类型文本的教学，它的节奏应该是“缓慢”的。细致地体味“散文味儿”才能真正地让学生有所体会，有所领悟。而从问题四开始，教师似乎开始引导学生体会作者的思想感情，问题的指向性非常明确。教师有意想让学生说出描写十年前的那株紫藤萝的作用，可是最后也没有深入到体会作者情感这一层面。

总之，这个教案设计虽然“面广”却没有突出重点；问题虽多却没有衔接性、层级性。一个个脱节的问题既无趣，又无序。这样的教学活动在实践中很难调动学生的积极性，更不用说完成教学目标了。

二、减“提问”

如果剥离掉教学活动的其他“外衣”，剩下的是教师为了完成教学目标而设计的一系列问题，也是教学活动的核心。这些问题的设置是否合理会直接影响一堂课的教学效果。因此，教师在设计时应该尽量做到保质控量，多抓住课堂的“生成性”资源，不要把“预设”做得太满，导致课堂呆板、模式化。

曾文彦老师上的《紫藤萝瀑布》曾获2008年江苏省初中语文课堂教学大赛一等奖。与其他教师不同，曾老师简简单单围绕紫藤萝的“花语”，设计了三个问题：紫藤萝的“花语”是什么？“花语”献给谁？“花语”的意义是什么？这三个问题看似简单，却也足以看出教师的“功力深厚”。很多教师在执教这篇散文时都设置了这样一个问题：把你觉得文章中描写紫藤萝的句子中最美的一句话画出来，并作赏析。这类教学活动把主动权交给了学生，有利于激发学生的兴趣，让学生有话说。但是曾老师的高明之处就在于，为了更好地让学生明白紫藤萝的特点，把这个问题放在了“紫藤萝的‘花语’是什么？”的“下位”。

师：你听到紫藤萝的“花语”了吗？可以用一两个词语来说说你的感觉。

生1：紫藤萝的“花语”就是对生命的期待。

生2：一种生命的活力。

生3：生命的喜悦。

生4：梦幻。

师：我们在读过文章之后再来验证你们的感觉，现在大家开始读课文，把你觉得文章中描写紫藤萝的句子中最美的一句话画出来，为大家朗读、品析。你觉得哪些词用得特别好，可以用着重号标出来。

生1：第3自然段，“这里春红已谢……好不活泼热闹！”从“春红已谢”“盛开”“彼此推着挤着”这几个词语中，可以看出紫藤萝还保持着生命的活力。

师：把最具有生命活力的动词找出来。

生1："推着挤着"。

师：前边还有一个"挨"，这些词好像不应该用来写花吧？

生1：这里用的是拟人的修辞手法。

师：我觉得生机勃勃的感觉读得还不够。男生来读，把那种活泼的感觉读出来……

（男生读）

师：我想这浸透着旺盛生命活力的紫藤萝花语，你是读到了。接下来我们就把这生机勃勃的"花语"融进你的声音里，再来读一遍，就读大家喜欢的第2段吧。

（学生自由散读）

师：其实我觉得，平时我们看花、赏花，到这里早已足够，我所不明白的是，这么美的"花语"，这么生机勃勃的"花语"，是献给谁的呢？请同学们在第7、9、10这三个自然段大声、自由的朗读中来找找答案。

生1：总体来说，是献给不幸的人的；具体点来讲，是献给那些精神上得不到充分的宁静和生活中并不充满喜悦的人。第7自然段"有的只是精神的宁静和生的喜悦"，紫藤萝像一条流动的瀑布，即使不是在春天，它依然能那么具有生命力，那么喜悦地开放，所以说，世界如此美妙，要珍惜生命。

生2：我觉得不仅仅是献给这些得不到精神的宁静和生的喜悦的人，第7自然段"它带走了我心上的……关于生死的疑惑，关于疾病的痛楚"，实际上不仅仅是献给有"疾病的痛楚"的人，凡是在这世上遭遇痛苦的人，都在花语中得到了慰藉。

师：我们来了解一下文章背后的背景……

师：再回过头去看，第7自然段，刚才同学找的一句，"流着流着，它带走了这些时一直压在我心上的关于生死的疑惑，关于疾病的痛楚"，你怎么看？

生3：这篇文章也可以说是作者写给她自己的，因为在我们了解了背景以后，知道在那个时候，作者的小弟得了重病，作为姐姐，当然心中会有非常多的忧虑。但是当她看到这么茂盛的紫藤萝，并且是在她家门口败过、凋零过的紫藤萝，在这么多年后开得这么茂盛，于是作者想到，花遭到这样惨烈的重创都可以继续盛开，并且还开得这样茂盛，为什么人却不可以？所以她写这篇文章，也应该有鼓励自己的因素在里面。

教学中，曾老师在适当的时候引入这篇课文的写作背景，目的是帮助学生回答“紫藤萝花语献给谁?”这一问题。但是在笔者搜集的另外一些教案里，教师一开始就介绍了创作背景，让学生结合背景感受全文。这一设计意图明显就是为了引导学生说出“文革”的创伤和“小弟”患了绝症给作者带来的伤痛，从而把作者的思想感情引入到特定的历史背景中。这种“标签式”的导入，有意让学生联系写作背景，总让人觉得缺少了什么。曾老师抓住教学时机，巧妙地设计教学活动，在一步一步地引导中，让学生逐渐深入文本。同时，曾老师的提问多为“开放式”，并没有设置很多“划分段落大意”“用了什么修辞手法”等常见的封闭式问题。“开放式”的提问，能更多地“生成”教学资源，也能减少教师的负担。不过，“提问”不等于“追问”，“追问”是教师针对学生的回答，与学生进一步探讨，活动的主体是双方，而“提问”则是教师处于“引领”地位，学生为了回答问题而进入课文寻找答案。因此，在教学活动中，教师应该减少“提问”，增加“追问”。当然，这也是有度的，具体还是要根据整个教学活动的设置做出调整。

程东文老师的《紫藤萝瀑布》一课，在“追问”方面做得就比较合理，同时也及时抓住了课堂的“生成性”资源。他“不依不饶”地追问，逼迫学生抛弃一知半解的“标准答案”，学会独立思考，学会说自己的话。

师：好，我们就来好好研究这个矛盾——一个焦虑悲痛的人怎会一下子变得“宁静”和“喜悦”。

生1：因为作者看见了美丽的紫藤萝花儿。

师：你是说，只要看见美丽的花儿，人们的悲痛之情就会缓解，甚至还会转悲为喜吗？

生2：不是，只有遇见紫藤萝花才会这样。（有学生露出疑惑沉思之色）

师：那么，如果我们在医院门口都栽种紫藤萝花儿，是不是心理诊所也都不需要了？栽种一些像瀑布一样的紫藤萝就可以医治人们心灵的创伤了嘛！

生2：这篇散文写的是作者见到紫藤萝盛开而引发的对生命的感慨。觉得花儿仿佛有了生命，给人一种“在流动，在欢笑，在不停地生长”的感觉，所以会带走焦虑和悲痛。

师：请原谅老师的不依不饶（众笑），为什么紫藤萝花儿就能够带走焦虑和悲痛呢？

生3：虽然这位姐姐很是焦虑悲痛，但文章后面说“生命的长河是无止境的”，这就是说，个体生命虽然有止境，人类生命的长河却是无止境的。我们不能陷在个人的不幸中不能自拔，要与祖国人民同命运，共呼吸。作者从花的生命力中感悟到人生的美好。

师：（有点意外）你的理解很深刻嘛！能说说是怎么想出来的吗？

生3：（有点不好意思）我是从《新课程学案》这份资料里读到的。（有学生哄笑）

师：利用现有的资料，帮助我们读懂课文，这本身就是一个好的办法，不过，我们自己在读的时候也要开动脑子多想想为什么。否则“尽信书不如无书”，还会影响到我们更深入的理解。

生3：（小声说）不管怎么说，我认为是作者触景生情。

师：说得好（板书：触景生情），我们已经知道触到什么景，又生了怎样的情，可为什么此景会生此情（板书：此景此情），值得研究。我们把相关段落再读一读吧。（学生大声朗读）

在深入探讨之后，有学生回答说“我也是从资料中了解了‘答案’，但是我没有明白为什么，现在我懂了”。这就是这堂课的成功之处：让学生真正读懂“答案”，学有所悟。

因此，在教学活动中，设置的目标应该具体、可行；为了完成这一教学目标，设置的问题，应该“开放”。同时，在课堂活动过程中，要抓住“生成性”资源，让教学活动完整、有序、有层次。适当地减少“目标”，减少“提问”，减少“花样”，让学生在真正的对话中学会思考，学会学习。

（作者现为杭州师范大学2018级中国现当代文学专业的硕士研究生）

小说阅读教学之“取舍”

中文142　邬雪婷

摘　要：在上城区小说阅读教学研讨会观摩了几节小说阅读教学课，最大的感受就是“取舍”，这“取舍”是教学目标之取舍、教学内容之取舍以及学情之取舍。此次执教《好嘴杨巴》的任老师，就是舍去了其他教学目标，选取了小说叙述节奏的角度，教学环节设计紧凑，紧扣目标，重点突出，教学效果十分显著。优秀的教师还会根据教学目标对教学内容进行取舍，舍去与教学目标无关的环节，以达到最好的教学效果。学情取舍中的“舍”不仅仅指舍弃，还指课上课下的统筹安排，即问题解决方式的选择。

关键词：小说教学；教学目标；教学内容；学情分析

本次听课最大的感受就是“取舍”，这“取舍”是教学目标之取舍、教学内容之取舍，以及学情之取舍。

首先，小说有许多教学点，如作者、叙述者、叙述视角、叙述线索、叙述时间、叙述节奏、叙述密度、叙述基调、叙述距离、语言、主题等。这么多的教学点，选取其中一个就可。之前我们总认为，课堂教学要面面俱到，先故事情节，再人物形象、思想内容、语言赏析，从各个方面讲解课文。这样下来，虽然看起来教了很多，很全面，但一来时间不够，二来学生其实掌握得并不是很彻底，似乎懂了，但实际上只是懵懂。教师不如就选一个角度，设立一个主要的教学目标，整节课就贯彻这个目标，让学生彻底理解，充分达到教学目标，这才是有效教学。许多教师总会列一大堆的教学目标，例如本次说课，好几位教师的教学目标很多，而且每一条都不是很容易就能达到的，这样反而会降低教学效率。而此次执教《好嘴杨巴》的任老师，就是舍去了其他教学目标，选取了小说叙述节奏的角度，从叙述时间切入，让学生深入理解叙述时间与故事时间的区别，学习小说中延缓的作用，教学环节设计紧凑，紧扣目标，重点突出，教学效果十分显著。虽然最后拓展阅读《半张纸》让学生体会小说时间的加速作用时，因课堂时间不够显得略为仓促，但总体来说，教学还是很成功的。这种教学目标的设计让我想到了语文学科教学论课上，叶老师教授的“台阶式”教学设计法，即先设立教学的起点（学情）与终点（教学目标），而这个教学目标要尽可能地具体化，然后设计一步步达到终点的步骤，这种“台阶式”的教学设计法，可以明确整节课的教学目的，强化教学过程与教学目标的一致性。

其次，教学目标确立后，随后设计的教学内容、教学环节要紧扣这个目标，一些多余的、毫无价值的、与教学目标无关的环节或是问题，就要毫不留情地舍去。我们有时会想到一些比较精彩的设计，或者说想把一些比较新颖的教学环节加入进去，使得整个教学设计有看点或亮点，但我们往往不去思考：这些自认为精彩的环节是否适合这节课？是否贴合我们的教学目标？若是与教学目标无关，就算再精彩也要斟酌着删去。例如在《孔乙己》的说课中，教师设计了许多提问，但好几个问题是与教学目标无关的，纯属累赘；教师还设计了课本剧排演，该环节确实很有亮点，能引起学生的兴趣，但实际上与教学目标也是无关的。此外这节课是引导学生从叙事人称的角度来学习课文，但教学设计却是大多围绕孔乙己的形象来展开，张孔义老师点评时就指出了这点，并指出，若从叙述人称入手，可以设计这样的问题：为何叙述者是酒店伙计而不是其他人。这个建议使我眼前一亮，无比赞叹。还有《骆驼祥子》说课中，教学目标是探究祥子悲剧命运的原因，但很多教师在教学中多围绕人物的结局展开。如果从人物性格发展变化入手，或许能使学生更加深刻地理解祥子这个人物。总之，教学内容要根据教学目标进行取舍，舍去与教学目标无关的环节，紧紧围绕教学目标展开，以达到最好的教学效果。

最后是学情的“取舍”。有些老师在课前会调查学生对课文的理解程度，让学生预习课文并提出问题，然后在上课时解决学生所提出的问题。而张孔义老师认为，学生的问题也要有取舍，与教学目标有关的要解决，无关的可不解决，不必全部解决学生的问题。有些问题，学生不知道也不要紧，因为学生的问题总是提不完的，今天解决了，下次再读课文又会有新的问题。这个观点让我耳目一新。我们总是想解决学生的所有疑惑，想让学生透彻地理解课文，有些学生确实也会提出一些比较“刁钻”、偏离“主流”的问题，或许与我们的教学目标无关，那么这些问题是否可以全部置之不理呢，或是让学生在学习过程中自行去解决？在我看来，教学目标的达成固然重要，但是，“师者，所以传道授业解惑也”，也不能对学生的疑惑置之不理。有些简单几句话就可解释的，或是学生都很感兴趣的，可以课上解决，有些比较复杂的问题，为了课堂的效率，可以放之于课后单独帮提出问题的学生解惑，或是让学生课后自主探究，自己去找资料寻求解释，下节课再交流，等等。总之，我认为，学情取舍中的“舍”不仅仅指舍弃，还指课上课下的统筹安排，即问题解决方式的选择。

（作者现为宁波市奉化区城北中学教师）

课堂观察:小说阅读教学精彩片段

中文2014级　黄颖颖　雷亚男　缪小静 等

摘　要:在上城区小说阅读教学研讨会上,同学们观摩了小说阅读教学及说课。本文是同学们撰写的观后感,从小说阅读教学角度,探讨了小说主题的解读,教学目标、教学内容的确定,教学材料与教学方法的选择,教学环节与教学结构的设计,探究了依类定教的诸多理论问题,并归纳了优秀教师在小说教学中所展示的技巧与艺术。

关键词:小说教学;依类定教;教学内容

一

今天下午的小说阅读教学研讨会给了我很大的启发,这也是我第一次知道,原来小说教学可以这样上。显然,在如今的中学课堂中,教师不再围绕着诸如小说三要素之类的老套知识点展开了,他们转而聚焦于其他更"新"的知识点,试图引领学生去发现和探索一些"陌生"的知识领域,在以学生为主体的课堂研读中提升学生的文学素养,培养他们创作的能力。而这样一种方法的尝试,在从前的中学语文教学中是十分少见的。

其中任敏霞老师的《好嘴杨巴》教学尤其让我有种耳目一新的感觉。往常我们的小说教学大多停留在情节的概括与人物形象的分析之上,教师很少关注到文本的其他方面,而任敏霞老师却大胆地以小说的叙事节奏为主线,她用从容不迫的态度和细致的引导撑起了整个课堂教学,真正贯彻和实现了叶圣陶先生的"例子说"——把课文当作例子,通过例子的解读锻炼学生的阅读和写作技能,使学生学会举一反三。通过这堂课的学习,学生真正学会了一种阅读的方法,而不仅仅只是学会了一篇课文。从这一角度来看,任敏霞老师无疑是成功的。

说课部分，马晓曦老师的课在我看来则更能体现文本的思维深度，让我感觉像是上了一堂“中学化”的大学课。马晓曦老师先是在课前进行了一系列预备工作，如布置学生阅读《骆驼祥子》全文。在学生对文本有了更为全面的把握之后，马老师才正式进入了整本小说的教学过程。马老师分别从社会环境、祥子的人物形象以及祥子之死的必然结局三个方面进行主题性的探讨，试图在更深的层次上挖掘文本价值，带领学生体悟、感知文学经典的魅力，摆脱了基于文本片段进行零碎而肤浅阅读的弊病。（中文142　黄颖颖）

二

以前从来都不知道听课与教研活动对于语文老师来说意味着什么。现在明白，对于我们这群未来的语文教师而言，听课是多么美好的享受！每一次的外出听课都像是一场别具一格的“视听盛宴”，或是一盘独具特色的美味佳肴。今天任敏霞老师给我们带来的《好嘴杨巴》就是一餐精心烹制的料理。

对于《好嘴杨巴》这样一篇趣味十足的小说，多数教师都会选择从小说最基本的人物、故事情节、环境等切入，通过让学生品味语言分析小说中的人物形象。这样的课堂千篇一律。正因如此，任老师的《好嘴杨巴》才更显得独树一帜。用一句话来概括就是：任老师把大家都熟悉的课文上出了新奇的味道。

首先，教师给本堂小说课确立的教学主题为“小说叙事节奏赏析”。一节课的切入点确实五花八门，但是想要从一个全新的切口进行文本解读意味着教师要面对一个新的起点、一个几乎无人涉及的领域，所有的疆土都只能由自己动手开拓。任老师基于自己的教学实力做了这样的尝试，在课后点评中大家普遍反映这样的切入点让人耳目一新。

其次，教学导入十分吸睛。任老师没有在导入部分介绍冯骥才与他的《俗世奇人》，没有与《泥人张》进行比较，而是播放慢动作枪战的片段，并在上课初和学生一起做硬币落地实验，引入了影视与实验元素，一下子抓住了同学们的眼球，激发了学生的学习兴趣。此导入一出，刚开始还真有些摸不清任老师的设计意图是什么，到思考“杨巴用多久化解危机”一问时我好像懂了，任老师是想将杨巴化解危机的用时与硬币落地的时间进行对比，让学生真实地体会杨巴的机敏，原来导入环节的用意是展示“故事时间”与“叙事时间”的对比。于是我发现了我和任老师间短时间内不可逾越的差距。我也意识到每个教学活动都应有教学意义，如果只能激发学生学习兴趣，那是不够的。任老师将一个过于抽象的、学生难以理解的知识点以如此生动形象、循序渐进的方式教给学生，着实让人赞叹。（中文141　韩雨昫）

三

《好嘴杨巴》的篇幅并不短，但是教师很巧妙地在一节课上只聚焦于高潮这几段，一方面说明她对自己这节课的教学目标非常明确，所以能干脆地做好取舍；另一方面也可以看出教师在教学内容选取上的明智。只选取课文中的一些片段作为教学内容，看似有些单薄，但是课堂结束后我惊讶地发现我学到的东西是有深度和重量的。这正好印证了张老师的点评：语文教学不可以着急，不可以进行“擀面”式教学，面面俱到远远比不上以点带面。而且语文教学是一个长期的过程，在这节课上舍弃的内容，终会在其他课上弥补回来。（中文141　缪小静）

四

教学材料运用精当。在学生品读感悟“化解危机”的片段时，教师设计问题：杨巴用多长时间化解了这场危机？教师希望以此来让学生理解小说的节奏性。但是考虑到学生在理解叙述时间对小说节奏性的作用上有难度，教师及时补充了曹文轩《小说门》里对于小说时间系统的解释，在学生的感性认知基础上，进行了理论性知识的补充。在课堂最后，教师补充了阅读材料《半张纸》，是想让学生在学习、体会了《好嘴杨巴》中小说节奏放缓的效果后，再阅读同一类或完全不同类型的小说，让学生学会举一反三，学以致用。在语文教学中，资料的补充与拓展往往会起到画龙点睛的作用，但是资料的滥用与泛化又往往容易造成课堂教学目标的偏离，给学生增加负担。因此，教师对于材料的选择就显得十分重要。

辩证对待“多”与“少”。小说解读可从多方面入手，而教师的核心任务并非发现它的多，而是学会选择它的少。教师对小说的课堂教学目标应该有所聚焦，不要贪多、贪广，能够充分利用45分钟的教学时间达到某一教学目标即为好的课堂教学。由于语文教学涉及范围的广泛性，教师往往会形成教学内容越多越好的教学观念。这是很多教师在进行教学设计时容易走进的教学误区。（中文141　雷亚男）

五

任老师把本节课分成三大环节：1.整体把握，感知杨迟的好嘴；2.比较故事时间和叙述时间，感受节奏带来的艺术效果；3.延展阅读，赏析小说叙述节奏中的加速。我们听了之后发现本节课的重点是对文章叙事节奏的把握。任老师的教学目标很明确，就是抓住叙事节奏这个点将其教深、教透。她从课文中引出例子，再从例子中得出“叙事节奏”这一理论，最后对这一理论进行深入分析，取得了较好的教学效果。任老师这种新颖的小说教学方式令我大开眼界，这跟我之前上过的课完全不一样，不禁感叹：原来小说也是可以这样教的！（中文142　缪佳颖）

六

本次教学的重点在于小说的叙述节奏，任老师紧扣这一重点，让一位学生朗读8—10自然段，一方面让学生在文中找出杨巴用多长的时间化解了这场危机，并从文中找出相应的短语、句子。另一方面让学生注意朗读的同学用了多长时间读完了巧嘴杨巴化解危机这一部分。这一设计意图旨在引导学生发现：文中的叙述节奏和实际危机发生的节奏是不同的，实际危机从发生到化解就在短短的几秒之间，而作者有意放慢了叙述节奏，使其明显有别于实际事件发生的节奏。教师进而便可引导学生们概括出杨巴的机敏就在于反应的无比迅速。以下是该课精彩的板书设计（如图1所示）。（中文142　胡安婵）

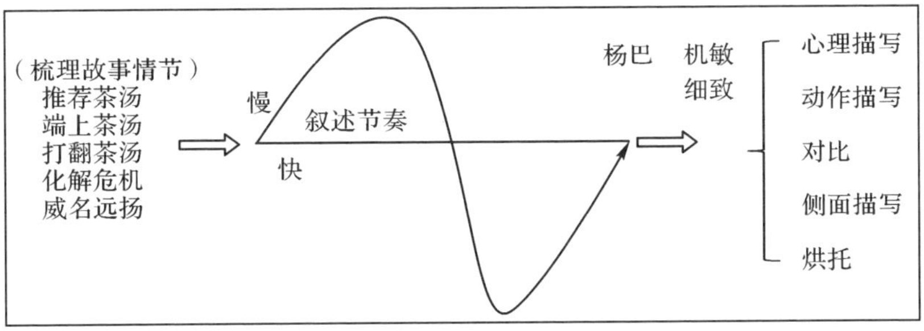

图1　《好嘴杨巴》板书设计(设计者:任敏霞)

七

《好嘴杨巴——小说叙述节奏赏析》课堂教学评析：

1.课前导入不仅仅是一种形式，除了与课堂教学主题相联系外，还可以紧密结合教学内容。该教师巧妙地从硬币坠落时间之快速引出“时间”这一小说中重要的叙述要素。

2.课堂教学可以利用一线串珠式提问“拎起”整堂课。该教师以“杨巴如何化解危机”为整堂课的主问题，层层深入，让学生体会叙述时间的延缓和加速所带来的不同文学效果。

3.将小说阅读与写作紧密结合，做到学有所用，迁移巩固。“假如你是导演，还可以在哪些方面放慢脚步?”教师以这样有趣的练习来引导学生运用所学的叙述节奏知识，以读促写，也以写助读。

4.教学目标有所侧重，而不是泛化。小说可教的点数不胜数，但是该教师只抓住了“叙述节奏”这一点，新颖别致，不落窠臼，同时，又契合所教的“这一篇”文本的特征。

该教师的整堂课令我获益颇多，醍醐灌顶。与此同时，我也发现一个小问题，即教师在提问“故事时间”与“叙述时间”的长短对比时，部分学生明显混淆了二者，但是教师没有明确纠正根本性认知错误。学生的这个错误，启发我们：让学生区别小说的“故事时间”和“叙述时间”，仅仅靠一篇文本也许是不够的，可能需要拓展更多的典型小说，学生才能深刻透彻地理解。（中文164　柯细琴）

八

在学生理解了时间延续在塑造“杨巴”这一人物形象时产生了特别的艺术效果之后，教师让学生自由发挥，思考如何在文章中进一步放慢叙述节奏。在这一过程中，我们可以看到，有的学生添加了李中堂发怒时杨七和杨巴紧张的神态描写，有的添加了李中堂发怒时和听了杨巴解释后的心理描写，有的在杨巴向李中堂解释原因的时候加入了动作描写。相较于上一环节的教学设计，这一环节更注重学生的“学”。而学生能够合理运用心理、动作、神态等描写，动笔写出各种各样的答案，正是源于他们对时间延缓这一知识点有正确的理解。在五花八门的答案中，我对其中一位女生的回答记忆深刻。她认为杨巴在李中堂一开始发火的时候就知道了中堂大人发火的原因，但为了不让中堂大人丢面子，也为了自己可以在众人紧张之时出风头，所以假装表现出紧张与害怕，故添加了杨巴假装害怕的动作描写。这位学生能够有和其他同学不一样的看法，正说明了她在教师的教学过程中融入了自己的思考，而教师能够称赞她的看法，也正体现了我们现今所倡导的“尊重学生的个性化体验”的教学理念。（中文141　严清清）

听李春波老师《阿长与〈山海经〉》公开课有感

中文 142　陈敏慧

摘　要：特级教师李春波老师上的《阿长与〈山海经〉》一课，使我感触很深且深受启发：李老师善于在课堂中创设情境，巧妙地将传统的换字法翻新使用，精准到位的文本解读，能于旁人不曾着眼处挖掘文本深意，能基于学情进行课堂教学。

关键词：《阿长与〈山海经〉》；李春波；散文教学

周三下午有幸听到了特级教师李春波老师的公开课，这堂课使我感触颇深，仅是旁听，便已沉浸在课堂中难以自拔，不由感叹：听一名优秀的语文教师讲课，不仅是一种学习，也是一种享受。李老师的课堂对我启发很大，返校后，我将自己所做的笔记加以整理，列出了李老师《阿长与〈山海经〉》课堂教学中使我感触最深且启发最大的几点。

一、情境教学的巧妙运用

李老师是一位善于在课堂中创设情境进行教学的老师。整堂课 40 分钟时间里，她一共设置了三处情境。

第一处是在讲解“过了十多天，或者一个月罢，我还很记得……有画儿的‘三哼经’，我给你买来啦”这一片段时，李老师提问：“倘若你是长妈妈，告假归来见到迅哥儿第一句话会说什么？”然后教师巧设情境，让一位同学扮演长妈妈，另一位同学扮演迅哥儿，让他们演一演他们所认为的正常情况下一位保姆假期归来见到少爷第一面时会说的话。借这一情境设置，李老师引导学生比较长妈妈与一般保姆的不同，帮助学生更好地认识长妈妈这一形象，更好地体会到长妈妈对迅哥儿的关爱。

第二处是在学生提到长妈妈误将《山海经》念成“三哼经”会对其买书造成很大困扰时，李老师让三位学生上台饰演三家书店的老板，自己饰演长妈妈，声情并茂地演出了长妈妈误读书名后在买书过程中可能遇到的一些尴尬状况，从而也加深了学生对这一细节的理解。

第三处是在讲解最后一个段落中“我的保姆，长妈妈即阿长，辞了这人世”这句话时，李老师创设了自己授完这堂课回去后意外身亡，第二天班主任告诉这班学生李老师昨日去世这一消息的情境，提问学生会如何仿照这一例句来形容自己的去世。当多数同学回答“我的老师，我的李老师，辞了这人间”时，李老师回复道这正是因为自己仅是上了一堂课，与同学们感情并不深厚，学生们才会如此形容，若是她本班的学生，多数会说“我的老师，波波老师即波妈，辞了这人间”。这番情境设置以教师本人为主人公，代入感较强，有助于学生理解“我的保姆，长妈妈即阿长”背后的情韵与深意以及这三处定语中情感的渐变。

二、旧技巧的翻新使用

在语文教学的文本品读环节中，为帮助学生更好地理解原文用字之妙，教师通常会采用换字法提问学生：“如果把文章中的 A 字换成 B 字，好不好？这两个字有什么差别吗？”而李老师则巧妙地将传统的换字法翻新使用，让人眼前一亮。她摘取了文中“一到夏天，睡觉时她又伸开两脚两手，在床中间摆成一个‘大’字，挤得我没有余地翻身”这一语句，将其中的动词全部删去，让同学们合上课文，填一填自己觉得合适的词。待学生填词完毕后，请同学发言，引导学生比较自己所填的词与原文的词的差别，从而使学生体会到原文用字之妙。看似换汤不换药，实际上，李老师的这一变换，切实做到了基于学情，凸显了学生在语文学习中的主体地位。

三、精准到位的文本解读

仅听一堂课便可发现李老师是一位文本解读能力很强的教师。《阿长与〈山海经〉》这篇课文出自鲁迅的《朝花夕拾》，许多教师在讲授这篇课文时，会将重点放在对阿长这一人物形象的分析及作者对阿长“不大佩服——不耐烦——空前敬意——新的敬意”的情感变化上。我在乍看这篇课文时也是这么觉得。听了李春波老师的课后，方才发现，这篇课文并非那么简单。在鲁迅的这篇回忆童年生活的散文中，包含着两条情感线，一条是作者童年时期对长妈妈的情感，另一条是作者三十多年后再回忆起与长妈妈之间的往事时对长妈妈的情感。这两条情感线在文章中彼此交错转换且有所不同。若学生没理解透这两条不同的情感线，是很难真正读透这篇课文的。但许多教师自己在阅读这篇课文时也很难发现文本中存在着两条情感线，更别提向学生解释文本中“昔我”与“今我”对阿长的不同态度与情感。而李老师却注意到了这点，并且通过对“阿长睡姿差”和“阿长为我买山海经”这两个典型的课文片段的讲解，很自然地帮助学生认识到小时候的鲁迅与长大后的鲁迅对阿长的不同情感与态度。其对文本的敏锐度由此可见。

此外，李老师十分善于引导学生抓住朴素字词背后的深厚情感。在讲解长妈妈为迅哥儿买《山海经》这一句段时，李老师引导学生共找出了七处字词，每处字词均属于那类你乍一看觉得很普通，但经仔细品读会发现这背后颇有情韵与深意的词。由此也可以看出李老师自身语文功底之深厚，能于旁人不曾着眼处挖掘文本深意。

四、基于学情的课堂教学

“基于学情的课堂教学”在目前的中小学语文教学中被广为推崇。但要真正做到基于学情，还是十分考验教师自身的能力的。而李老师在这方面可谓是树立了一个典范。

这是一堂公开课，教师在课前与学生并无太多接触，但整堂课下来，我们会发现，李老师始终围绕着学生的学情展开教学，且对学生学情的把握还是较为准确的，除却教师自身的教学经验以外，我发现，她采取的两种方式对她更好地掌握学生学情也产生了较大帮助。

第一种方式是课前布置有效的预习作业（这种方式在上学期的教学见习讲座中，杨晓迪老师也有提及）。在授课之前，李老师设计了一份预习清单，由学生在课前几天提前完成，并对学生的答题情况稍做整理。预习清单的设计与整理，既可以帮助学生初步感知课文从而节约课堂时间，也可以使教师了解到学生对这篇课文的认识在哪方面存在不足，如此，在课堂上就能围绕这些不足展开，从而实现基于学生学情的高效课堂教学。第二种方式是在学习过程中，采用生生互评的方式。在整堂课上，李老师常常采用学生点评学生的方式。学生点评学生，看似只是增加了学生与学生之间的互动，实际上，从一位学生对另一位学生的评价中，也可以看出这位学生自身对这个问题认识如何，从而更大范围地了解班内学生的学情。

（作者现为杭州市第十五中学教育集团教师）

课堂观察:评李春波《阿长与〈山海经〉》教学

中文2014级　缪佳颖　冯　玥　汤若旭等

摘　要:李春波老师是杭州市建兰中学的语文老师、省特级教师。本文是同学们观摩了李老师上的《阿长与〈山海经〉》一课后写的观后感。同学们讨论并高度评价了李老师在课堂教学中设计的"表演活动"、对长妈妈买书回来后的语言和动作等细节分析、炉火纯青的对话与互动的艺术、散文语言鉴赏的具体技巧、对学生学习状态的高度关注,感受到了名师教学的风采。

关键词:《阿长与〈山海经〉》;李春波;散文教学

一

听李老师上《阿长与〈山海经〉》,听完之后总有股说不出的感动。我在下面听的感觉跟之前自己初中在课堂上学的感觉完全不一样。听完李老师上的课之后,我发现我之前真是"白学"了!我根本没有读出文章中所包含着的如此丰富的意蕴。例如:

> 过了十多天,或者一个月罢,我还记得,是她告假回家以后的四五天,她穿着新的蓝布衫回来了,一见面,就将一包书递给我,高兴地说道:
>
> "哥儿,有画儿的'三哼经',我给你买来了!"

李老师抓住"十多天""一个月""四五天"等表示时间的词语,让学生们说说阅读的感受,引导学生们感受长妈妈对鲁迅的爱。这段时间是长妈妈"告假"回家的休息时间,是一年仅有的属于她自己的几天时间。在此,李老师让学生展开合理的想象，说说“如果你是长妈妈，告假后回家会干些什么事情?”不少学生说是操劳家事、去拜访亲戚等一些合乎情理的生活琐事，但是长妈妈的心里依旧牵挂着迅哥喜爱的《山海经》。这是主人家的孩子想要的书本，并不是主人想要的东西。长妈妈完全可以不用讨孩子的欢心，可事实上她把孩子渴望的东西默默地记在心里，甚至“告假”还惦记着，回来一见面便“高兴”地将书本递给迅哥，她的举止和神态足以表现出她无私的爱。这种通过合理想象后再进行对比的教学方式，更容易让学生深入理解长妈妈的品质。另外，意想不到的是，李老师还抓住了句中的标点符号“!”，让学生改成“。”，再通过对比朗读，体会其中所包含的意蕴，体会长妈妈当时的心情及心中的那份爱。（中文 142　缪佳颖）

二

> 过了十多天，或者一个月罢，我还记得，是她告假回家以后的四五天，她穿着新的蓝布衫回来了，一见面，就将一包书递给我，高兴地说道：
>
> “哥儿，有画儿的‘三哼经’，我给你买来了!”

就这么用词简简单单的一个片段，李老师却牢牢把握住了字词背后的意义，带领学生们领悟出了极为深刻的含义。首先，李老师引导学生们关注了分段的意义，分段的意义是强调，强调了长妈妈所说的话。有了对这句话的关注作为基础，学生对它的品味就水到渠成了。随后，李老师又引导学生们关注这句话的标点符号，一次是用感叹号的朗读，一次是用句号的朗读，在两次朗读的对比中，感叹号所饱含的强烈情感显而易见。

其次，李老师对课堂生成性内容的掌控力特别强，在一个同学分析出“三哼经”反映出阿长文化水平不高，即使这样她还是为迅哥儿买来了《山海经》之后，李老师马上邀请学生一起表演，再现了阿长买《山海经》的困难，把文本背后的细节挖掘了出来。李老师生动形象的表演，想必一定给学生们带来了心灵上的触动。

再次，李老师善于将文本内容与学生们日常生活经验相联系。文本的内容由于时间、空间的差异，学生们想要真正地理解是有一定难度的，而老师的引导就像是一座桥梁，沟通了这原本隔空的两端。李老师让学生回答：如果自己是长辈，再次见到晚辈的时候通常会说些什么？可能由于学生们前面对文本解读的印象太过深刻，好几个学生的思维被禁锢在《阿长与〈山海经〉》之中，回答都是围绕课文展开的。我认为，除了同学们思维陷于文本的原因，还可能是由于他们的年龄比较小，对于长辈要怎么说这样的问题从没有过思考。按照李老师架构学生和文本桥梁的思路，我的思考是，或许可以问学生们：如果见到很久不见的父母，第一件最想要分享的事情是什么？这件事带给你的感受是什么？阿长见到迅哥儿，第一件事是把买到《山海经》的事情告诉他，可见这件事在阿长心目中的重要地位，阿长的爱也就显而易见了。（中文141　冯玥）

三

李老师让学生在课前完成对课文的预习并完成预习单上的系列问题，其中包括内容概括、文章思路、文章主旨理解等内容，这些任务的布置非常考验学生的文本掌握能力，同时也是一种极佳的锻炼方式，可以训练学生的文本概括和解读能力。预习后，李老师收集全班的预习单，通过整合分析预习单上同学们完成任务的情况，来调整上课的进度和内容，这样做可以大大提高教学的效率，教师可以不浪费宝贵的课堂时间教学生早已理解的内容，而是重点关注学生不理解、理解有误或理解尚浅的内容，从而加以积极地引导。

其中非常值得肯定的一个细节是李老师将学生的名字也附在文段后面，这一个简单的细节是具有非常大的价值的，它不但有利于教师了解学生，更是一种对学生的鼓励，从而拉近师生关系，激发学生学习动力。（中文142　岳婷婷）

四

李老师的课堂活动中，其中一个环节一定令所有人记忆深刻。那便是角色扮演环节。李老师扮演“长妈妈”，三个男生扮演书店老板，活灵活现地展示了长妈妈为了买“三哼经”可能遭受的挫折。欢声笑语的同时，给学生心灵重重一击。原来，这样看似简单、不露声色的一句话，背后埋藏着的是意想不到的麻烦。通过想象、模拟，学生们对长妈妈无私的爱有了更为真切深刻的体验。再次，通过学生演的“长妈妈”和教师演的“迅哥儿妈”直接对话，体现出长妈妈质朴而又直率，甚至带着一些粗鲁的小性格。这些角色扮演的片段，从不同角度展现了“长妈妈”这个生动而又丰满的形象，使之跃然纸上，飘然来到我们生活中。最后，李老师通过文章结尾“我的保姆”“长妈妈”和“阿长”三个称呼的对比分析，总结了长妈妈的形象，也使学生充分感知了作者对长妈妈不同的情感演变。好的人物形象，不应该是扁平的。好的课堂，更不应该是扁平的。（中文 141　毛頔）

五

所谓的期待视野，就是指读者在阅读前根据自身的阅读经验和审美情趣，对于文学接受客体的预先估计与期盼。学生在学习一篇课文前，首先要预习课文，此刻他们的身份不仅仅是一个学生，更是一个读者。是读者，就会对课文产生属于自己的阅读期待。那么，要提高学生的阅读质量，使其更好地理解课文，就必须关注学生阅读的期待视野。只有让学生带着积极的期待视野进入阅读，主动地参与到阅读活动过程中，才能使其有所感、有所悟、有所得，最终达到一种理想的效果。

在让学生进行填空的时候，学生关注到了文本中的一个词“念念不忘”。“我”对《山海经》念念不忘，这是所有学生都能发现的。但李春波老师不同，她让学生读这句“玩的时候倒是没有什么的，但一坐下，我就记得绘图的《山海经》”，引导学生对“一……就……”关联词产生思考，“用这个关联词你们可以体会到什么?”结果学生们还不是非常理解，李老师就结合实际生活，举了个“一到清明放假，老师还不布置作业，我就非常开心”的例子，设身处地地让学生真切地感受到这个关联词的意义，学生由此能够感同身受地体会到迅哥儿对《山海经》的那种喜爱到极致的心情。（中文 141　沈璐瑶）

六

学生在课前的预习反馈在课堂教学中起到了一个很好的推动作用。例如，从学生对课文的内容概括引出了“我”对阿长的情感变化；再从“我”对阿长的情感变化引出了文章的主旨；继而从学生总结出来的文章主旨中挑选出现频率最多的几个关键词，如敬佩、赞美、批判、感激、怀念；再对出现频率最高的“敬佩”加以分析，等等，环环相扣。此外，李老师还将提出关键词或内容概括的学生姓名放置到PPT上，学生在PPT上看见自己的姓名，无疑会加强注意，这也不失为集中学生课堂注意力的一个有效方法。（中文142 罗嘉敏）

七

鲁迅的文章一直为很多教师所“惧怕”，原因之一就是鲁迅的文字表面平淡却内涵深厚，就好比一颗璀璨夺目的珍珠，但因其表面太过光滑，教师深知它价值连城却无法把它稳稳抓住递给学生，着实难以下手。李老师选择了让学生自己先去触摸这颗珍珠，从学情出发切入文本。她将文本的初读权在预习时交给学生，用学生自身的初读反馈来引领学生进入文本。

鲁迅在这篇散文中细细碎碎地叙述了很多事，颇有散文之“散”的形态，那么如何在一节课内选择教学内容，散而不乱？这是我们需要思考的，也是我个人在听课之前带的最大的一个疑问。究竟是选择局部体现整体，还是把所有事件分类概括体味作者情感？李老师用她的教学给了我答案——依据教学目标选择教学内容。看似简单的一句话，实则有两个难点。第一，教学目标的确立；第二，如何根据教学目标选择内容。鲁迅的白话文平实但又有很多内涵值得深挖。于是李老师从作品的语言出发，引导学生体会内在的“情韵与深意”。

填写的部分李老师选择了描写阿长睡姿的片断，她挖去了几个动词让学生自己进行填写，再从填写的答案中挑选出几个“异类”让同学们进行对比。这个方法不禁让我眼前一亮。在以往所见到的教学中，教师对文本往往是这样处理的：故意把文中几个动词替换成所谓“不合适”的词，让学生进行对比，并问改了之后合适吗。学生只是顺着老师的问题回答，老师既然替换了原文那不用说，肯定是不合适的。这种方法总是会因其“套路化”使学生不假思考顺套路走下去，却疏忽了对字词本身的思考。李老师只是将这个方法稍作调整，使“不合适的词”来源于学生，又让学生自己去解决，得到的效果跟原来那种方法比较已然是大相径庭了。李老师选择的两部分内容，不仅能从局部到整体地引领学生感受阿长的形象和鲁迅的情感，还能针对自己的教学目标展开品味字词的教学活动，使得这堂课一直朝明确的方向行进。（中文 141　汤若旭）

八

这节课给我的第一点启发，就是语文教学应该在讲究效率的同时保证质量。换句话说，语文教学的重点不在于一节课能传授给学生多少知识点，而在于知识点的精简与渗透。

这节课给我的第二点启发，就是语文教学应该显出它的生动性和灵活性，让学习变成一种乐趣而非任务，让教学变成一种沟通而非灌输。

李老师与学生的互动过程是这节课的一大亮点。她不仅懂得充分设疑，调动学生的积极性，而且很会参与到学生的活动中去。这样在课堂中，她既是参与者又是引导者，而且语言幽默，为人亲切和善，很容易走到学生中去。从这里可以看出，李老师懂得在教师视角和学生视角之间灵活转变。教师对学情的考察是制订课堂目标的一个依据，但为了保证课堂过程的鲜活，教师更应该懂得从学情中延伸出去，学会从学生视角参与到课堂过程中，从而更好地渗透教学目标。（中文 141　雷亚男）

九

这次的课让我想到了，人的情感有时候真的就在字里行间，一个小小的用字就可以看出你对另一个人到底是不是真的怀有那种感情。而这些字并不一定是那些形容词，不一定是那些直接表露了情感的词语，也许就是一个小小的“也”字，一个称呼的不同。情深不一定是直白的显露，有时候它就藏在一句普通的话之中，我们要像挖宝藏一般去探求那句话之后的情感。

可以说，李春波老师加深了我对鲁迅的认识，让我从他文章的字里行间感受到一种温情，而不只是以前强调的他单纯的批判精神和斗士形象。鲁迅在生活中对青年也是十分好的，好到可以养活一个素不相识的青年，还可以去为他找工作，甚至愿意自己花钱为他付工资，可以说是个“圣父”一般的人了。但是杂文中的他却像一支犀利的笔，直指中国社会的污垢之处。表面上看，不同文章中的鲁迅有着如此明显的不同，究其本质，却是殊途同归：越是敢于批判的人越是善良，促使他批判的并不是恨，而是爱。（中文141　陈逸璐）

十

我的保姆，长妈妈即阿长，辞了这人世，大概也有了三十年了罢。我终于不知道她的姓名，她的经历；仅知道有一个过继的儿子，她大约是青年守寡的孤孀。

李老师很敏锐地注意到这里“我”对于阿长有三个不同的称呼，一个是我的保姆，一个是长妈妈，一个是阿长，这三个称呼有什么区别？李老师再次发出了疑问。不同的称呼蕴含了“我”对于阿长不同的情感。“长妈妈”给人的感觉是特别亲近的，透着“我”对于阿长的感恩。“阿长”这一称呼则表现出“我”对于阿长的无限同情（可以联系这样的事实：阿长仅仅只有一个过继的儿子且是青年守寡的孤孀）。课至此处，再回到一开始的问题，“我”对于阿长是否只是敬佩的情感，答案便十分明了了。（中文142　胡安婵）

十一

最让我耳目一新的是，李春波老师在课堂结尾处展示出了她设置的课堂目标，让同学们回顾一下整节课下来是否达成了这些目标。这个教学环节是我从来没看见过的，我觉得这种方法很好，一是让同学们能够在课堂结束前再次回顾学习内容；二是对这节课进行了总结，帮助同学们记住课堂教学的重点。这很值得我学习。（中文141　陈欣）

附:《阿长与〈山海经〉》教学设计(简案)

杭州市建兰中学　李春波

一、教学目标

1.运用散文阅读引导表,纠正学生预习中遇到的问题,并概括与把握全文主旨。

2.品析作品中重点段落的语言,体会作者在词句间所饱含的情韵与深意。

3.体会阿长形象的丰富性和作者情感的丰富性。

二、教学步骤

(一)自读自悟,反馈纠错

1.阿长我们应该不陌生,同学们在哪些作品中见到过她?

《从百草园到三味书屋》——长妈妈讲美女蛇的故事,不要跟陌生人说话;

《五猖会》中为要看戏的迅哥儿求情;

《狗·猫·鼠》中踩死迅哥儿小隐鼠的就是长妈妈。

《阿长与〈山海经〉》这篇散文是鲁迅先生专门为阿长所写,鲁迅先生可是为自己母亲都没有写过一篇文章,但是却为一个保姆写了,是什么触动了先生的心怀呢?

2.散文阅读引导表反馈

老师之前给大家发了一个散文阅读引导表,希望我们同学能够在阅读提示的引导下独立阅读。同学们完成得非常好。我出示几个有代表性的作业。

【概括文章内容】

(1)长妈妈是鲁迅的保姆,习惯不好,但懂许多规矩,我一开始不大佩服她,但后来长妈妈给我买了我喜欢的《山海经》,我很感动。(概括内容不具体)

(2)长妈妈告假回来,给我买了《山海经》,令我对她刮目相看。(概括内容不全面)

【理清文章思路】

先写长妈妈的名字和来历,再写长妈妈喜欢切切察察,然后写长妈妈睡姿成“大”字,再写她很迷信,再写她给我讲“长毛”的故事,

再写“我”想看《山海经》但没有钱买，最后写长妈妈给“我”买《山海经》。（能够运用连词让思路的归纳变清晰，点赞）

【写出文章主旨】

（1）通过详细描写长妈妈给“我”买《山海经》的事，抒发了作者对长妈妈的敬佩之情。（感情把握不全面）

（2）通过语言描写，写出了阿长没有文化，却给我买了《山海经》，抒发了我对阿长从厌恶到喜欢的情感，赞美了阿长。（感情把握不全面）

注意：将同学们自读预习中出现的各种问题屏显在白板上，由学生上课时自主发现，引导纠错，明确要点。

（二）品词析句，把握情感

1. 出示学生预习作业

明确：大多数同学认为本文抒发了作者的赞美与敬佩之情。敬佩是童年视角，赞美是成人视角。鲁迅先生在这篇文章里就是呈现出了一种多元视角的统一。

2. 品析语言，深度体会作者的情感

文段一：体会阿长的善良和对我的爱

玩的时候倒是没有什么的，但一坐下，我就记得绘图的《山海经》。

大概是太过于念念不忘了，连阿长也来问《山海经》是怎么一回事。这是我向来没有和她说过的，我知道她并非学者，说了也无益；但既然来问，也就都对她说了。

过了十多天，或者一个月罢，我还记得，是她告假回家以后的四五天，她穿着新的蓝布衫回来了，一见面，就将一包书递给我，高兴地说道：

“哥儿，有画儿的‘三哼经’，我给你买来了！”

问：在这段文字中你读出了什么？有哪些细节让鲁迅记了30多年，始终忘不了？

明确：引导学生关注并体会文中的时间词以及阿长一见面就跟我说的话。

小结：急我所急，想我所想，没有张扬的表白，只有用心的行动，她肯定没想过自己这样做会有什么好处。阿长为什么儿开心？她得到了什么？她只要迅哥儿开心。因为爱着你的爱，所以梦着你的梦；因为悲伤着你的悲伤，所以幸福着你的幸福。真爱不问所以，真爱不求回报。

散文里的每个字都是有生命的，有情感的。要想准确体味作者的感情，就要细细体味作者的语言。他为什么会看到这些神情，记住这些细节，记住这些话语。

“我是那么的渴慕，又是那样的无助，所以当阿长将《山海经》给我买来时，我才会有如此强烈的反应。”读出惊喜与震动。

读散文我们就是要读出字里行间作者的深情。我们再来看一段文字，看看会不会有新的发现。

文段二：体会阿长的美好祈愿

> “哥儿，你牢牢记住！”她极其郑重地说。“明天是正月初一，清早一睁开眼睛，第一句话就得对我说：‘阿妈，恭喜恭喜！’记得么？你要记着，这是一年的运气的事情。不许说别的话！说过之后，还得吃一点福橘。”她又拿起那橘子来在我的眼前摇了两摇，“那么，一年到头，顺顺流流……”
>
> 梦里也记得元旦的，第二天醒得特别早，一醒，就要坐起来。她却立刻伸出臂膊，一把将我按住。我惊异地看她时，只见她惶急地看着我。
>
> 她又有所要求似的，摇着我的肩。我忽而记得了——
>
> “阿妈，恭喜……”
>
> “恭喜恭喜！大家恭喜！真聪明！恭喜恭喜！”她于是十分欢喜似的，笑将起来，同时将一点冰冷的东西，塞在我的嘴里。我大吃一惊之后，也就忽而记得，这就是所谓福橘，元旦辟头的磨难，总算已经受完，可以下床玩耍去了。

深度品析“极其郑重”“立刻”“一把”“按住”“惶急”及其阿长的语言描写。

小结：元旦的仪式阿长做得那么认真，因为她在意，她在意什么？一年是否平平安安，是否顺溜，表现出阿长内心对美好生活认真的盼望。小时候的鲁迅对这些是那么的厌烦，成人后的鲁迅又是多么的理解与同情。作者可选的材料很多，但只选了这些材料，是因为这些材料中寄托着他的情感。

文段三：体会阿长的粗俗。

一到夏天，睡觉时她又（　）开两脚两手，在床中间（　）成一个"大"字，（　）得我没有余地翻身，久睡在一角的席子上，又已经烤得那么热。推她呢，不动；叫她呢，也不闻。

"长妈妈生得那么胖，一定很怕热罢？晚上的睡相，怕不见得很好罢？……"

母亲听到我多回诉苦之后，曾经这样地问过她。我也知道这意思是要她多给我一些空席。她不开口。但到夜里，我热得醒来的时候，却仍然看见满床摆着一个"大"字，一条臂膊还搁在我的颈子上。我想，这实在是无法可想了。

1. 把字掏空，学生各自填写，然后对比品析。

参考答案：阿长的肆意与粗俗，没有修养。

2. 模拟母亲的问话，你会怎样回答？她为什么不开口，还变本加厉地压迫我？

参考答案：非故意为之，根本无法控制，根本做不到文明睡觉。

（三）诵读体味，深化情感

阿长就是这样一个没有文化、长相矮胖、迷信粗俗的女人，在这篇散文中，鲁迅没有美化阿长，而是将她如实地呈现在我们面前，但就是这样一个女人，却对我毫无保留地爱着，朴实地爱着，彻底地爱着。所以，文章的结尾，作者的感情不可控制地表达了出来：

我的保姆，长妈妈即阿长，辞了这人世，大概也有了三十年了罢。我终于不知道她的姓名，她的经历；仅知道有一个过继的儿子，她大约是青年守寡的孤孀。

仁厚黑暗的地母呵，愿在你怀里永安她的魂灵！

1. 读

提问：鲁迅写出了什么感情，我们读出什么感情？

参考答案：同情、感激、依恋、祝福、怀念。

分析几个称呼所包含的不同情感。

2. 再读

回看阿长，你会发现那些为"我"所厌恶的言行习惯中，都有着对"我"的独特关怀。

小结：朝花夕拾，旧事重提。昨日的温情往事今日再度写起，满满的回忆，满满的同情与感激！

（四）重现目标，归纳总结

三、板书

《阿长与〈山海经〉》教学板书参考，如图1所示：

《阿长与〈山海经〉》

敬佩　　　赞美

厌恶　　　同情

怀念

祝福

图1　板书设计范例

“六问六读”中的散文教学探究

——赵群筠《春酒》课例评述

中文 142　高旻燕

摘　要：中学散文教学偏向于模式化，教师逐词逐句的分析破坏了散文语言的美感，学生很难得到美的体验。而赵群筠老师执教《春酒》时，通过“六问六读”，整堂课如行云流水，学生不由自主地被吸引、被打动。本文将着重探究赵老师“六问六读”背后的教学理念。

关键词：散文教学；叙事散文；《春酒》；赵群筠

一、散文教学存在的问题

散文是一种抒发作者真情实感、写作方式灵活的文学体裁。它没有特定的形式，语言朴素自然，往往通过对日常平凡事物的描写来反映作者的内心世界。提起散文，人人都可以说上一句“形散而神不散”，但真要教散文，却是“说来容易，做起来难”。要引导初中生品读散文语言、体会散文中蕴含的情感，教师需要具备过硬的文本解读能力和深厚的教学功力。

《义务语文教育课程标准（2011 年版）》称阅读教学“是学生、教师、教科书编者、文本之间对话的过程”。阅读是学生的个性化体验，教师应引导学生钻研文本，在主动积极的思维活动中，加深学生对文本的理解和体验，从而使学生受到情感熏陶，获得思想启迪，享受审美乐趣。然而在现今的散文阅读教学中，许多教师侧重于逐字逐句的分析或偏离文本过度发挥，忽视了文本整体的解读与情感体验，将散文教学限定在“作者简介——句子赏析——给出主题”这样肤浅化、模式化的框架中。散文教学的最终目的是培养学生的文本鉴赏能力，提升语文素养，夯实精神世界，但模式化教学非但不能给学生带来美的阅读体验，反而会令他们产生厌倦感与烦躁感，与散文越来越远。本文以赵群筠老师的《春酒》教学为例，分析赵老师是如何通过“六问六读”，带领学生解读散文的美。

二、《春酒》一课的问题设计：突出整体性

（一）设计提问的必要性

在语文教学中，提问必不可少，如何设计也大有文章。一方面，问题不能过于简单。如果一味追求课堂的活跃，只知道鼓励学生“大胆地讲”，那么这样的课只能说是一节活动课。正如苏霍姆林斯基所说：“如果你所追求的只是那种表面的、显而易见的刺激，以引起学生对学习和上课的兴趣，那你就永远不能培养起学生对脑力劳动的真正的热爱。”学生无法从解答问题中获得成就感，思想就无法碰撞。整堂课看着热闹，实际游离于文本之外，学生自然就没有收获。

另一方面，问题也不宜太难。过难的教学提问会使课堂笼罩在沉闷氛围下，多次遇阻会让学生产生挫败感，让他们对文本阅读产生强烈的排斥和畏难心理，变得只接受不思考，最终造成思维想象空间的僵化。

因此，问题需切合文本、贴近学生、难度适中，才能真正发挥其作用。赵群筠老师教《春酒》，一共提了六个问题。这六个问题环环相扣，由浅入深，带领学生由文本走进作者的内心世界。

（二）以“六问”贯穿全文

1. 一问：琦君的家园在哪？

教师往往以提问开始课堂，一个好的提问能够抓住学生的注意力，让他们进入上课状态。这个问题不难，学生很快给出“美国”“中国台湾”等答案。此时，赵老师开始引导学生思考更为深层的答案，给出了“这个家始终伴随在她身边的”的关键性提示，带领学生从具象的地域家园进入抽象的心灵家园，并且让首先想到这一点的孩子在黑板上写了一个大大的“家”字，一下子点明了主题，继而引出了“家”的主人公，作者的母亲。

2.二问:文中哪句话概括了母亲为人处世的准则?

第二问快速进入文本,从文章中找一句话似乎简单,但学生此时并未完全熟悉文本,找出“鞋差分,衣差寸,分分寸寸要留神”这句话还是颇费了一番功夫。此时赵老师着重询问“分寸”的含义,但学生对于分寸的理解还停留在表面。因此如何引导学生理解“分寸”与“为人处世的准则”之间的抽象关系,进而体会母亲的形象,是本文教学的一个难点。

抽象的概念往往需要借助具象的例子来理解。因此赵老师要求学生们找出文中体现母亲“有分寸”的具体事件。有的同学找到:“大约摸差不多就是了,我也没有一定分量的……还是一样一样仔细地告诉别人。”教师巧妙引导学生发现了“差不多”与“一样一样”之间明显的矛盾,而学生随着教师的引导,自然想到这“是母亲的谦虚”,继而水到渠成地明白了“母亲说话有分寸,这种分寸是语气上的分寸”。

还有同学找到:“母亲又转向我说:‘但是你呀,就只能舔一指甲缝,小孩子喝多了会流鼻血,太补了。’”针对“一指甲缝”与“一点点”进行对比,通过词与词之间的比较,让学生自己领悟到母亲“有分寸”的处世准则。

第二个提问让学生进入文本细读阶段,通过寻找文本中的具体例子,化抽象为具象,归纳出了母亲“有分寸”的人物形象。

3.三问和四问:女儿与其他亲人的形象

分析完母亲的形象后,赵老师顺势提出了第三个问题:“这样的母亲又会培养出怎样的女儿?”这个问题可以与第四个问题“琦君的家园里还有其他的亲人吗?”连起来看。但这两个问题的课堂反响不高,一方面可能因为学生已经过了“第一个兴奋点”,进入了比较疲惫的状态;另一方面可能是这两个问题的难度相对较小,学生在已经阅读过一遍文本的情况下兴致不高。针对这个情况,赵老师添加了一个“注读”环节,以精读句子的方式去解读文本。学生一改前态,纷纷积极举手发言。

三、四两问看似简单,但对学生理解“怀念善良淳朴的村民与自由幸福的童年”这一课文主题有关键作用。看到学生兴趣平平,赵老师灵活变换教学方式,巧加“注读”,激发学生的求知欲,既改变了沉闷的课堂气氛,又使学生自觉深入文本——一举两得。

4.五问:可否改标题《春酒》为《家园》?

赵老师提出的这个问题,本来也可这样设问:“散文《春酒》的标题好在哪里?”“‘春酒’与‘家园’的关系是什么?”等。但这样问就显得过于直接,暗示性太强。而赵老师提出的“可否把标题‘春酒’改成‘家园’”? 变直问为曲问,让学生有兴趣去思考,让课堂有生成的空间。可见,一个看似简单却经得起推敲的课堂提问设计,包含了教师的教学智慧。差不多的问题,不同的问法却可以让学生得到不同的学习体验,倾向性太强的问题窒息了学生独立思考的空间,而开放性的问题,体现的是教师始终把学生当作学习行为的主体,尊重和鼓励学生大胆发表自己的看法。

5.六问:何处寻家醅?

这是最后一问,也是全文的总结一问,出自《春酒》的最后一句:“可是叫我到哪儿去找真正的家醅呢?”到此整堂课的学习已经接近尾声了,本问是为了将学生带到文本情感的最深处。通过琦君的其他作品,结合PPT上熟悉的事物一样一样的消失,揭示出家园已经不再,家醅更加不可能会存在了。教师令学生将自己的情感体悟融入朗读之中,不断读、不断品,课堂也进入了又一个高潮。戛然而止的时候,学生和教师仿佛都变成了琦君,在乡思中久久回味不能自拔。

(三)问答之间,一切井然有序

整堂课中,我们可以看到,所有问题的答案,都是由学生通过自己的思考而得出的。在课堂上不断进行提问是非常考验教师的个人素养的,因为教师不仅要设计如何提问,更要对学生的回答进行预设,从而做出精准的评价,这样才能将课堂节奏牢牢地把握在手中。当教师对第一个孩子说“你真棒”时,这个评价是有效而积极的,能够刺激并鼓励其他学生。但当教师对每个学生都说“你真棒”之后,这句话就会变得毫无意义,甚至可能起到反作用。在赵老师的课堂中,无论是朗读还是回答问题,无论回答正确还是错误,她对每一个学生,都能给予一个恰到好处的评价,让学生有一种“老师在认真倾听我的答案”的成就感,让课堂变成一首和谐的交响曲。这对于孩子学习积极性的提高有非常显著的效果。

另外,赵老师还有一点特别值得我们学习,就是“等”。作为一名教师,尤其是一名新手教师,最怕的就是一个问题抛下去之后学生“集体沉默”。一旦出现这种情况,新教师很容易“自乱阵脚”。但是在赵老师的课堂中我们可以发现，在每一个问题提出之后，她都会有一段“停顿时间”，确保每一个同学都有充分的时间对问题进行思考，教师不慌不忙的教态也能让学生沉静下来。在无人举手的情况下，赵老师能够根据学生的表情判断出他心中是否已有了答案。事实也确实如此：每个被赵老师点名起来的学生都能表达出自己的想法。课堂之所以能充实而有序，离不开教师对于课堂的强大把控力，更离不开教师对每个学生的了解与关注。

三、《春酒》一课的品读设计：注重层次性

(一)品读语言的重要性

《义务教育语文课程标准(2011 年版)》要求第四学段的学生“欣赏文学作品要有自己的情感体验，初步领悟作品的内涵，从中获得对自然、社会、人生有益的启示。对作品中感人的情景和形象，能说出自己的体会；品味作品中富有表现力的语言”[①]。相较于其他类型的文学作品，散文教学难度较大，因为它的意蕴往往比较含蓄而且抽象。教师应设计富有层次的品读活动，引领学生走进文本，与文本进行深入对话，感受散文的语言之美、意蕴之美。

(二)以“六读”解读文本

在《春酒》的教学中，赵老师将自己整个教学过程分为六个环节。

1. 析读

传统的文本解读往往通过分析事件、人物、情节等要素来感受全文的主题。《春酒》展现了琦君的心灵家园，是琦君童年时最自由美好的记忆。这些温暖的人和事让作者在数十年之后依旧记忆犹新；而这些人物的不断逝去，最终只剩下记忆，又让这份记忆染上了哀伤的悲剧色彩。教师通过引导学生

① 中华人民共和国教育部. 义务教育语文课程标准(2011 年版)[S]. 北京：北京师范大学出版社，2012：10.

品读文章中的语言来分析“有分寸的母亲”“天真烂漫的‘我’”“善良淳朴的村民”等人物形象。

2.统读

统读是锻炼学生对课文的整体感知能力。母亲的分寸体现在日常的一言一行中，体现在对女儿的母爱中，更体现在对丈夫无私豁达的爱中，这是一种由部分到整体的过程，有利于培养学生的全局观念。

3.注读

注读是本堂课中唯一被明确提出的读法。教师首先通过给出脂砚斋评点的《石头记》，朱熹集注的《诗经》，让学生明白什么是“注读”，再例举文章中的具体例子让学生进行尝试。在学生自己找句子注读的时候，赵老师贴心地走到每个同学身边，看一看他们划了点什么，又写了点什么。对于稍有苦恼的同学，她会给予适当的提示；对于较快完成的同学，她则会与他们进行简单的交流。“注读”是学生自主发言最积极的环节。他们对别人的想法进行补充或者提出质疑，产生多维的思想碰撞，而此时教师就退居一侧，让学生畅所欲言，这样往往能使教学取得事半功倍之效。

4.品读

本文所要品读的一个关键句是：“我是母亲的代表，总是一马当先，不请自到，肚子吃得鼓鼓得跟蜜蜂似的，手里还捧着一大包回家。”这是一个比喻句，一般教师的教法不外乎“这句话把什么比作什么？”“这样写有什么样的好处”？但赵老师却不按常理出牌——她问道：“把一个小姑娘比喻成为蜜蜂是否恰当？”赵老师这样一问，学生自然就会去寻找琦君与蜜蜂究竟有什么相似之处。当学生迅速找到文中“肚子吃得鼓鼓得跟蜜蜂似的”这一处证据后，教师继续引导：“除了形状上像，还有其他原因吗？”学生通过联系上下文，进一步想到“蜜蜂采蜜很开心，我在会酒上也吃得很甜很开心”。而教师在适当夸奖之后，进一步追问：“除了这两个，还有什么像？”于是学生想到“蜜蜂到处采蜜回家和我抱了很多吃不完的回家”这个相似之处。读完之后，借助“蜜蜂”这一巧妙的比喻，一个顽皮贪吃的琦君就活灵活现地出现在读者眼前。

5.朗读

朗读是散文教学中必不可少的环节之一。余映潮老师认为：“朗读对孩子们进行着审美熏陶，进行着情感陶冶，进行着气质培养。是让孩子们认知文字、感受声律、体味词句、领会情感、品味意境、发展语感的充满情致的语文实践活动。”但是读什么、怎么读、如何读出价值却值得思考。赵老师在课堂上的朗读形式不多，齐读的话也不多，只有五句。但五句话都是塑造人物形象、揭示全文主旨的关键句。可见，作为一种教学方法，聪明的教师懂得如何使方法为内容服务，而不是为读而读。

6. 延读

最后是“延读”。这也是整堂课中最为巧妙动人的环节。在阅读完全文之后，教师还展示了作者其他同主题片段，并配乐朗读。在当时那个情境中，每个人仿佛都变成了琦君，学生读得全情投入，一种哀伤的氛围在教室散布开来，连笔者这样的旁观者都不禁动容。每节课都应该是向外生长的，让学生从课内走到课外，从文本走入生活，这是一堂优质的语文课所应具备的品质。

（作者现为杭州市启航中学教师）